ENTREPRENEURIAT ET INNOVATION DANS L'ENSEIGNEMENT SUPÉRIEUR

5-7, rue de l'École-Polytechnique ; 75005 Paris

http://www.editions-harmattan.fr

ISBN : 978-2-14-032965-4
EAN : 9782140329654

ENTREPRENEURIAT ET INNOVATION DANS L'ENSEIGNEMENT SUPÉRIEUR

L'Harmattan

SOMMAIRE

THÈME

Marcos LIMA
Joelle FOREST
L'entrepreneuriat et l'innovation dans l'enseignement supérieur : défis et bonnes pratiques ... 9

Estelle BERGER
Emmanuelle LE NAGARD
Éléonore MOUNOUD
L'expérience interdisciplinaire comme vecteur de décentrement critique : le cas d'un programme d'innovation inter-écoles ... 15

Nathalie LAMETA
Graziella LUISI
La mobilisation du Design Thinking pour favoriser l'innovation dans l'enseignement supérieur : Étude de dispositifs « plateformes d'innovation »
... 45

Si Mohamed BEN MASSOU
La relation entre la formation en entrepreneuriat et l'intention entrepreneuriale dans l'enseignement superieur au Maroc : le cas de l'université Cadi Ayyad ... 69

Ilia TAKTAK-KALLEL
Ce que la formation à l'entrepreneuriat n'est pas : une esquisse des contours des formations à l'entrepreneuriat à partir de leur singularité perçue par des étudiants tunisiens ... 97

Christine MARSAL
Réduire l'ambiguïte d'un cours en ligne de global entrepreneurship : pertinence du cadre Weickien
... 141

Yashiro Danahi CISNEROS-REYES
Diana del Consuelo CALDERA-GONZALEZ
Maria Guadalupe ARREDONDO-HIDALGO
Entrepreneurial Professional Competences and Research Skill as Response to the Needs of Mexican Laboral Market 169

Pierre SAULAIS
L'innovation dans la procédure d'évaluation des connaissances à l'aune de la montée dans la chaîne de valeur des connaissances : étude de cas dans le domaine des sciences et techniques des données 195

VARIA
Pierre LE MASNE
L'exploitation salariale dans une économie globalisée : le cas de la France 227

Comptes-rendus 259

L'entrepreneuriat féminin en Afrique, entre bricolage et survie
Par Son Thi Kim LE

Ecologie territoriale et transition socio-écologique, méthodes et enjeux
Par Aina Ndrianjara ANDRIAMANANTENA

A propos de M&O 271

Numéros précédemment parus 273

THÈME

L'ENTREPRENEURIAT ET L'INNOVATION DANS L'ENSEIGNEMENT SUPÉRIEUR : DÉFIS ET BONNES PRATIQUES

Marcos LIMA
Skema Business School
Université Côte d'Azur, GREDEG
marcos.lima@skema.edu

Joelle FOREST
INSA Lyon / S2HEP
joelle.forest@insa-lyon.fr

En clôture de sa visite du salon VivaTech, le Président E. Macron déclarait le 16 juin 2017 : « La France est déjà un pays de start-up mais je veux que l'Hexagone devienne aussi un pays de licornes. Il faut sortir du *small is beautiful* dans notre pays »[1] et de poursuivre « Ce que nous voulons c'est l'entrepreneuriat des lumières [...] Ce que nous devons faire c'est changer en profondeur notre modèle, une nation qui pense et bouge comme une start-up, en France toutes les innovations sont possibles [...] »[2].

La traduction de cette feuille de route ne s'est pas fait attendre que l'on songe à l'évolution du cadre réglementaire pour assurer aux entrepreneurs un cadre protecteur pour le développement de leur activité, au lancement du "French Tech visa", à la création d'un fond de soutien à l'innovation ou la décision du ministère de l'Enseignement Supérieur et de la Recherche de mettre en place le suivi obligatoire d'un cours dédié à l'innovation et à l'entrepreneuriat dans toutes les formations de l'enseignement supérieur.

Si certains s'interrogent sur les fantasmes qui entourent la start-up nation (Gouritin, 2019), dans le présent numéro nous souhaitons nous focaliser sur la façon dont l'enseignement supérieur s'est saisi de l'injonction de développer la culture de l'entrepreneuriat et de l'innovation dans l'enseignement supérieur.

---

[1]https://www.bfmtv.com/economie/economie-social/emmanuel-macron-trace-la-feuille-de-route-de-son-quinquennat-numerique_AV-201706150162.html

[2]https://www.lemondeinformatique.fr/actualites/lire-emmanuel-macron-annonce-un-fonds-innovation-de-10-milliards-d-euros-68542.html

Un constat s'impose d'emblée : la mise en œuvre de ladite injonction souffre d'une confusion entre innovation et entrepreneuriat héritée de J. Schumpeter (Forest, 2018). En effet, si cette dernière n'est pas étrangère au fait que le terme innovation apparaisse intrinsèquement lié aux start-up dans le langage courant, c'est cependant, à suivre P. Noailles-Siméon (2013), précisément en tentant de démarquer l'entrepreneur-innovateur de l'entrepreneur-chef d'entreprise que J. Schumpeter aurait provoqué une confusion entre les deux termes dont nous ne serions toujours pas sortis. Or, comme le souligne P. Noailles-Siméon, l'innovateur doit être distingué de l'entrepreneur car la nature de l'innovation est différente de la nature des actes entrepreneuriaux courants. C'est d'ailleurs à la même conclusion que parviennent C. Christensen, J. Dyer et H. Gregersen dans leur ouvrage *Le gène de l'innovateur : Cinq compétences qui font la différence* (2013).

Faut-il en conclure à l'impossibilité de développer une culture de l'innovation et de l'entrepreneuriat ? Assurément non ! Mettre en garde contre la confusion évoquée précédemment ne saurait nous interdire de contribuer à un tel projet et, fort heureusement, nous ne partons pas de rien.

Une analyse comparée des dispositifs pédagogiques dédiés à l'innovation permet de repérer des traits saillants et lignes d'inflection. On doit à J.C. Ruano-Borbalan (2019) d'avoir souligné que les premiers dispositifs, nés dans les années 1970 aux Etats Unis, sont principalement tournés vers la créativité et le design thinking et plaident pour l'avènement d'une pédagogie où la pluridisciplinarité est un élément-clé. S'ils reprennent les mêmes bases, lorsqu'ils se diffusent en France dans les années 1990 à l'Ecole des Mines par exemple, on note cependant une évolution majeure avec l'arrivée des fablabs qui deviennent, dès 2011, à l'ENSGSI et à l'Ecole Centrale de Lyon, un composant à part entière du dispositif pédagogique. Prenant acte qu'il ne s'agit pas d'innover pour innover, un certain nombre de dispositifs proposent de donner les clés pour innover en conscience à l'instar de l'approche P.S.I. (Chouteau, Forest, Nguyen, 2021) dispensée au sein du département de Génie Mécanique de l'INSA Lyon. Tous ces dispositifs possèdent néanmoins un point commun : il s'agit de faire de l'innovation un enjeu de connaissances et de pratiques pour développer une capacité effective pour innover.

Du point de vue de l'éducation à l'entrepreneuriat, la situation a également beaucoup évolué au cours des deux dernières décennies. Malgré cet effort, selon l'enquête annuelle Global Entrepreneurship Monitor (GEM, 2014), le taux d'activité entrepreneuriale précoce en France est relativement faible (5,3 %). Le constat qui précède semble d'autant plus paradoxal que, toujours selon cette enquête, un Français sur trois (28,26 %) était conscient des opportunités entrepreneuriales qui les entouraient. Plusieurs raisons sont invoquées, telles que la peur de l'échec, la crise économique, un environnement hostile, le manque de vocation et de compétences. Afin de surmonter ces obstacles, le ministère Français de l'Enseignement Supérieur et de la Recherche a encouragé les universités à développer plusieurs activités visant à promouvoir l'esprit d'entreprise et l'innovation, comme le dispositif PEPITE (Pôles Etudiants Pour l'Innovation, le Transfert et l'Entrepreneuriat), suivi d'une multiplication d'incubateurs, d'accélérateurs et de FabLabs (Chambart, 2020 ; Albertini *et al.*, 2019). Ces dispositifs visent à sensibiliser, développer la vocation étudiante et améliorer leurs attitudes à l'égard de l'entrepreneuriat (Arlotto *et al.*, 2012 ; Fayolle, 2012 ; Boissin, Chollet, Emin, 2007). Toutefois, ces initiatives sont souvent fragmentées (Verzat, 2011) et confinées dans les murs des universités, mal reliées à l'écosystème entrepreneurial (Raucent, Verzat, Villeneuve, 2010).

L'éducation à l'innovation et à l'entrepreneuriat doit donc rester une priorité en France et en Europe (Lima, 2021). Nous sommes tout à fait d'accord avec P. Drucker (1994) pour dire que l'entrepreneuriat et l'innovation peuvent être présentés effectivement comme une discipline qui peut à la fois être étudiée, enseignée et apprise. La question n'est donc pas de savoir si les compétences d'entrepreneuriat et d'innovation peuvent être enseignées, mais « comment » le faire. C'est précisément à ce projet qu'entendent apporter des éléments de réponse les textes rassemblés dans ce numéro spécial de Marché et Organisations.

L'article de Berger, Le Nagard et Mounoud propose d'étudier la possibilité d'un changement d'état d'esprit et de posture suscités par une collaboration interdisciplinaire. S'appuyant sur un programme d'innovation interdisciplinaire entre étudiants de trois écoles différentes (de commerce, d'ingénierie et de design) utilisant la méthodologie du design thinking, les auteurs essaient de comprendre comment cette expérience interdisciplinaire impacte les participants. Ils arrivent à la conclusion que la transformation vécue est la matérialisation d'un décentrement critique par lequel les étudiants développent un savoir-agir en situation d'incertitude et de complexité.

Dans le deuxième article, Luisi et Lameta s'interrogent sur l'insertion et la contribution des plateformes d'innovations dans les établissements d'enseignement supérieur. Leur étude de cas porte sur quatre plateformes hétérogènes du point de vue de leur notoriété, maturité, localisation géographique et taille de l'établissement de rattachement (la d.school Paris, l'Université Catholique de Lille, l'Université de Corse et le programme IDEA à Lyon) afin de vérifier s'il existe des caractéristiques communes saillantes. L'examen de ces plateformes au regard des trois dimensions de chaque dispositif (People, Place, Process), conduit les auteurs à identifier les ressources organisationnelles indispensables à la conception de ces plateformes d'innovation.

Ben Massou explore la relation entre la formation en entrepreneuriat et l'intention entrepreneurial dans l'université Cadi Ayyad au Maroc. En appliquant la Théorie du Comportement Planifié (TCP), il développe un modèle d'équations structurelles pour tester les influences des normes subjectives, des attitudes et du contrôle entrepreneurial perçu sur l'intention d'entreprendre. Contrairement au consensus dans la vaste littérature sur le sujet, il n'a pas trouvé des effets directs significatifs entre âge, genre ou l'existence d'un parent entrepreneur et la décision à entreprendre dans le cas marocain. Même s'il admet que cela peut être dû à un problème d'échantillonnage, ces résultats ouvrent néanmoins le débat sur une possible spécificité du cadre institutionnel/culturel marocain par rapport aux études similaires réalisées ailleurs.

La contribution de Taktak-Kallel traite du caractère singulier des formations entrepreneuriales dans la perception des étudiants Tunisiens. Comparés aux autres enseignements, les cours d'entrepreneuriat sont perçus comme étant plus utiles dans la vie professionnelle et personnelle, contribuant à des compétences de savoir-être et savoir-devenir. En utilisant le cadre des théories de la catégorisation et, à partir de 13 entretiens avec des étudiants participant à des formations en entrepreneuriat, l'auteur conclut que cette singularité perçue provient en grande partie de la spécificité pratico-pratique du domaine même de l'entrepreneuriat et qu'elle induit surtout des apprentissages dans les registres des connaissances appliqués et de l'enclenchement de certains changements attitudinaux.

Ensuite, l'article, écrit par Marsal, applique le cadre de « sensemaking » de K. Weick pour comprendre les ambigüités perçus par des étudiants dans le cadre d'un cours en ligne de « Global Entrepreneurship ». Précisément, l'auteur relate un cours international d'entrepreneuriat, délivré au sein de plusieurs établissements différents, mais selon le même calendrier, et analyse comment les étudiants parviennent à surmonter cette ambiguïté par des efforts de communication ou par des actions qui modifient parfois le cadre auquel ils sont soumis. Chemin faisant, l'auteur met en avant le caractère positif des ambigüités comme source de créativité et innovation, renforçant la capacité des étudiants à faire face à des défis complexes dans la « vraie vie ».

Cisneros-Reyes, Caldera-Gonzalez et Arredondo-Hidalgo explorent les compétences professionnelles entrepreneuriales (EPC) et la compétence de recherche (RS) acquises par un groupe de diplômés et d'étudiants d'un programme de Master en gestion, en réponse aux besoins du marché du travail (LMN) du Mexique. Leur article présente l'évolution du programme de maîtrise en gestion des programmes d'études de l'Université de Guanajuato à l'aide de l'analyse de l'importance et des performances (IPA).

Le dernier article, écrit par Saulais, considère une innovation dans l'évaluation d'un cours de statistiques (techniques des données) à partir de la perspective de la gestion des connaissances. Il utilise l'approche de la recherche-action pour comprendre comment ses étudiants transforment l'information en connaissance, et celle-ci en « sagesse » (dans le sens anglophone de « *wisdom* » comme la capacité à prendre des meilleures décisions à partir du raisonnement critique et créatif). L'auteur conclut que ces compétences décisionnelles sont essentielles à des futurs entrepreneurs et innovateurs, et donc que des mécanismes de contrôle de la gestion des connaissances et des sciences des données peuvent être un puissant levier du curriculum « entrepreneuriat et innovation ».

BIBLIOGRAPHIE

ALBERTINI, T.; FABIANI, T.; LAMETA, N.; LIMA, M. (2019), A framework for evaluating the effectiveness of entrepreneurial teaching in higher education, *Marché et organisations*, 1, 159-186.

ARLOTTO, J., JOURDAN, P., SAHUT, J.M., TEULON, F. (2012), Les programmes de formation à l'entrepreneuriat sont-ils réellement utiles ? Le cas des concours pédagogiques de création d'entreprise, *Management et avenir*, 5, 55, 291-309.

BOISSIN, J.P., CHOLLET B., EMIN, S. (2007), Les croyances des étudiants envers la création d'entreprise. Un état des lieux, *Revue Française de Gestion*, 11, 180, 25-43.

CHAMBART, O. (2020), *Business Model : L'Université, nouveau laboratoire de l'idéologie entrepreneuriale*, La Découverte.

CHOUTEAU, M., FOREST, J., NGUYEN, C. (2021), *L'innovation au service de la société : l'approche P.S.I.*, ISTE Editions, London.

CHRISTENSEN, C., DYER, J., GREGERSEN, H. (2013), *Le gène de l'innovateur : Cinq compétences qui font la différence*, Pearson France, Montreuil sous-bois.

DRUCKER, P. (1994), *Innovation and Entrepreneurship: Practice and Principles*, Heinemann, London.

FAYOLLE, A. (2012), *Entrepreneuriat, Apprendre à Entreprendre*, 2ème Ed. Dunod, Paris.

FOREST, J. (2018), *Rationalité créative et innovation*, ISTE éditions, London.

GEM (2014), *Global Entrepreneurship Monitor survey.* Available at http://www.gemconsortium.org/report

GOURITIN, A. (2019), *Le Startupisme. Le fantasme technologique de la start-up nation*, FYP éditions.

LIMA, M. (2021) *Entrepreneurship and Innovation Education : Frameworks and Tools*, ISTE / Wiley.

NOAILLES-SIMEON, P. (2013), De l'entrepreneur à l'innovateur dans une économie dynamique, in Boutiller, S., Djellal, F., Uzunidis, D. (eds), *L'innovation : Analyser, anticiper, agir*, Peter Lang éditions, 85-110.

RAUCENT, B., VERZAT, C., VILLENEUVE, L. (2010), Accompagner les étudiants, in *L'accompagnement dans les institutions d'enseignement supérieur*, Bruxelles, De Boeck, Chapitre 19, 501-540.

RUANO-BORBALAN J.C. (2019), Pluridisciplinary programmes for innovation: Realities and limits of a promising form of learning, *European Journal* of *Education*, 1-14.

VERZAT, C. (2011), Expérimenter et coopérer pour apprendre à entreprendre, *Entreprendre et Innover*, 3, 11/12, 113-119.

L'EXPÉRIENCE INTERDISCIPLINAIRE COMME VECTEUR DE DÉCENTREMENT CRITIQUE : LE CAS D'UN PROGRAMME D'INNOVATION INTER-ÉCOLES

Estelle BERGER
Professeure Associée, Strate École de Design
e.berger@strate.design

Emmanuelle LE NAGARD
Professeure, Doyenne Associée à la Pédagogie
ESSEC Business School
lenagard@essec.edu

Éléonore MOUNOUD
Maîtresse de conférences, CentraleSupélec
eleonore.mounoud@centralesupelec.fr

RÉSUMÉ

Cet article vise à comprendre 1) comment une expérience interdisciplinaire peut permettre une transformation des participants, qui perdure à l'issue de l'expérience, 2) quelle est la nature de cette transformation. La recherche s'appuie sur un programme d'innovation interdisciplinaire entre étudiants de trois écoles différentes (de commerce, d'ingénierie et de design), utilisant la méthodologie du design thinking. Elle analyse l'expérience vécue au travers d'entretiens approfondis des tuteurs des équipes, ainsi que des réponses des étudiants aux questionnaires de fin de programme. Ceci permet de déterminer quelles sont les conditions (organisation du programme, posture initiale des participants) permettant une expérience interdisciplinaire réussie, les caractéristiques qui permettent cette transformation, et de montrer qu'elle s'apparente à un décentrement critique

Mots-clés : éducation, interdisciplinarité, décentrement critique, design thinking, projet.

ABSTRACT
Interdisciplinary Experience as a Vehicle for Critical Decentering: The Case of an Inter-School Innovation Program

This article aims to understand 1) how an interdisciplinary experience can enable a transformation of participants, which persists after the experience, 2) what is the nature of this transformation. The research is based on an interdisciplinary innovation program involving students from three different schools (business, engineering and design), and using a design thinking based approach. It analyzes the experience through in-depth interviews with the teams' tutors, as well as students' responses to the end-of-program questionnaires. This allows us to determine the enabling conditions for a successful interdisciplinary experience (organization of the program, initial posture of the participants), the characteristics allowing for this transformation, which is identified with critical decentering

Keywords : education, interdisciplinarity, critical decentering, design thinking, project.
JEL Codes : I21

INTRODUCTION ET MOTIVATION À L'ÉTUDE

L'intégration de connaissances spécialisées n'apparaît plus suffire aux exigences d'un monde complexe et incertain. Alors que l'information circule plus rapidement et largement que jamais, les enjeux d'éducation semblent maintenant porter vers l'acquisition de compétences transverses et plus encore connectives. Celles-ci sont particulièrement valorisées aujourd'hui car associées à de précieuses capacités d'empathie et d'innovation en situation complexe (Christensen *et al.*, 2013). Pour aborder ces situations, marquées par de nombreuses interdépendances, la communication et l'hybridation entre disciplines sont requises. Selon Edgar Morin (1999), l'interdisciplinarité représente un « impératif d'éducation » pour développer un savoir capable d'embrasser la complexité, de contextualiser et de se donner la possibilité de « concevoir ce qui relie » entre eux, les objets de connaissance.

L'acquisition de telles compétences est favorisée par la pédagogie critique, axée sur le passage « du coercitif au collaboratif, de la transmission à la transformation, de l'inerte au catalytique, du passif à l'actif » (Wink, 2005). Si apprendre c'est « expérimenter quelque chose qui permette un changement, une transformation de notre relation à la connaissance »

(Foucault, 2016), cette expérience vécue par chaque individu reste peu investiguée, notamment dans un contexte interdisciplinaire.

Cette recherche se propose d'étudier la possibilité d'un changement d'état d'esprit et de posture suscitée par une collaboration interdisciplinaire. Nous identifions cette transformation au processus de métanoïa, qui aboutit à une 'norme de conduite différente, supposée meilleure' et que les Grecs anciens associaient à tout apprentissage. Composé du préfixe meta (ce qui dépasse, englobe, met au-dessus) et de noûs (intellect ou esprit), ce terme désigne un changement de point de vue, un renversement de la pensée. Il commence par un déclic, fissurant la vision du monde que l'individu s'était construite. Puis, la prise de conscience induit un « lâcher-prise qui permet de sortir de sa zone de confort pour aller découvrir et expérimenter des pistes de solution sur de nouveaux territoires au contact d'une plus grande variété d'acteurs » (Forasacco, Chartier-Gueudet, 2019). Le champ de conscience est développé, à la fois vers l'extérieur (attention à la situation, empathie) et vers l'intérieur (attention à soi, intuition). Plutôt qu'accroître ses connaissances, il s'agit de changer d'état d'esprit pour développer « un savoir-agir global, ne se limitant pas à des acquisitions d'expertises, mais intégrant des clés de compréhension et des éléments d'adaptation à l'incertitude et la complexité » (Forasacco, Chartier-Gueudet, 2019). Ces enjeux associés à la métanoïa résonnent avec ceux attachés au travail interdisciplinaire, visant à développer les compétences connectives des individus qui y sont engagés.

À partir d'un travail d'enquête mené grâce à notre rôle pédagogique au sein d'un programme d'innovation associant trois écoles (de commerce, d'ingénierie et de design), nous analysons l'expérience des étudiants engagés dans des projets interdisciplinaires. Nous montrons que cette expérience peut induire une transformation vers une « posture meilleure », non seulement en ce qu'elle est propice au travail en équipe, grâce à la prise en compte de l'altérité, mais aussi plus largement favorable à l'action en situation d'incertitude et de complexité. A l'issue de cette analyse, nous assimilons ce phénomène vécu par certains étudiants à un décentrement, tel que décrit en anthropologie et en psychologie du développement.

1. CADRE THÉORIQUE ET CONCEPTUEL

Il nous faut d'abord différencier l'approche interdisciplinaire d'une pluridisciplinarité qui juxtapose les points de vue sans véritable interaction, et d'une transdisciplinarité qui traverse littéralement les disciplines constituées pour créer des connaissances spécifiques (Darbellay, 2005). L'interdisciplinarité a une visée d'action, elle invite « à la levée des réductions opérées par les disciplines scientifiques » pour obtenir un « contact plus pénétrant, plus puissant, plus précis » avec l'objet d'étude et d'intervention (Hamel, 2002). A minima, l'approche propose ainsi de travailler ensemble, « chacun à partir de [sa] base disciplinaire pour résoudre un problème commun » (Mitchell, 2005). Pour la mettre en œuvre, la plupart des auteurs insistent sur les notions d'interaction et d'intégration des différents savoirs, dans une perspective coopérative et critique (Klein, 2008 ; Kleinpeter, 2013).

Nous pouvons ensuite suivre Klein (2008) lorsqu'il propose un ensemble de critères pour évaluer la qualité de la recherche interdisciplinaire, critères qui apparaissent relativement adaptables en contexte de projet :

- Variabilité des objectifs (prise en compte de la dépendance au contexte, valorisation de la flexibilité)
- Variabilité des critères et des indicateurs (ne pas appliquer les critères hérités de la pensée disciplinaire et s'ouvrir à de nouveaux, par exemple, les critères esthétiques ou le potentiel d'ouverture à de nouvelles pistes de recherche)
- Intégration (appropriation du projet par tous les collaborateurs, intégration des différentes perspectives des disciplines en présence en amont de la recherche)
- Aspects sociologiques (capacité à résoudre des conflits, communication entre les participants, etc.)
- Management du projet (efficacité dans la recherche du consensus, analyse de la répartition des tâches, du temps laissé aux rencontres et discussions)
- Itération et transparence (le programme fournit-il les moyens de sa propre évaluation en définissant des objectifs clairs et des critères de réussite ?)
- Efficacité et impact.

L'auteur relativise l'importance du dernier point, « dans la mesure où les impacts d'une recherche interdisciplinaire se font en général sentir à long terme » (Klein, 2008). D'autres notent un décalage entre intentions et applicabilité des résultats, soulignant le manque de clarté des modalités d'évaluation de programmes interdisciplinaires (Hamel, 2002).

La littérature pointe ainsi vers un angle mort dans la mesure des retombées, y compris l'effet transformateur qu'un programme interdisciplinaire pourrait avoir sur ses participants.

Il y a cependant un enjeu pédagogique à éclairer cette dimension, pour stimuler les attitudes et comportements favorables au dialogue interdisciplinaire. Ainsi, pour Peter Senge (1990), une équipe ne peut véritablement « penser ensemble » qu'à condition de mettre en œuvre cinq pratiques :

- Maîtrise personnelle
- Remise en question des modèles mentaux et hypothèses de chacun
- Vision partagée

- Apprentissage par le dialogue (à ne pas confondre avec la discussion)
- Pensée systémique (permettant de reconnaître les blocages et leviers de changement).

Cependant l'identification à une fonction, une discipline ou une profession bien définie mène à opérer une séparation entre soi et les autres, au risque de diluer le sentiment de responsabilité au sein du groupe. L'approche systémique, à l'inverse, invite à une attitude proactive et consciente de sa propre implication dans la situation. Rencontrer l'altérité – « la présence de l'autre, sa différence, l'interaction et la communication avec lui » (Pinker, 2011) – mène alors à se remettre en question.

En se confrontant à d'autres modes de pensée, nous prenons conscience que « [n]otre compréhension du monde est arrimée à nos expériences et à nos idées » et que nos jugements ne peuvent être objectifs « que sur base des éléments qui s'offrent à [notre] conscience et connaissance » (Sen, 2010). La rencontre interdisciplinaire possède ainsi une fonction *décentrante*, en ce qu'elle permet potentiellement de reconnaître ses limites et l'improbabilité d'une impartialité pure. L'individu est appelé à corriger ses biais positionnels, à augmenter les informations dont il dispose pour construire son jugement, ainsi qu'à faire face à des objections, des mises à l'épreuve du jugement (Vandamme, 2017).

Selon les disciplines et les approches, le décentrement peut correspondre à une méthode notamment pour l'approche anthropologique, un phénomène de maturation psychologique (tel qu'amené par Piaget) ou une norme morale basée sur la délibération intérieure pour développer une attitude communicationnelle envers autrui (cette dimension représentant l'apport d'Habermas). Ainsi la coopération n'est pas seulement une fin, c'est un moyen qui demande de faire l'expérience de la différence de points de vue et du conflit cognitif (ou décentration pour les psychologues cognitivistes) et qui permet de progresser. « La capacité à discuter sa propre pensée, et pas uniquement à la justifier, la possibilité de considérer autrui comme un interlocuteur possible exigent un décentrement psychologique avec son propre univers de références. Décentrement psychologique car accepter le regard, la présence, la pensée de l'autre nécessite de ne plus vivre comme le centre, mais comme une parole, un regard, un silence, un sourire qui lui résistent autant qu'ils nous résistent. Décentrement car il faut, pour progresser, accepter que sa raison ne devienne raisonnable qu'à la condition de ne pas chercher à avoir forcément raison » (Develay, 2013).

Dans le cadre de cette recherche, nous étudions comment le décentrement est vécu, car il forme le socle de la transformation suscitée par l'expérience interdisciplinaire.

Si l'identité est amenée à évoluer, c'est en tant qu'elle est comprise comme un « processus d'aller-retour entre l'identification et la différenciation de soi par rapport à autrui, par rapport au monde : l'altérité travaille au cœur de l'identité du sujet lui-même » (Ricœur, 1990). En d'autres termes, l'identité est le résultat « à la fois stable et provisoire, individuel et collectif, subjectif et objectif, biographique et structurel, des divers processus de socialisation qui, conjointement, construisent les individus et définissent les institutions » (Dubar, 1991).

Sedooka *et al.* (2015) ont étudié l'évolution identitaire de chercheurs engagés dans des programmes interdisciplinaires. Leur recherche investigue les rapports entre les ancrages disciplinaires apparemment stabilisés des individus, et leurs pratiques les amenant à se redéfinir au contact d'autres disciplines, dans un jeu de perceptions et de représentations multiples. Elle aboutit à une typologie de profils, selon un continuum :

- Identité disciplinaire
- Identité thématique
- Identité hybride
- *Interdisciplinary native* [natifs interdisciplinaires]
- *Interdisciplinary migrant* [migrants interdisciplinaires]
- Identité indisciplinée.

Bien que l'interdisciplinarité s'affiche comme une finalité pertinente pour dépasser des frontières disciplinaires limitantes voire obsolètes, sa mise en œuvre opérationnelle pose plus de questions. En premier lieu, quelles méthodes employer pour faire dialoguer des langages, connaissances et compétences de différents ordres ? Pour certains chercheurs, l'interdisciplinarité s'aligne sur le « bricolage intellectuel » évoqué par Lévi-Strauss pour qualifier une pensée construisant par analogies successives au sein des divers domaines de l'expérience sensible (Hamel, 2002 ; Louridas, 1999). L'accompagnement d'une telle démarche consisterait ainsi à imaginer un « fil d'Ariane » entre des connaissances sans rapport évident, pour ainsi les gratifier de la capacité d'éclairer la complexité en recomposant la réalité sous sa forme de totalité et, dans cette voie, être en mesure de répondre aux grandes questions humaines : le cosmos, la vie et l'être humain » (Hamel, 2002).

Cette description résonne avec le mode de pensée du design, entendu comme approche holistique de résolution de problèmes complexes, peu ou mal structurés, voire « pernicieux » (Rittel, Webber, 1973 ; Johansson-Sköldberg *et al.*, 2013). Initialement issu de la formalisation du mode de pensée des designers professionnels (Archer, 1979), le concept de design thinking a fait l'objet de définitions variées dans la littérature. Il peut ainsi référer à un style cognitif, une théorie du design, ou une ressource pour les organisations (Kimbell, 2011 ; Carlgren *et al.*, 2016). Cela complexifie l'identification des spécificités et impacts de telles démarches. Néanmoins, de nombreux auteurs s'accordent sur son appropriabilité par les non-designers, qui le rendrait particulièrement adapté à la gestion de projets d'innovation interdisciplinaire et radicale (Verganti, 2009). Le recours au design thinking favoriserait ainsi l'acquisition de nouvelles capacités d'innovation (Kleinsmann *et al.*, 2017), en particulier via les effets suivants :

- Réduction des biais cognitifs qui consistent à projeter sa propre vision du monde sur les autres, à limiter les options considérées dans les processus de recherche, et à ignorer les données contrariantes (Liedtka, 2015)
- Aide au cadrage de problématiques mal définies, et formulation en questions clairement définies autour desquelles les acteurs de la conception peuvent être mobilisés (Mahmoud-Jouini et al., 2016)
- Intégration d'outils et méthodes permettant la coopération multidisciplinaire de spécialités et fonctions qui étaient auparavant séparées (Brown, 2009 ; Cross, 2011).

De manière concrète, Hassi et Laakso (2011) proposent une synthèse des pratiques, approches cognitives et états d'esprit associés au design thinking :

Tableau 1 . Le design thinking (Hassi et Laakso, 2011)

Pratiques	**Approches cognitives**	**États d'esprit**
- Centrées sur l'humain - Pensée par le faire - Visualisation / matérialisation - Phases de divergence et de convergence - Travail collaboratif	- Raisonnement abductif - Reformulation des problématiques - Vision holistique - Pensée intégrative	- Expérimental / exploratoire - Tolérant à l'ambiguïté - Optimiste - Orienté vers l'avenir

De la définition d'une problématique à sa résolution, une telle démarche de projet priorise l'exploration et l'intégration d'une variété de points de vue. Qu'elle soit incarnée par un individu ou distribuée, la figure du designer est celle d'un généraliste au service de spécialistes. Il s'efforce d'aborder le terrain sans préconception, pour se mettre en empathie avec les situations rencontrées. Son travail d'analyse-synthèse se fonde sur un équilibre entre une vision la plus objective possible et sa nécessaire subjectivité. En effet, consciemment ou non, chaque individu met en jeu sa créativité personnelle, sa vision du monde, son histoire et son mode d'apprentissage (Lawson, Dorst, 2009). En design, le cadrage d'une problématique ou le diagnostic ne s'obtiennent pas de manière déterministe, ni n'induisent une méthode ou une solution (Beck, Stolterman, 2015). Une part d'intuition engage l'intériorité du designer, qui sert d'intégrateur entre son intellect et sa sensibilité.

La popularité récente du design thinking dans les organisations a un impact contrasté sur les designers professionnels, selon la reconnaissance et l'intégration de cette dimension culturelle (Deserti, Rizzo, 2014). Selon les cas, la littérature met ainsi en évidence un renforcement de leur légitimité (Perks *et al.*, 2005), une spécialisation dans la matérialisation et l'esthétique (Verganti, 2009), voire une remise en question de leur valeur ajoutée (Rauth *et al.*, 2014).

Que l'on envisage le design thinking comme fondement des professions du design ou comme boîte à outils appropriable par tout chef de projet, prendre conscience et assumer cette relativité inhérente à tout processus créatif est un défi. Celui-ci est d'autant plus grand lorsque différentes disciplines sont associées dans un même projet, et qu'elles reposent sur d'autres modes de pensée. Il y a donc un enjeu pédagogique important à faire dialoguer les cultures du projet, pour collaborer efficacement dans l'incertain (Berger, 2018).

2. PROBLÉMATIQUE DE RECHERCHE

Les auteures assurent la responsabilité pédagogique d'un programme d'innovation interdisciplinaire, associant trois grandes écoles parisiennes de commerce, d'ingénierie et de design depuis 15 ans. Chaque année, une centaine d'étudiants aux parcours et niveaux d'étude hétérogènes sont associés pour travailler en groupes sur des problématiques d'innovation posées par des partenaires industriels ou institutionnels. À l'issue des 5 mois du programme, leurs propositions s'incarnent dans des produits, services, process et/ou systèmes. L'approche se veut globale, intégrant les dimensions technologiques, imaginaires, culturelles et sociales de l'innovation. L'ambition est donc véritablement interdisciplinaire, en ce qu'il ne s'agit pas seulement d'articuler des points de vue experts, mais d'éclairer les biais disciplinaires pour explorer de nouveaux champs d'innovation.

L'encadrement pédagogique s'ancre dans le design thinking[1], suivant les phases de projet formalisées par Kelley *et al.* (2001) : empathie, définition, idéation, prototypage, test. La méthode inclut des boucles de rétroaction à chaque étape, pour permettre de repositionner, chemin faisant, l'approche des groupes. Au-delà de la gestion des projets sur ce mode itératif, le principal enjeu du programme consiste à faire travailler ensemble des étudiants de disciplines différentes, ce qui est potentiellement générateur d'incompréhensions. La simple observation

---

[1] Le design est également mobilisé dans le programme en tant que spécialité disciplinaire. Dans cette perspective, les étudiants complètent l'approche centrée sur les usages (transverse et globale) d'une réflexion plus poussée sur les aspects émotionnels, relationnels et techniques dont ils sont spécialistes (rapport à l'objet, à l'espace, à l'autre…).

des équipes pendant le déroulement du programme montre des évolutions marquées chez les étudiants – certains gagnent en confiance, d'autres doutent – et dans leur capacité à travailler ensemble. Cette étude ambitionne de qualifier cette observation empirique, en analysant l'expérience de décentrement vécue par les étudiants et en questionnant la transformation produite à l'aune de la *métanoïa*.

Notre problématique de recherche porte donc sur l'expérience des étudiants et la possibilité d'un décentrement critique. Quels sont les leviers et déclencheurs qui amènent à sortir d'une identité fermée où l'on se définit par sa discipline, pour accéder à une vision plus ouverte de soi en tant que professionnel ? Qui sont les opérateurs de décentrement critique ? Quand et comment se matérialise la transformation ?

3. MÉTHODE DE L'ÉTUDE

Les premières sources de données mobilisées pour notre analyse du programme inter-écoles sont les questionnaires envoyés aux étudiants à la fin de chaque session *(en annexe)*, les documents supports de comités de pilotage, ainsi que les carnets de bord des encadrants pédagogiques. Articulée aux repères théoriques et conceptuels dégagés par la revue de littérature, leur étude a permis une première qualification de l'expérience. Plutôt que des critères centrés sur les résultats, ceux du « penser ensemble » identifiés par Senge (1990), apparaissent constituer une grille pertinente pour reconnaître les caractéristiques du vécu des étudiants.

Nous avons également mené des entretiens auprès de tuteurs historiquement engagés dans le programme, d'une part car leur proximité aux étudiants en fait des témoins privilégiés de leur vécu, d'autre part car leur expérience cumulée leur permet de mettre en perspective les situations rencontrées. Ces entretiens, d'une durée de 90 minutes environ, ont été conduits en deux mouvements : un premier temps de questions ouvertes relatives à l'expérience vécue par les étudiants, puis un second semi-directif, reprenant les cinq critères de l'expérience interdisciplinaire proposés par Senge (1990).

Afin de préserver la richesse et la singularité des données verbales recueillies lors des entretiens, nous nous proposons d'analyser les deux mouvements de manière différenciée.

D'abord, la partie spontanée est analysée en termes de système tel que proposé par Abric (1988). Celui-ci suggère que toute représentation est organisée autour d'un noyau central constitué d'éléments objectivés et agencés de telle sorte à constituer une base stable autour de laquelle peut se construire la représentation. Il porte deux fonctions essentielles : l'une génératrice de sens, l'autre organisatrice. En ce sens, le noyau central est l'élément unificateur et stabilisateur de la représentation. Cohérent, il résiste au changement, assurant ainsi la continuité et la permanence de la représentation. Les éléments périphériques permettent à la représentation de s'inscrire dans la réalité du moment. Sensibles aux contingences, ils permettent dans une certaine mesure l'adaptation de la représentation à des contextes sociaux variés. En analysant comment chacun des trois tuteurs organise la représentation qu'il donne de l'expérience étudiant, nous cherchons à identifier le noyau et les éléments périphériques d'une représentation de l'expérience étudiante.

Nous modélisons ensuite, non plus de façon individualisée par tuteur mais de façon transverse aux trois entretiens, comment les critères proposés par Senge (1990) permettent de qualifier l'expérience interdisciplinaire des étudiants.

Ceci nous conduit à discuter dans une dernière partie le rôle du design thinking tel que mobilisé par le programme, entre méthode et mode de pensée. Des intentions pédagogiques à la mise en œuvre puis au vécu, permet-il réellement de soutenir une *métanoïa* ? Quelles sont les pratiques et attitudes à même de stimuler un changement de posture, et de développer sa conscientisation chez les étudiants ?

4. LA VISION DES ÉTUDIANTS

L'analyse de la vision rétrospective des étudiants sur le programme est basée sur deux sources : d'abord l'analyse du questionnaire de fin de programme 2019-2020 qui est envoyé à chacun, d'autre part les évaluations du cours par les étudiants d'une des écoles, pour les trois dernières années. Les commentaires ont été systématiquement recueillis par le biais d'un questionnaire en ligne, à deux moments (mi-parcours et fin de trimestre).

Les évaluations de fin de programme 2019-2020 sont très convergentes, avec des insatisfactions très largement imputables à : des problèmes d'organisation, une implication jugée insuffisante d'autres membres de l'équipe projet, un encadrement global parfois jugé trop léger. Quant aux éléments de satisfaction, ils sont de plusieurs ordres.

Tout d'abord, c'est le caractère CONCRET de l'expérience qui est apprécié, et le fait qu'il s'agisse de vrais projets en 'temps réel' plutôt que d'exercices fictifs ou rétrospectifs (comme la méthode des cas utilisée régulièrement dans les écoles de commerce). *« J'ai particulièrement apprécié l'aspect concret de ce cours et la phase d'observation et de réflexion sur les tendances actuelles », « Travailler sur un vrai projet qui a vocation à voir le jour », « Ce cours est très pratique et permet un rapport certain avec une entreprise ».*

En ce sens, le fait de travailler en direct avec les entreprises clientes du programme est vu comme un vrai apprentissage, même si les relations avec le CLIENT sont parfois sources de frustration et de déception. *« Le fait de travailler pour de vrais clients, suivre le fruit de notre travail, savoir qu'il est utile et valorisé aux yeux des clients », « Être en direct avec le client », « La relation avec le client, le fait de travailler directement avec des professionnels », « Le contact direct et régulier avec les entreprises a été très apprécié. Les clients se sont montrés très disponibles à notre égard ».*

D'autre part, le caractère PLURIDISCIPLINAIRE et hétérogène des équipes est l'élément positif le plus fréquemment cité, sans qu'aucun versant négatif ne soit mentionné. Encore plus que de travailler avec des personnalités différentes, ce qu'ils ont fréquemment l'occasion de faire au cours de leur cursus, les étudiants apprécient surtout de faire équipe avec des étudiants d'autres écoles, ce qui est beaucoup plus rare. *« Travailler avec des étudiants d'autres écoles »* (nombreuses citations), *« C'est un vrai plus : nous pouvons partager nos différentes compétences afin d'aller dans la même direction », « La diversité des équipes », « J'ai beaucoup aimé le côté professionnel et interdisciplinaire », « J'ai trouvé qu'une des forces de ce programme est le fait d'être avec des étudiants d'autres formations que la mienne », « Il faut insister sur les compétences de chacun en fonction de leur formation ».*

Les étudiants ont bien en tête les différentes identités professionnelles qui composent les *« équipes pluridisciplinaires : ingénieurs, commerciaux et designers »*. La métaphore d'un chantier est même utilisée, c'est *« la création d'un projet d'entreprise en collaboration avec différents corps de métiers »*. Ils soulignent cependant que pour que le travail d'équipe soit fructueux, un certain équilibre est nécessaire au sein de l'équipe. Ceci en termes de MATURITÉ : *« Beaucoup des étudiants de l'Essec et de Centrale commençaient seulement leur cursus - résultat, ce sont plutôt les mastères Strate qui apportent ces compétences, ce qui est dommage »*, de MOTIVATION : *« Pour que l'expérience soit pleinement satisfaisante, elle nécessite de la motivation et une envie de travailler et de s'organiser en groupe »*, et d'IMPLICATION : *« Parfois difficile de bosser avec des gens issus d'autres formations, dont les implications et l'importance donnée au projet varient grandement »*.

Les étudiants mettent également en avant la notion de RENCONTRES, dans et à la périphérie du programme. *« C'est une super opportunité pour faire des rencontres », « On rencontre des personnes intéressantes, que ce soit dans notre équipe, dans l'encadrement ou chez le client »*. Cette dimension a des répercussions positives au-delà de la fin du projet.

De la même manière, ils estiment que ce qu'ils ont appris en termes de MÉTHODE leur servira pour la suite de leur formation ou de leur parcours professionnel. *« [On s'approprie] des méthodes de travail utiles pour l'avenir (design thinking, équipe pluridisciplinaire, management horizontal etc.) », « [On peut] découvrir pour de vrai d'autres méthodes de travail ».*

Ainsi sont posés les termes de la vision du programme selon les étudiants, termes qui reprennent d'ailleurs en grande partie la présentation officielle, à savoir un VRAI-PROJET mené avec un VRAI-CLIENT par une ÉQUIPE d'étudiants de formations différentes. Il est d'ailleurs à noter qu'une fraction significative d'entre eux (20 à 25 % selon les années) est déjà issue d'une double formation (ingénierie, business, SHS… et design pour les étudiants en Mastère Innovation x Design ; business et technologies pour les ingénieurs en cycle MBA ou commerciaux en formation technologique). Nous notons que la dynamique du VRAI-PROJET est celle de la RENCONTRE avec ses attributs (ouverture, envie, maturité, engagement…), une belle histoire en quelque sorte.

5. LA VISION DES TUTEURS

Nous présentons maintenant l'analyse des entretiens menés avec trois tuteurs (les plus expérimentés d'une équipe de six), d'âge, d'expérience et de formation différents. Nous analysons d'abord la partie spontanée des entretiens correspondant à des questions ouvertes qui visent à identifier le noyau et les éléments périphériques de la représentation.

5.1. Tuteur 1 – L'expérience du projet

Le noyau de la représentation est le VRAI-PROJET (« *Travailler sur de vrais projets, avec de vraies personnes, où il y a de vrais enjeux* »). Cela se traduit aussi par l'emploi fréquent de l'adverbe « *vraiment* » (33 occurrences) : il y a comme une vérité de la situation (8 occurrences de « *vrai* ») qui permet aux étudiants de vivre quelque chose de positif (« *C'est presque professionnalisant et c'est un point qui est pour moi hyper positif* »). Mais cela présente aussi un défi (« *pas évident au départ* »), du « *stress* » (8 occurrences), de la « *pression* » (5 occurrences) et des « *difficultés* » (5 occurrences). Cette vérité à laquelle on accède, c'est celle de l'action (« *passer à l'action* », « *le concret* », « *la pratique* », « *l'observation* ») qui s'oppose à l'abstraction / la théorie, celle de projets qui s'opposent aux cours, celle de RENCONTRES qui s'opposent à de la collecte d'informations (« *derrière son ordinateur* »). Le VRAI-PROJET remplit parfaitement sa fonction consensuelle, elle relève bien de la mémoire collective du groupe social des entrepreneurs et de son système de normes.

Si le projet est le noyau de l'entretien, la dynamique est celle de la quête d'AUTONOMIE (9 occurrences). Celle-ci est à la fois nécessaire et requise pour participer, mais elle est aussi acquise et renforcée par la participation. Ce qui va aider l'étudiant dans sa quête et le tuteur dans son accompagnement, c'est la MÉTHODE (17 occurrences), et plus précisément les observations et le prototypage. Elle ne réside donc pas dans la théorie mais dans la pratique, qui consiste à SORTIR (« *de chez soi* », « *de derrière son ordinateur* », « *de l'abstraction* », « *du bullshit* ») et à FAIRE (« *des observations* », « *des rencontres* », « *des livrables* »). Mais la méthode ne doit pas être prise pour ce qu'elle n'est pas : il ne faut pas l'expliquer, il faut la faire vivre, car il y a une vérité de l'expérience (« *ça leur ouvre les yeux* »). Comprendre la méthode, c'est donc sortir du formalisme, tout en acceptant de commencer par suivre les étapes imposées par la méthode, pour, au final, s'en détacher et atteindre la vérité du projet (« *On transcende une méthode pour faire du projet* »). On gagne ainsi en aisance et en pertinence. Le risque associé est de se perdre dans la méthode, de se laisser submerger par le nombre d'étapes à mener, de ne pas réussir à en sortir. Il y a enfin un adjuvant important : le VRAI-CLIENT, qui peut être le principal facteur d'échec par son indécision, comme le principal facteur de reconnaissance du succès du projet.

Cette représentation s'exprime dans des termes assez proches de la vision des étudiants avec les mêmes éléments centraux (projet, client, équipe). La MÉTHODE y tient toutefois une place plus importante, ainsi que l'AUTONOMIE qui est le but du programme, y compris dans la démarche d'utilisation de la méthode qui n'est pas une simple recette.

5.2. Tuteur 2 – L'expérience des rencontres

La représentation est centrée sur les RENCONTRES entre individus. Il ne dépeint pas une expérience étudiant type, mais une palette en fonction des profils individuels – formation, personnalité, sexe, maturité (*« Chacun a son parcours singulier, ses attentes, ses points forts… »*) et de la dynamique de groupe qui se crée entre eux (8 occurrences de *« diversité »*, qu'il s'agit même de *« forcer »* (3 occurrences), mais aussi *« hétérogénéité »*, *« complémentarité »*). L'expérience se vit dans *« l'échange de personne à personne »* (métaphores virales : *« contagion »*, *« ils attrapent le virus »)*. Le programme *« construit une communauté »*, un *« écosystème »*. Tuteur 2 analyse ainsi les dynamiques internes aux groupes projet, en particulier la prise de RESPONSABILITÉ collective : *« Solidarité »*, *« co-gestion »*, *« responsabilité tournante »*, *« partage des rôles »* sont facteurs de réussite ; alors que *« manque d'ouverture, d'écoute et de remise en question »*, *« manque de maturité »*, *« unilatéralité de la responsabilité »* inhibent la collaboration. Une expérience positive est ainsi conditionnée par l'ENGAGEMENT individuel *(« le volontariat est clé »*, *« l'envie de rester est un bon indicateur »*, *« [ils cherchent à] injecter des choses qui leur tiennent à cœur »)*.

Le programme n'est pas considéré comme ayant un contenu propre, il vise à ACCOMPAGNER la maturation des individus *(« Je ne pense pas que le programme en lui-même suffise à leur amener beaucoup de maturité. On l'accompagne seulement »*, *« Ils n'apprennent pas grand-chose dans le programme, c'est plutôt qu'ils pratiquent »)*. Il repose avant tout sur le QUESTIONNEMENT des *« préjugés »*, *« a priori »*, *« préconceptions »* (5 occurrences d'*« ouverture »*, *« ils comprennent que leur mode de pensée et d'étude n'est pas universel, que c'est un point de vue »*) et l'apprentissage du DIALOGUE *(« passer de l'implicite à l'explicite »*, *« conscientiser »*, *« communiquer »*, *« recevoir »*, *« intégrer »)*.

La situation de VRAI-PROJET (*« Se confronter au monde réel, mettre en pratique leurs apprentissages »*, *« Ils deviennent acteurs du projet »*, *« appropriation des acquis »*, *« réconciliation entre la théorie et la pratique »)* en représente le moyen. In fine, c'est *« l'imprégnation culturelle »* et la construction de *« valeurs partagées »* qui sont recherchées, mais avec des résultats reconnus comme nuancés *(« Certains deviennent accro au mode projet […] d'autres retournent dans leur zone de confort »)*. PRAGMATIQUE (4 occurrences) est utilisé pour qualifier à la fois l'attitude attendue des étudiants *(« capacité d'adaptation », « ils sont dans la débrouille »)* et l'approche pédagogique *(« On utilise le design thinking comme matière malléable », « on l'a métissé », « on est dans l'ajustement permanent. »)* Enfin, étudiants comme clients doivent être à l'aise avec l'INCERTITUDE. Elle est une modalité du programme *(« envie d'essayer et de se laisser surprendre dans le process », « Gérer cet inconfort est une manière de progresser »)*, et une condition d'émergence de toute innovation (*« Il y aura forcément un décalage entre le résultat et les attentes initiales »*, et même *« Il s'agit d'abord d'un acte de foi »*).

Cette représentation diffère peu de la précédente en ce que, si elle met en son centre la dynamique entre individus, les RENCONTRES plutôt que la situation, le VRAI-PROJET est surtout une variation sur le même thème dans une perspective processuelle plutôt que situationnelle. ACCOMPAGNER prend la place de la méthode, dans le même déplacement du 'quoi' (le projet, la méthode) vers le 'comment' (les rencontres, accompagner). L'engagement, le questionnement et le pragmatisme sont les tenants et aboutissants de cette démarche, ils sont les piliers de la dynamique collective recherchée. Les éléments périphériques sont plus nombreux, l'image est plus riche mais la vision est proche.

5.3. Tuteur 3 – L'expérience de la transformation

Pour le tuteur 3, l'expérience est une TRANSFORMATION collective positive dans une période courte (3 occurrences). *« En cours, ça devient de plus en plus riche », « Il y a des évolutions qui sont très fortes, il y a des émulations et même de belles choses qui émergent »*. Le RYTHME soutenu joue ainsi un rôle important (« *Ça se passe vraiment très très vite* », « *en fait ça va assez vite* »). Cette transformation se fait via un TRAVAIL COLLECTIF « *qui naît* », « *Il y a une vraie évolution sur cette cohésion de groupe* ».

Le principal obstacle dans cette aventure de transformation collective, ce sont les A PRIORI (4 occurrences) sur les métiers des uns et des autres, les préjugés, « *un peu des clichés* », dus à un certain enfermement dans sa formation d'origine. « *Ils sont quand même assez formatés dans leurs silos d'étude* ». Il est nécessaire d'être dans un bon état d'esprit (2 occurrences), « *cet état d'esprit qui a besoin d'être un peu dé-formaté* ».

Une transformation peut ensuite s'opérer, par le biais d'une OUVERTURE. « *Il y a beaucoup de curiosité, beaucoup d'ouverture d'esprit* », « *ça lui a ouvert les yeux* ». Cette ouverture d'esprit se fait via le DIALOGUE, qui suppose de s'exprimer à bon escient, mais également de savoir ÉCOUTER. « *Elle était très calme, très sereine, posée. Elle ne parlait pas beaucoup avec les clients mais elle pigeait tout, tout de suite* ». Ce qui peut s'opposer à cette transformation positive, ce sont les personnalités trop centrées sur elles-mêmes. « *Il y en a un qui avait pris le lead complet, il avait une trop forte personnalité* ».

La transformation est également celle du CLIENT/entreprise, qui joue un rôle important, faisant partie intégrante du dispositif et participant à « *cet apprentissage collectif* ». « *[Ce programme] c'est l'état d'esprit des étudiants mais c'est aussi l'état d'esprit du client* », « *Il a transformé le client aussi au fur à mesure, le client lui-même disait "Ah oui je n'y avais pas pensé"* ». D'où la nécessité que celui-ci ait également une capacité d'écoute, pour que le projet soit réussi. « *Il y a des parfois des déceptions parce qu'ils trouvent que le client ne les écoute pas forcément* ».

Enfin, deux des ferments de la réussite perçue du projet par les étudiants sont la SURPRISE POSITIVE et la FIERTÉ d'avoir réussi quelque chose qu'ils pensaient impossible : « *Je pense qu'ils ne savent pas à quoi s'attendre, donc il y a certainement une attente par rapport à la découverte de quelque chose qu'ils ne connaissent pas du tout* », « *Ils sont assez fiers d'avoir fait ça aussi peu de temps* », « *C'est très surprenant pour eux* ».

Nous sommes maintenant au troisième temps de la valse : après la situation chez Tuteur 1 et la démarche chez Tuteur 2 c'est la TRANSFORMATION qui est au centre pour Tuteur 3. Si certains éléments sont repris (client, ouverture, collectif, écoute), leur agencement diffère. Deux éléments émergent, dont on peut trouver l'ombre dans les autres entretiens : le RYTHME et les ÉMOTIONS POSITIVES (fierté, surprise) en miroir du manque d'énergie, du stress, de la pression précédemment évoqués.

On voit donc ici se manifester dans ces bribes d'expérience partagée – trois dialogues au cœur du dispositif – l'ébauche d'un "parcours de la reconnaissance"[2]. Celui-ci commence par l'objectivité de la situation de vrai-projet, passe par la subjectivité de la rencontre qui permet de se reconnaître soi-même, pour enfin accéder à l'intersubjectivité, reconnaissance mutuelle de ce qu'apportent et s'apportent les étudiants dans leur diversité (mais aussi dans leur relation avec le client – le grand Autre[3]), y compris la transformation qui en résulte, parfois.

---

[2] Pour reprendre le titre de l'ouvrage de Paul Ricœur (2004), où il analyse la notion de "reconnaissance", qui traverse son œuvre philosophique. Il revisite sa polysémie et établit une progression tripartite de la reconnaissance d'un objet (objectivité), vers la reconnaissance de soi-même (subjectivité) et enfin la reconnaissance mutuelle (intersubjectivité).

[3] En psychanalyse le grand Autre désigne l'altérité radicale, qui transcende l'altérité illusoire, Jacques Lacan pose l'identité de cette altérité radicale du grand Autre avec le langage et la loi.

6. ANALYSE DU « PENSER ENSEMBLE »

Dans cette section, nous analysons les discours des trois tuteurs en réponse à notre questionnement sur les cinq compétences listées par Senge (1990). Nous cherchons ainsi à cerner les leviers et déclencheurs qui amènent à sortir d'une identité fermée où l'on se définit par sa discipline, pour accéder à une vision plus ouverte de soi en tant que professionnel, à comprendre quand et comment se matérialise la transformation dont nous avons vu précédemment qu'elle pouvait parfois advenir dans le cadre de ce programme d'innovation.

6.1. Maîtrise personnelle de sa discipline

Le programme ne contribue pas directement à la maîtrise personnelle des étudiants issus de différentes disciplines, mais la mise en action qu'il représente contribue à leur maîtrise d'outils et méthodes déjà théoriquement connus. *« Ils s'approprient leurs acquis, ils les comprennent et les appliquent »* (Tuteur 2), *« L'application les aide à comprendre pourquoi ils font ce qu'ils font. [...] Ils se rendent compte de l'utilité de ces compétences. [...] Ils se rendent compte qu'en passant par la pratique on apprend beaucoup. [...] Sentir que la méthode, que leur manière de travailler et leur équipe ont du sens, que ce n'était pas juste abstrait »* (Tuteur 1). Cela s'exprime par la prise d'initiatives dans le cadre du VRAI-PROJET. *« Ils ont de la responsabilité et en même temps beaucoup de liberté »* (Tuteur 1).

L'AUTONOMIE se développe au cours du programme, permettant aux étudiants de progresser dans leur maîtrise de la gestion de projet. *« [Ils] deviennent acteurs, une dynamique interne se crée. Ils cherchent à aller au-delà des attentes (du tuteur, du client), en injectant dans le projet des objectifs qui leur tiennent à cœur »* (Tuteur 2), *« processus d'autonomisation et de compréhension de ce qu'il y a à faire collectivement, et de la capacité de chacun de s'engager et de comprendre la contribution qu'il peut avoir »* (Tuteur 1), *« Ce cursus est peut-être un petit joker qui va montrer ton autonomie, la façon dont tu t'appropries un projet, sans besoin de chercher l'approbation dans le regard de quelqu'un »* (Tuteur 3). Cependant, cette appropriation n'est pas systématique, et certains passent à côté *« s'il n'y a pas de réconciliation entre la théorie et la pratique, s'ils ne voient pas comment les deux communiquent »* (Tuteur 2). D'après les tuteurs, les facteurs d'échec sont *« un regard peu aiguisé, superficiel »*, *« faire l'exercice de manière scolaire »*, *« pas d'appropriation des méthodes »* (Tuteur 1).

6.2. Remise en question des modèles mentaux et assomptions de chacun

Cet objectif est identifié comme prioritaire par deux tuteurs, en particulier puisque les étudiants participant au programme ont des profils hétérogènes. Si les a priori sur les différentes formations d'origine ne se vérifient pas forcément, l'expérience est différente pour les étudiants de chaque provenance :

Pour les designers, l'enjeu est de *« se confronter au monde réel, mettre en pratique leurs apprentissages. Il s'agit d'un réajustement vers le monde professionnel, [...] d'une expérience de remise en question, leur permettant de "redescendre sur terre". Pour les autres, il s'agit d'[...] une expérience d'acculturation. Les étudiants en école de commerce ont une capacité d'adaptation rapide, surtout dans les formations où ils ont déjà une certaine expérience. Les ingénieurs sont habitués à l'efficacité. Il y a parfois au début un agacement vis-à-vis du mode de travail, ils pensent que c'est du temps perdu. Quand ça se passe bien, ils mesurent que ce temps n'était pas perdu, qu'il permettait juste d'arriver à des résultats différents, qu'ils n'auraient pas obtenus autrement »* (Tuteur 2).

« Les étudiants en écoles de commerce et d'ingénierie travaillent avec des données. Au départ, ils se sentent plus en maîtrise, parce qu'il s'agit de sujets d'entreprise sur lesquels on peut trouver des données. […] Puis ils se rendent compte que les données importantes c'est la perception humaine, l'usage, les gens. Souvent, on a une évolution où l'expérimentation va leur plaire, et leur permettre d'un peu s'émanciper » (Tuteur 1).

On remarque que les avis diffèrent sur les capacités d'adaptation de chaque population – les tuteurs restant peut-être eux-mêmes influencés par leur propre coloration disciplinaire.

Il y a plus de consensus sur le fait que la MATURITÉ est un facteur clé permettant aux étudiants de *« tempérer ce qu'ils ont appris, de le mettre à l'épreuve de la réalité »* (Tuteur 2), *« C'est bien d'avoir des étudiants avec de l'expérience. Les profils à 'double casquette' donnent de l'ouverture d'esprit. Mais il faut aussi des étudiants très avancés dans leur domaine »* (Tuteur 1). De la maturité, mais pas en excès : *« En fin de cursus, c'est un peu tard pour profiter de l'expérience. Il y a plus de mal à revenir en arrière, des choses sont déjà un peu cimentées »* (Tuteur 3).

L'ouverture dépendrait ainsi de la capacité de chacun à accepter les limites inhérentes à sa subjectivité. Si l'expérience amène tous les étudiants à *« comprendre que leur mode de pensée et d'étude n'est pas universel, que c'est un point de vue »* (Tuteur 2), tous ne sont pas prêts à la remise en question. *« On leur fait goûter à d'autres manières de voir, de penser et de faire, mais […] ceux qui n'en voient pas l'intérêt auront tendance à renforcer leurs certitudes initiales, et ne chercheront plus des projets de ce type »*. Selon ce même tuteur, un tel refus d'ouverture est visible lorsqu'il n'y a *« pas de frottement au concret, pas d'écoute des signaux envoyés par le tuteur ou le client »* (Tuteur 2). Cela mène à penser que la remise en question découle directement de l'aptitude au DIALOGUE.

6.3. Vision partagée

Les tuteurs soulignent unanimement que c'est une des conditions de succès du programme et du projet. Cependant, la construction d'une vision partagée ne va pas de soi. *« C'est un travail, ça n'a rien de magique »*

(Tuteur 1), *« C'est toute une construction, qui repose sur l'humain, pas seulement sur le projet »* (Tuteur 3).

Celle-ci dépend ainsi de la dynamique d'équipe, basée sur la DIVERSITÉ et le DIALOGUE permettant le TRAVAIL COLLECTIF. *« Plus il y a de diversité, plus cela facilite le processus. Même si ça peut déstabiliser au début, les étudiants sont forcés de s'ouvrir ».* (Tuteur 2), *« Il faut de l'énergie, une bonne entente de groupe avec des personnalités et des compétences bien différentes. S'il n'y a pas de complémentarité, une concurrence s'installe, qui est délétère pour la dynamique de groupe et le projet ».* (Tuteur 1).

Le CLIENT peut également agir comme adjuvant, sortant du statut intimidant de Grand Autre pour se rapprocher des équipes, et vivre lui-même une TRANSFORMATION : *« Il y a un besoin de confiance, d'accepter que l'on peut se tromper mais de sentir que l'on a l'approbation du groupe pour avancer. L'aboutissement, c'est cette vision partagée, entre eux mais aussi avec le client. Ce programme, c'est l'état d'esprit des étudiants mais c'est aussi l'état d'esprit du client. La circulation de l'information et des idées au cours du projet vient enrichir et transformer son mode de pensée ».* (Tuteur 3)

6.4. Apprentissage par le dialogue

Si la remise en question des modèles mentaux et l'émergence d'une vision partagée reposent sur le dialogue, quels en sont les leviers ? Passer de la discussion au véritable dialogue demande d'abord de l'ÉCOUTE, dimension qui a été soulignée à plusieurs reprises par les tuteurs, à laquelle Tuteur 3 conjugue *« liberté et honnêteté intellectuelle ».* Ensuite, la prise en compte des points de vue permet de se mettre d'accord, dans un processus de divergence/convergence qui peut s'appuyer sur le débat et la critique constructive. *« Dans certains groupes il y a des débats incroyables, sur des questions presque existentielles. Ils vont chercher des arguments très loin, qui remettent en question les postures. Je pense que les projets doivent créer une véritable réflexion critique, quitte à être parfois un peu en contradiction avec ce que les clients savent et attendent ».* (Tuteur 3).

Le dialogue doit en effet permettre de construire un projet commun et de passer à l'action. *« Depuis quelques années, le partage des tâches est beaucoup plus fort »* (Tuteur 3), *« Au début, les étudiants sollicitent souvent le tuteur pour intervenir dans les problèmes relationnels. Puis, ils apprennent à arbitrer sans tuteur, en conciliant exigence et bienveillance »* (Tuteur 2).

Deux réserves sont néanmoins à noter, liées à l'inexpérience des étudiants. D'une part, *« chacun a ses préjugés, ses préconceptions, et ce n'est [...] pas facile de passer de l'implicite à l'explicite »* (Tuteur 2). D'autre part, *« on leur donne des outils pour cela, mais ils les utilisent dans un certain cadre. Est-ce que ça leur permet, après, d'être dans ce même rapport au dialogue ? Je n'en sais rien ».* (Tuteur 1)

6.5. Pensée systémique

Il s'agit pour Senge de la 'Cinquième Discipline', ou l'ultime stade de mise en œuvre de l'interdisciplinarité. La systémique ne fait pas explicitement partie du cadre méthodologique du programme. Toutefois, celui-ci revendique une approche intégrée qui demande d'aller plus loin qu'une simple juxtaposition des compétences, et ainsi ne pas cantonner les contributions des étudiants à leurs champs disciplinaires. Ce qui fait maison commune au sein du programme, c'est la démarche du design thinking, partagée par les intervenants et les étudiants issus de formations différentes. Ce mode de pensée, soutenu par des outils de gestion de projet, a vocation à proposer un 'art de faire' commun à tous.

7. SYNTHÈSE & SCHÉMATISATION

Au final, pour produire une réelle expérience PLURIDISCIPLINAIRE, qui peut conduire à une transformation, plusieurs ingrédients sont nécessaires, à commencer par un VRAI-PROJET, c'est-à-dire un projet CONCRET pour un VRAI CLIENT. Ce projet doit être traité par une ÉQUIPE DIVERSE. Chaque individu composant l'équipe doit savoir faire preuve d'OUVERTURE, laisser tomber ses A PRIORI, faire preuve d'AUTONOMIE, de MATURITÉ, de MOTIVATION et d'IMPLICATION. Ces équipes doivent bénéficier d'un ACCOMPAGNEMENT, se voir imposer un RYTHME, et proposer une MÉTHODE. Si ces conditions sont réunies, le TRAVAIL COLLECTIF peut se faire, dans le DIALOGUE. Il produit alors des émotions positives, comme la SURPRISE ou la FIERTÉ, et permet des RENCONTRES. Au final une TRANSFORMATION nommée OUVERTURE est opérée, dont on espère qu'elle perdure au-delà du temps du programme, Cette tentative de synthèse est résumée dans le modèle suivant.

Figure 1. Schéma synthétique de l'expérience vécue

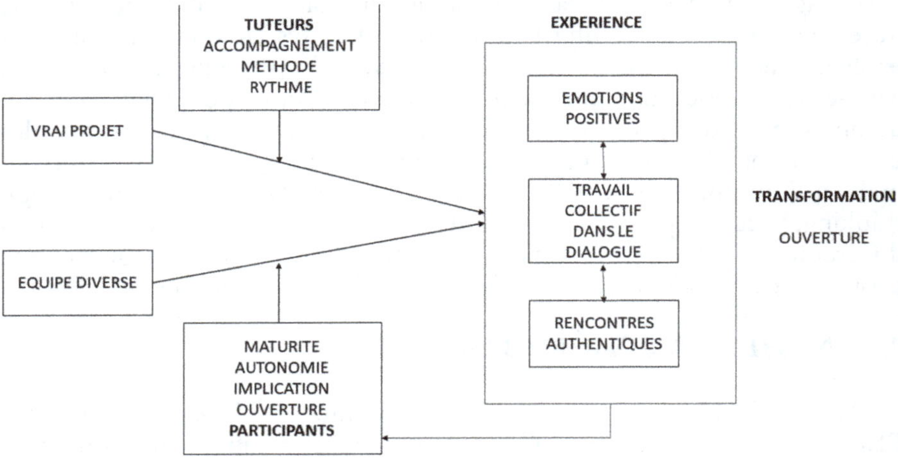

8. DISCUSSION : QUE FAIRE DU DESIGN THINKING ?

Plutôt que comme grille méthodologique stricte, le design thinking est utilisé *« comme matière malléable, de façon pragmatique. L'équipe pédagogique étant très diverse, on compose avec la manière de chacun »* (Tuteur 2). « *Chaque tuteur ne va pas mettre l'importance sur les mêmes choses et transmettre la même chose »* (Tuteur 1). Les tuteurs revendiquent l'adaptation au contexte, l'appropriation des outils et l'expérimentation sur le terrain comme enseignements-clé du programme. D'où une prise de liberté par rapport aux méthodes et à la discipline design. Ces usages ad hoc sont en ligne avec les approches managériales du design thinking, à visée d'innovation multidisciplinaire et non limitées aux praticiens professionnels (présentées dans le cadre théorique).

Mais cette flexibilité n'est pas forcément comprise par les étudiants. *« Ils sont dans de grandes écoles qui mettent beaucoup la méthodologie en avant, et on en ajoute encore une autre. Va-t-elle avoir plus d'impact que leur formatage ou se noyer dans le reste ? Beaucoup la prennent comme une nouvelle méthode à avoir comme un nouveau crayon dans leurs trousses, plutôt que comme une manière de voir les choses. Je trouve cela un peu dommage. »* (Tuteur 1).

Le format du projet, qui se développe un jour par semaine durant 5 mois, laisse peu de temps aux étudiants pour réellement transformer leur mode de pensée. Si les pratiques s'intègrent rapidement, les états d'esprit demandent plus d'imprégnation culturelle. Il est difficile de *« sortir de sa torpeur »* (Tuteur 3) pour aller se confronter à la complexité du monde réel et oser prendre un parti. L'illusion du choix objectif, basé sur des données quantifiées, est bien plus confortable.

Quant aux approches cognitives, elles sont appréhendées différemment en fonction de la provenance des participants.

Pour les étudiants en ingénierie et management, le programme représente une expérience d'acculturation à un mode de pensée moins analytique, moins centré sur l'efficacité directe, ouvert sur *« la perception humaine, l'usage, les gens. Souvent, on a une évolution où l'expérimentation va leur plaire, et leur permettre d'un peu s'émanciper »* (Tuteur 1). *« Il y a parfois au début un agacement vis-à-vis du mode de travail. Quand ça se passe bien, ils mesurent que ce temps n'était pas perdu, qu'il permettait juste d'arriver à des résultats différents, qu'ils n'auraient pas obtenus autrement »* (Tuteur 2). Ces constats renvoient aux leviers de développement de nouvelles capacités d'innovation en terrain complexe identifiés dans la littérature : réduction des biais cognitifs, formulation de problématiques, pensée intégrative (Kleinsmann *et al.*, 2017 ; Liedtka, 2015 ; Mahmoud-Jouini *et al.*, 2016 ; Brown, 2009 ; Cross, 2011).

Pour les étudiants designers, préalablement formés à une approche systémique centrée sur la diversité du vécu, la remise en question devrait être d'un autre type. Leur maîtrise des modes de travail itératifs et des outils pour matérialiser les idées est reconnue et valorisée au sein des groupes et par les clients. Contrairement aux résultats de certaines études (Rauth *et al.*, 2014), leur valeur ajoutée n'est donc pas remise en question. Néanmoins, la proximité sémantique entre design thinking et design professionnel produit de l'ambiguïté sur le rôle attendu des étudiants designers dans le projet. Certains sont renvoyés à un rôle de spécialistes (comme observé par Verganti, 2009) : *« J'ai considéré cela comme de la production de solution »*, *« Malheureusement le client n'était pas excessivement ouvert à [...] penser autrement les problématiques, à travers les méthodes du design »*, témoignent ainsi deux étudiants designers.

Enfin, même ceux dont la légitimité se trouve renforcée ne sont pas exempts de potentiels effets néfastes. Certains se réfugient dans le confort d'une *« abstraction des usages »* (Tuteur 1). *« Prosélytes, ils défendent une certaine radicalité »* (Tuteur 2).

De manière générale, au-delà d'un apport pragmatique sur les projets, le design thinking peine à s'intégrer dans la pratique des étudiants. *« Il n'est vu comme transverse ni par les uns ni par les autres. Pour les designers, c'est un affadissement, pour les non-designers c'est une énième méthode. Le consensus est donc difficile, mais on n'a pas de plan B. »* (Tuteur 2). De plus, le métissage de la palette d'outils suggérés n'aide pas à l'identification d'un corpus commun. *« On a métissé le design thinking avec des éléments du lean, de l'agile… »* (Tuteur 2).

Cependant, qu'il soit revendiqué ou non, le design en tant qu'approche cognitive est reconnu comme central par l'équipe pédagogique. En particulier, les moments de synthèse créative, où s'exprime une compréhension intuitive et singulière, sont mis en avant par les trois tuteurs interrogés :

« Je pense que [l'observation] est le cœur des projets : étudier le contexte, aller chercher la bonne information, l'insight qui va surgir. C'est extrêmement difficile, mais je trouve ça passionnant parce que c'est là que des transformations se font vraiment » (Tuteur 3).

« J'ai de la satisfaction quand je vois qu'ils ont des épiphanies : ensemble, ils captent des choses » (Tuteur 1).

« Le seul problème, c'est qu'on les observe, mais on ne sait pas les susciter méthodiquement » (Tuteur 2).

Ces derniers verbatims illustrent la difficulté à systématiser ce qui est vécu dans le programme. Au-delà de la mise en œuvre de méthodes pour résoudre une problématique, l'approche design comporte une part d'expérience subjective, difficile à expliciter. Si les outils ont vocation à être transférables, les projets ne sont pas menés in vitro. Le design est un système de connaissances, de compétences et de savoir-faire déployés de manière située. La première expertise d'un designer est de choisir ses outils et méthodes au cas par cas, de les bricoler, voire les inventer en fonction du contexte. L'observation de terrain peut être supportée par l'ethnographie, l'idéation par l'analogie, la matérialisation par diverses méthodes de prototypage rapide… Ces outils ne sont que des ingrédients qui ne suffisent pas à prédire la réalisation finale (Berger, 2018).

Finalement, et selon les dires des tuteurs, les limites méthodologiques font aussi la richesse d'un programme qui résiste à se définir de manière immuable : *« Les étudiants sentent que l'on avance presque au même rythme qu'eux. Gérer cet inconfort est une manière de progresser : ils comprennent l'état d'esprit, que le programme n'est pas établi, que les méthodologies doivent être mobilisées ad hoc, de manière expérimentale. Voilà, c'est important pour moi de penser ce programme comme expérientiel et expérimental. On est dans le dialogue et l'ajustement permanent »* (Tuteur 2), *« Pour l'équipe pédagogique, c'est le chemin le résultat »* (Tuteur 3).

Au fil des années, l'équipe pédagogique s'est beaucoup interrogée sur la définition du programme. De cette étude basée sur leur expérience, il ressort que sa dimension expérientielle apparaît comme son meilleur portrait. *« Comme un tableau impressionniste, mais en même temps c'est ce qui le fait vibrer »* (Tuteur 2). Chercher à en isoler et recombiner les composantes risquerait de l'artificialiser, à la manière d'une méthode devenant recette, ou, pire encore, dogme. L'enjeu néanmoins est de réussir à capitaliser sur les acquis de l'expérience, dans un contexte de transformation permanente.

Tableau 2. L design thinking (Hassi et Laakso, 2011) et son vécu dans le programme

Pratiques	Approches cognitives	États d'esprit
- Centrées sur l'humain - Pensée par le faire - Visualisation / matérialisation - Phases de divergence et de convergence - Travail collaboratif	- Raisonnement abductif - Reformulation des problématiques - Vision holistique - Pensée intégrative	- Expérimental / exploratoire - Tolérant à l'ambiguïté - Optimiste - Orienté vers l'avenir
[Tuteurs] Proposition d'outils et méthodes [Étudiants] Adhésion globale des étudiants pour les expérimenter	[Tuteurs] Ambition pédagogique revendiquée [Étudiants] Perception d'une valeur ajoutée, mais appropriation incomplète et différenciée selon les formations d'origine	[Tuteurs] Interrogation sur la transférabilité du vécu [Étudiants] Pas de développement de valeurs partagées, au-delà du projet

CONCLUSION

Cette recherche proposait de décrire et qualifier la transformation vécue par les étudiants participant à un programme interdisciplinaire d'innovation. L'analyse s'est donc focalisée sur les expériences individuelles et collectives, et non sur les résultats des projets. Cette décorrélation entre le vécu du programme et ses livrables est naturellement faite par les différents acteurs – étudiants, acteurs pédagogiques et clients, confirmant l'hypothèse que ce programme représente une expérience transformative au-delà de l'application de connaissances ou de méthodes. C'est en ce sens que le design thinking est déployé tout au long des phases du projet, comme un ensemble de pratiques, d'approches et d'états d'esprit plutôt que comme méthodologie stricte. Les participants sont amenés à une remise en question et à une forme d'autonomie, pour construire de manière collective par le dialogue. Un décentrement s'opère donc bien, par lequel ils développent un savoir-agir en situation d'incertitude et de complexité.

L'effet de ce décentrement temporaire sur la construction identitaire est cependant très variable selon les cas. Il suit un continuum entre échec complet et remise en cause radicale, ces deux situations extrêmes étant minoritaires.

Ainsi, ceux, peu nombreux, pour qui l'expérience est un raté, se trouvent renforcés dans leurs biais et a priori. L'altérité est vécue comme une contrainte temporaire, à l'issue de laquelle chacun revient dans son identité.

Du côté de ceux qui la considèrent comme réussie, l'évolution identitaire est avant tout thématique. Selon la typologie de Sedooka et al. (2015), il s'agit du deuxième stade sur six, le sixième représentant l'abandon de la disciplinarité. L'expérience ne permet pas d'unifier des connaissances disciplinaires, mais, en mettant l'accent sur des approches pratiques, d'aller puiser dans différentes disciplines afin de résoudre des problèmes complexes. Il s'agit d'une ouverture d'esprit, conduisant les étudiants à rechercher dans la suite de leur carrière des modes d'exercice basés sur le projet, voire l'entrepreneuriat. Si l'hybridation (troisième stade) n'est pas atteinte, c'est peut-être d'abord par manque de temps et/ou de disponibilité pour accueillir un véritable processus de *métanoïa* : un déclic a bien lieu, mais l'exploration hors de leur zone de confort reste limitée.

Ceci dit, pour certains étudiants, l'expérience impactera de manière significative la façon dont ils perçoivent leur identité, jusqu'à radicalement réorienter leur parcours professionnel, même plusieurs années après le programme. Après un historique de 15 ans, on peut ainsi identifier quelques individus qui sont totalement sortis des parcours professionnels habituels pour orchestrer des projets d'innovation complexes avec des équipes pluridisciplinaires. Pour eux, le décentrement a conduit à une réelle évolution identitaire, qui joue de leur propre hybridité et stimule celle de leurs équipes. Certains restent dans l'écosystème du programme, devenant par exemple tuteur à leur tour. Après un peu de recul sur leur expérience étudiante, ils 'passent de l'autre côté de la barrière'. Comme ils représentent une part minoritaire des cas, et que cette évolution se compte en années, le phénomène demeure indiscernable dans les évaluations de fin de programme que nous avons analysées. Ces profils 'extrêmes' sont également peu apparents dans le discours des tuteurs – peut-être car notre trame d'entretien ne les amenait pas à considérer différents horizons temporels. Considérant l'importance de l'incubation et de la maturation dans tout processus de transformation, interroger des alumni plusieurs années après la fin du programme développerait certainement les perspectives de cette recherche.

BIBLIOGRAPHIE

ABRIC, J.C. (1998), *Coopération, compétition et représentations sociales*, Del Val, Cousset.
ARCHER, B. (1979), Design as a Discipline, *Design Studies*, 1(1), 17-20.

BECK, J., STOLTERMAN, E. (2015), Can There Be Scientific Theories of Design That Do Not Scientize Design?, *European Academy of Design 11: The Value of Design Research.*
BERGER, E. (2018), Portraying designers' singularity with practical insights from cross-disciplinary innovation projects, *Design Management and Professional Practice*, 2(12), 39-51.
BROWN, T. (2009), *Change by design: How design thinking transforms organizations and inspires innovation*, Harper Business, New York.
CARLGREN, L., RAUTH, I., ELMQUIST, M. (2016), Framing Design Thinking: The Concept in Idea and Enactment, *Creativity and Innovation Management*, 25(1), 38-57.
CHRISTENSEN, C., DYER, J., GREGERSEN, H. (2013), *Le gène de l'innovateur : Cinq compétences qui font la différence*, Pearson France, Montreuil-sous-Bois.
CROSS, N. (2011), *Design thinking: Understanding how designers think and work*, Berg Publishers, Oxford.
DARBELLAY, F. (2005), Interdisciplinarité et transdisciplinarité en analyse de discours. Complexité des textes, intertextualité, transtextualité, *Corpus*, 5, 241-247.
DESERTI, A., RIZZO, F. (2014), Design and the Cultures of Enterprises, *Design Issues*, 30(1), 36-56.
DEVELAY, M. (2013), La pédagogie coopérative : oui, si… Ou le point de vue d'un didacticien. Entretien avec Michel Develay, Cahiers pédagogiques, 6 mai, https://www.cahiers-pedagogiques.com/La-pedagogie-cooperative%E2%80%89-oui-si-Ou-le-point-de-vue-d-un-didacticien
DUBAR, C. (1991), *La Socialisation : construction des identités sociales et professionnelles*, Armand Colin, Paris.
FORASACCO, C., CHARTIER-GUEUDET, S. (2019), Penser une écologie de l'apprenance, des personnes à l'organisation, in Cerdin, J.L., Peretti, J.M. (dir.), *L'apprentissage et sa réussite : Regards croisés des différents acteurs,* ISTE Editions, Londres, 201-218.
FOUCAULT, M., TROMBADORI, D. (2016), Experience book, in Jones, C.A., Mather, D., Uchill, R. (dir.), *Experience : Culture, Cognition and the Common Sense*, MIT Press, Cambridge, 289-294.
HAMEL, J. (2002), La pédagogie comme pivot de l'interdisciplinarité, *Revue internationale d'éducation de Sèvres*, 30 septembre.
HASSI, L., LAAKSO, M. (2011), Conceptions of Design Thinking in the Design and Management Discourse, *Proceedings of IASDR2011.*
JOHANSSON-SKÖLDBERG, U., WOODILLA, J., ÇETINKAYA, M. (2013), Design Thinking: Past, Present and Possible Futures, *Creativity and Innovation Management*, 22, 121-146.
KELLEY, T., LITTMAN, J., PETERS, T. (2001), *The Art of Innovation: Lessons in Creativity from IDEO, America's Leading Design Firm,* Doubleday, New York.

KIMBELL, L. (2011), Rethinking Design Thinking: Part I, *Design and Culture*, 3(3), 285-306.
KLEIN, J.T. (2008), Evaluation of Interdisciplinary and Transdisciplinary Research. A Literature Review, *American Journal of Preventive Medicine*, 35(2), 116-123.
KLEINPETER, E. (2013), Taxinomie critique de l'interdisciplinarité, *Hermès, La Revue*, 3(67), 123-129.
KLEINSMANN, M., VALKENBURG, R., SLUIJS, J. (2017), Capturing the value of design thinking in different innovation practices, *International Journal of Design,* 11(2), 25-40.
LAWSON, B., DORST, K. (2009), *Design Expertise*, Architectural Press, Oxford.
LIEDTKA, J. (2015), Perspective: Linking Design Thinking with Innovation Outcomes through Cognitive Bias Reduction, *Journal of Product Innovation Management,* 32(6), 925-938.
LOURIDAS, P. (1999), Anthropology Meets Design Thinking, *Design Systems*, 20, 517-535.
MAHMOUD-JOUINI BEN, S., MIDLER, C., SILBERZAHN, C. (2016), Contribution of design thinking to project management in an innovation context, *Project Management Journal*, 47(2), 144-160.
MITCHELL, P.H. (2005), What's in a Name? Multidisciplinarity, Interdisciplinarity, and Transdisciplinarity, *Journal of Professional Nursing*, 21(6), 332-334.
MORIN, E. (1999), *La tête bien faite. Repenser la réforme, réformer la pensée,* Seuil, Paris.
PERKS, H., COOPER, R., JONES, C. (2005), Characterizing the role of design in new product development: An empirically derived taxonomy, *Journal of Product Innovation Management*, 22(2), 111-127.
PINKER, S. (2011), *The Better Angels of Our Nature: The Decline of Violence in History and Its Causes*, Penguin Books, Londres.
RAUTH, I., CARLGREN, L., ELMQUIST, M. (2014), Making It Happen: Legitimizing Design Thinking in Large Organizations, *Design Management Journal*, 9(1), 47-60.
RICŒUR, P. (1990), *Soi-même comme un autre,* Seuil, Paris.
RITTEL, H.W., WEBBER M.M. (1973), Dilemmas in a general theory of planning, *Policy Sciences*, 4(2), 155-169.
SEDOOKA, A., STEFFEN, G., PAULSEN, T., DARBELLAY, F. (2015), Paradoxe identitaire et interdisciplinarité : Un regard sur les identités disciplinaires des chercheurs, *Natures Sciences Sociétés*, 23(4), 367-377.
SEN, A. (2010), *L'idée de justice*, Flammarion, Paris.
SENGE, P.M. (1990), *The Fifth Discipline: The Art and Practice of the Learning Organization*, Doubleday, New York.
VANDAMME, P.E. (2017), Qu'est-ce que le décentrement ? Moralité individuelle et justice sociale, *Ethica*, 21(1), 167-202.

VERGANTI, R. (2009), Design-driven Innovation: Changing the Rules of Competition by Radically Innovating What Things Mean, *Harvard Business Review Press*, Cambridge.
WINK, J. (2005), *Critical Pedagogy: Notes from the Real World (3rd ed.)*, Pearson, Boston.

ANNEXE 1 : QUESTIONNAIRE DE FIN DE PROGRAMME (3 ÉCOLES)

1. Dans quelle mesure as-tu apprécié ces points pendant le programme CPI (Conception de Produit Innovant) ?
Le lieu / L'ambiance générale / Les interventions de professionnels /Les événements / Le rôle du tuteur.trice / Ton équipe / Le sujet que tu as eu / L'encadrement général sur l'ensemble du programme / L'équipe CPI / Les rencontres que tu as faites *(Question fermée à trois modalités)*
2. En quoi était-ce une expérience entrepreneuriale ?
3. En quoi était-ce une expérience innovante ?
4. A quels moments as-tu eu le sentiment d'avancer, d'apprendre, de faire quelque chose d'utile au projet ?
5. A quels moments as-tu eu le sentiment de faire du sur place, de perdre ton temps ? Comment présenterais-tu le CPI à des étudiants de ton école pour que ça leur parle ?
6. À quel point recommanderais-tu le programme CPI à tes camarades ? *(Question fermée sur 10 points)*
7. Sur quels aspects penses-tu que l'on devrait concentrer nos efforts ? As-tu d'autres idées pour améliorer le CPI ?
8. A quel point cette expérience a-t-elle été utile pour :
Trouver une boite où travailler / Comprendre le monde de l'entreprise / Apprendre à gérer les relations clients / T'améliorer dans le travail d'équipe / Apprendre des méthodologies innovantes / Te lancer dans l'aventure entrepreneuriale
(Question fermée à trois modalités)
9. Any last words

En 2020, 40 réponses ont été collectées (13 ESSEC, 18 Strate, 9 Centrale Supélec).

ANNEXE 2 : QUESTIONNAIRE D'ÉVALUATION DE FIN DE TRIMESTRE (ESSEC)

1. Votre avis global sur le cours
2. Votre avis sur la pédagogie utilisée dans le cours
3. Votre implication et celles des autres étudiants dans la préparation des séances et la participation en salle de classe
4. L'interaction avec les autres étudiants/participants, dans les équipes projets et en classe
5. Les méthodes d'évaluation utilisées pour ce cours
6. Indiquer au moins deux éléments que vous avez particulièrement appréciés, et au moins deux que vous suggérez d'améliorer
7. Autres remarques ou commentaires

En 2020, 15 étudiants sur 32 ont répondu au questionnaire à la fin du premier trimestre, soit 2,5 mois après le début du programme, et 15 sur 32 à la fin du programme.

LA MOBILISATION DU DESIGN THINKING POUR FAVORISER L'INNOVATION DANS L'ENSEIGNEMENT SUPÉRIEUR : ÉTUDE DE DISPOSITIFS « PLATEFORMES D'INNOVATION »

Nathalie LAMETA
lameta_n@univ-corse.fr

Graziella LUISI
luisi_g@univ-corse.fr

Université de Corse
UMR CNRS 6240 LISA

RÉSUMÉ

Encouragés par les pouvoirs publics, les établissements d'enseignement supérieur évoluent pour diffuser la culture de l'innovation sur les territoires. L'observation des pratiques aux niveaux international et national montre une tendance croissante à la création de plateformes d'innovation afin de favoriser la création de savoirs et d'expériences au sein d'espaces d'expérimentation collective en mobilisant le design thinking. Ces plateformes se structurent autour d'équipes pluridisciplinaires, de lieux dédiés à l'innovation et au passage à l'acte ainsi que de méthodes « user centric », spécifiques à l'émergence d'innovations d'usage.
Afin d'éclairer ce phénomène, relativement récent en France et peu traité dans la littérature, nous avons mené une recherche exploratoire, visant à identifier les ressources organisationnelles indispensables à la conception de plateformes d'innovation en adoptant une approche empirique et comparative.

Mots-clés : plateformes d'innovation, établissements d'enseignement supérieur, Design Thinking, équipe pluridisciplinaire, innovation d'usage.

ABSTRACT

The Mobilization of Design Thinking to Foster Innovation in Higher Education: Study of "Innovation Platform" Devices

Encouraged by public authorities, higher education institutions are evolving to spread the culture of innovation in their territories. Observation of practices at the international and national levels shows a growing trend towards the creation of innovation platforms in order to foster the creation of knowledge and experience within spaces of collective experimentation using design thinking. These platforms are structured around multi-disciplinary teams, places dedicated to innovation and action, as well as "user-centric" methods, specific to the emergence of innovations of use.

In order to shed light on this phenomenon, which is relatively recent in France and has received little attention in the literature, we have carried out exploratory research, identifying the organizational resources needed to design innovation platforms using an empirical and comparative approach.

Keywords : innovation platforms, higher education institutions, Design Thinking, multidisciplinary team, innovation of use.

JEL Codes : I23; I28; O31

INTRODUCTION

L'innovation est un catalyseur de croissance, de progrès et de transformation de la société. Source de connaissances nouvelles, actrices de leur transmission et de leur diffusion, les universités sont de puissants moteurs de l'innovation (Kitigawa, 2004). En France, depuis la loi Allègre (1999), les établissements d'enseignement supérieur (EES) sont incités à favoriser l'innovation sur les territoires (Chameau, 2019). Pour répondre à cette « injonction », de nombreux dispositifs de formation ont été développés au sein des EES, s'appuyant principalement sur une approche de type design thinking, méthode qui connaît une véritable consécration à partir de 2006 (Froehlicher, Barès, 2013). « *Le design thinking est une discipline qui utilise la sensibilité, les outils et méthodes des designers pour permettre à des équipes multidisciplinaires d'innover en mettant en correspondance attentes des utilisateurs, faisabilité et viabilité économique* » (Brown, 2008). Ainsi, le design thinking vise à l'application d'outils de conception utilisés par les designers pour résoudre une problématique d'innovation, par une approche multidisciplinaire centrée sur l'humain. Cette méthode implique une logique de co-création où la « cross-fertilisation » est recherchée pour favoriser l'intelligence collective en un temps limité (Leger-Jarniou *et al.*, 2016). Les objectifs sont, d'une part, la formation de nouveaux leaders en innovation, d'autre part, la création de nouveaux produits ou services qui pourront faire l'objet de spin off, de création de start-up, ou de développement au sein des entreprises partenaires.

Certains de ces dispositifs de formation ont conduit à créer des plateformes d'innovation, qui sont des structures permettant de tester de nouveaux modes de travail et de construire de nouvelles relations au sein des écosystèmes territoriaux afin de faire évoluer les approches classiques, en silos, de la gestion de l'innovation. « Les plateformes d'innovation se développent un peu partout dans le monde. On les appelle tiers-lieux, incubateurs, accélérateurs, fablabs, makerspaces, espaces de co-working ou encore espaces collaboratifs. Ces plateformes d'innovation se caractérisent par 3 dimensions clés : un lieu physique, une communauté et un portefeuille de services qui s'adapte vite » (rapport BPI, 2018). Depuis quelques années, ces espaces collaboratifs sont en pleine expansion (Capdevila, 2015). Les concepts de base qui sous-tendent leur application sont, d'une part, des architectures modulaires qui permettent la (re)mobilisation de ressources afin de réduire les coûts de l'innovation (Gawer, 2014) et d'autre part, la participation d'un ensemble large de partenaires avec des connaissances et des capacités hétérogènes, complémentaires, pour innover.

Si de nombreux rapports s'attachent à démontrer les enjeux et impacts de ces plateformes au niveau des clusters, pôles de compétitivité, etc., la question des plateformes d'innovation portées par des établissements d'enseignement supérieur n'est pas directement traitée dans les articles de recherche.

L'objectif de cet article est de caractériser les plateformes d'innovation dans l'enseignement supérieur et de montrer comment elles mobilisent des ressources organisationnelles pour favoriser une culture de l'innovation au travers du design thinking.

Notre recherche s'attache dans un premier temps, à partir d'une revue de la littérature, à mettre en perspective les dispositifs de plateformes dédiés à l'innovation dans l'enseignement supérieur qui favorisent la création de savoirs et d'expérience au sein d'espaces d'expérimentation collective en mobilisant le design thinking. Puis, notre étude, motivée par « le besoin distinctif du désir de comprendre un phénomène social complexe » (Yin 2013), se penche sur l'étude de quatre cas concrets, afin de compléter cet état de l'art en identifiant les ressources organisationnelles mobilisées au sein des plateformes d'innovation des EES.

1. LA CULTURE DE L'INNOVATION DANS L'ENSEIGNEMENT SUPÉRIEUR

Les universités sont confrontées à un environnement socio-économique en mutation auquel elles doivent s'adapter en développant de nouvelles formes d'organisation pour favoriser l'innovation. Elles deviennent plus autonomes administrativement et financièrement, s'ouvrent sur leur environnement et sont plus orientées vers l'innovation et l'esprit d'entreprendre, en interaction avec la société au niveau de la recherche et de l'enseignement (Clark, 1998).

Ainsi, « Les universités doivent inventer un modèle de formation naturellement tourné vers la connaissance de l'entreprise, la créativité, l'initiative et le travail en groupe. Il est nécessaire de repenser les méthodes pédagogiques universitaires pour développer la capacité de créativité, la curiosité et l'esprit d'entreprendre des futurs diplômés dès la première année, en promouvant notamment le décloisonnement par des formations pluridisciplinaires et en suscitant les visions et les analyses systémiques au moyen de démarches projets. Les universités doivent favoriser la mixité des équipes » (Rapport CPU, 2014).

Afin de répondre à ces attentes, une des réponses apportées par les établissements d'enseignement supérieur, est la structuration de plateformes d'innovation mobilisant les approches du design thinking.

1.1. Vers la structuration des plateformes d'innovation dans l'enseignement supérieur

Dans un contexte d'hyper-segmentation des marchés et face aux bouleversements engendrés par le numérique, les entreprises doivent être de plus en plus agiles pour rester compétitives et adopter une approche qui favorise l'expérimentation et l'innovation tant au niveau des produits et services que des process. Pour faire face à une concurrence accrue, elles doivent être en capacité de capitaliser sur les produits et services qui créent leur valeur ajoutée (culture d'exploitation) mais également de rechercher en continu de nouvelles opportunités d'innovation (culture d'exploration) (March, 1991). Véronique Hillen (2016) insiste sur la nécessité pour les entreprises de trouver un équilibre entre exploiter et explorer. Selon l'auteur, « objectifs, modes de raisonnement et principes divergent (…) mais les deux sont nécessaires à une stratégie vertueuse ».

Afin de répondre aux nouveaux défis qu'impose le monde de l'entreprise, les EES ont favorisé l'intégration dans leurs dispositifs de formation, de cours de créativité (HEC Paris), voire de véritables cursus de formation dédiés à l'innovation (Masters en management de l'innovation, Masters en entrepreneuriat et innovation). Les orientations prises par les acteurs de l'enseignement supérieur se sont traduites par une multiplicité d'initiatives dédiées à l'innovation, création de tiers lieux[1], intégration d'outils de production numérique comme les fablabs au sein des EES, sessions intensives d'émergence d'idées comme les boot camps ou les start-up week-end, de concours dédiés à l'innovation pendant lesquels les étudiants travaillent en équipes, le plus souvent pluridisciplinaires. Une multitude d'actions et d'outils ont été développés afin de favoriser les projets innovants des étudiants, principalement des doctorants (Albertini *et al.*, 2019) :

- Des actions de sensibilisation/formation (Innopreneurs, Doctoriales…)
- Des structures pour accompagner/valoriser principalement les projets innovants (IES, SATT, PEPITE)
- Un accès à des lieux/équipements spécifiques (laboratoires, Fablabs, Espaces de Co-Working)
- Un accès facilité aux financements/concours (My innovation is, Ilab, IPhD…)

Une exigence d'innovation que l'on retrouve également dans les appels à projets (IDEX, disrupt campus, ISITE…) lancés avec l'appui du nouveau programme des investissements d'avenir qui mettent en avant l'innovation pédagogique dans la formation initiale et identifient de nouveaux moyens pour soutenir la création de territoires d'innovation pédagogique dans l'enseignement supérieur.

Selon Emilie Pawlak (2011), « *pour faire face à ces transformations, les établissements de l'enseignement supérieur doivent modifier la nature de leurs missions en devenant des acteurs du changement au sein du territoire grâce aux communautés et au capital intellectuel qu'elles génèrent ainsi qu'aux projets qu'elles entreprennent. Elles s'inscrivent ainsi dans un système d'innovation qui favorise l'agilité et interagit avec une grande diversité d'acteurs, entreprises, communautés de pratique, scientifiques, culturelles, citoyen, institutions* ». En ce sens, on peut considérer que les universités deviennent proactives, elles s'inspirent d'un environnement qu'elles peuvent façonner autant qu'elles sont façonnées par celui-ci (Clark, 2001). L'université fonctionne alors comme un hub de connaissances en capacité de constituer un réseau d'acteurs (Youtie, Shapira, 2008) et de mettre en place des stratégies de coopération. Cet impact sur l'environnement doit conduire l'Université à réfléchir davantage sur l'adaptation du projet pédagogique au contexte local (politique, économique et social) dans lequel elle s'insère (Harloe, Perry, 2004).

Ces évolutions se traduisent notamment par le développement de plateformes d'innovation. On peut citer ID Campus comme exemple de

---

[1] Selon Burret (2014), les tiers lieux sont « des dispositifs permettant le partage de savoirs, la mutualisation de ressources et la création collective ».

stratégie de coopération avec les acteurs du territoire. Il s'agit d'un programme Creative Wallonia qui fédère 7 hubs de créativité et un accélérateur, mis en œuvre au sein d'une plateforme territoriale interconnectée avec les différentes sphères économiques et institutionnelles de la région. L'objectif affiché est de mobiliser les compétences et les réseaux locaux de l'innovation (clusters, pôles compétitivité, communautés culturelles…) autour de projets et d'évènements.

Ainsi, la plateforme représente un espace collaboratif dédié à l'innovation. Elle constitue un ensemble de ressources à la disposition des partenaires ou un dispositif qui permet de collecter des idées pour innover. Plus le nombre de partenaires utilisant ces ressources est important, plus la valeur perçue de la plateforme est importante, on peut parler d'externalités de réseau (Iansiti, Levien, 2004). Ces espaces favorisent des dynamiques collectives et la création de savoirs et d'expériences (Suire, 2016). Ils deviennent des espaces d'expérimentation collective d'innovation à l'échelle des territoires (Liefooghe, 2018).

La réussite d'une innovation ne vient pas uniquement de ses caractéristiques intrinsèques mais également de sa capacité à fédérer autour d'elle un large réseau d'acteurs et d'actants hétérogènes dans des alliances stables (Callon, 1986). Au niveau international, on remarque le développement, au sein des universités, de dispositifs d'enseignement et de recherche dédiés à l'innovation qui favorisent les projets collaboratifs avec les acteurs privés et publics du territoire. Le pôle multidisciplinaire de formation et de recherche d'HEC Montréal (plateforme Mosaic) spécialisé en management de l'innovation et de la créativité se présente comme un accélérateur d'innovation et de créativité au sein duquel étudiants de masters et doctorants, chercheurs et praticiens collaborent dans des projets de recherche-action permettant de répondre à un besoin direct d'un partenaire privé ou public (entreprises, organisations, territoires, villes, etc.). Dans certains établissements, ces partenaires ont même créé leur propre « club innovation » comme le Iklub (The Innovation and Knowledge Management Club) qui regroupe les partenaires privés et publics de IKI- SEA, The Institute for Knowledge and Innovation – South-east Asia, créé en 2008 par l'Université de Bangkok.

Au travers de leurs plateformes d'innovation, les universités deviennent des acteurs importants de leurs communautés, contribuant à la qualité de vie et au bien-être local, ajoutant de la valeur aux processus de développement régional et ancrant l'importance de la connaissance dans l'écosystème d'innovation régional. Idéalement, il s'agit d'un processus de co-création produisant des services régionaux en collaboration avec l'industrie, les pouvoirs publics et les citoyens (Markkula, Kune, 2015). Dans la pratique, le rôle des plateformes d'innovation portées par les universités à travers le monde diffère d'une région à l'autre.

Tableau 1. Exemples de plateformes dédiées à l'innovation

Institutions	Objectifs	Principes et méthodologie	Type de dispositifs	Partenariats
HEC Montréal **Plateforme MOSAIC 2009**	Accélérer l'innovation et la créativité	User centric Collaborative Multidisciplinarité Créativité Ateliers de codesign	Recherche action Formations (école de management de la créativité) Accompagnement projets	Public/Privé
Université Aalto **SiMLAB 2010**	Développer l'innovation	User centric Collaborative Multidisciplinaire Créativité Simulation	Recherche Formation Accompagnement projets	Public/Privé
Programme Créative Wallonia **ID CAMPUS 2010**	Faire émerger un écosystème de l'innovation Hub de créativité et accélérateur d'innovation	Créativité User centric	Formation	Public/Privé Clusters Pôles compétitivité Associations culturelles
Université de Stanford **D.SCHOOL 2004**	Développer le potentiel créatif	Design thinking Collaborative Expérimentation Projets réels	Formation Recherche	Public/Privé
Université de Bangkok **IKI- SEA 2008**	Diffuser l'innovation	Management de l'innovation et des savoirs	Formation Recherche Transferts de connaissance Accompagnement projets	Privé
Université Technologique de Sydney **HATCHERY 2016**	Créer les entrepreneurs du futur	Intelligence créative et innovation Transdisciplinaire Collaborative Design thinking Lean startup	Formation Accélération	Public/Privé
MIT **MEDIALAB 1985**	Adapter les entreprises aux évolutions du digital	Multidisciplinaire Equipe transdisciplinaire (designers, chercheurs, inventeurs) Projets étudiants	Recherche Formation	Public/Privé

La multidisciplinarité des compétences mobilisées est une caractéristique de ces plateformes qui cherchent à créer des passerelles entre les différentes disciplines (ingénieurs, gestionnaires, designers...) dans un mode de coopération qui rassemble enseignants et étudiants d'horizons très divers. Les exemples sont nombreux, ainsi les initiatives du « MIT Medialab » ou de « Stanford Institute Design » réunissent ingénieurs, scientifiques, artistes autour de projets de recherche action ; ou encore Simlab, l'unité interdisciplinaire de l'université d'Aalto, où collaborent les filières technologiques, d'économie ou d'Arts et de Design.

Enfin, derrière cette démarche collaborative, se trouve également une approche « user centric » qui s'inspire d'une logique de l'exploration centrée sur l'usage qui ne résulte pas d'études de marché mais fait davantage appel aux sciences humaines et sociales pour une meilleure connaissance des usages et des besoins. Cette vision de l'innovation centrée sur l'humain, développée en 2004 à l'université de Stanford par Tim Brown, semble aujourd'hui s'imposer au sein de ces nombreux dispositifs dédiés à l'innovation dans l'enseignement supérieur et suscite un intérêt croissant dans de nombreux établissements du secondaire comme les High Schools[2] qui développent leur propre programme en mode Design Thinking articulé autour de la réflexion, l'action et la résolution de problèmes (Brown, 2009).

1.2. Le Design Thinking au service de la pédagogie dans les EES

A l'heure actuelle, le design thinking est enseigné dans de nombreuses écoles et universités, et s'inscrit dans des programmes dédiés à l'innovation. Un premier programme interdépartemental à l'université de Stanford[3] a été créé durant les années 60. Après la publication par Peter Rowe (1986) de son ouvrage « Design Thinking », le concept sera popularisé au sein de l'université de Stanford par David Kelley de la société Ideo qui fondera la d.school Stanford en 2004. A partir des années 2000, on observe une multiplication des recherches scientifiques et des enseignements orientés vers le design thinking, la création de plusieurs d.school (Paris, Tokyo, ...) et le développement de nombreux programmes au sein d'EES comme IDEA en 2013 (EM Lyon/Centrale Lyon).

L'introduction du design thinking dans les EES implique un véritable changement de paradigme, il permet de décloisonner les modes de pensée. En 2006, Dune et Martin soulignaient le potentiel que représente le design thinking pour les formations à l'entrepreneuriat et à l'innovation par le changement d'attitude et de mode de pensée qu'il introduit dans les universités et les écoles.

---

[2] La Saint Georges School (Newport) développe des programmes expériences user centric au sein du Centre d'enseignement et d'innovation – Merck-Horton Center for Teaching and Learning.

[3] Enseignement en Product Design

Dans les écoles de design, les étudiants ont été les pionniers de cette démarche qui permet de comprendre et d'identifier les usages et les besoins des utilisateurs (utilité), en tenant compte des possibilités technologiques (faisabilité), dans le but de créer de la valeur en termes économiques et sociaux (durabilité). Cette approche repose sur une démarche itérative qui doit permettre de concevoir des solutions viables, désirables et pratiques. Pour Dune et Martin (2006), il est important d'avoir « *des étudiants qui débutent avec un projet dans lequel ils doivent sortir pour comprendre les utilisateurs, comprendre tout ce qu'ils peuvent à propos des utilisateurs, qu'ils soient buveurs de bière ou conducteurs de voiture. Les compétences nécessaires ici sont l'observation et l'investigation* ».

Dans cette approche « user centric », une importance majeure est accordée à l'étude de terrain à partir d'une observation ethnographique qui offre aux étudiants une compréhension des expériences utilisateurs. Grâce à l'observation des usages et des besoins, les étudiants pourront proposer rapidement des prototypes expérientiels afin de valider ou pas les hypothèses importantes du concept innovant et d'obtenir des feedbacks. Ce processus itératif d'essais et erreurs conduit les étudiants à expérimenter en continu, par prototypages successifs, avant de proposer un prototype abouti qui représentera l'expérience idéale à offrir aux utilisateurs.

Un autre ingrédient majeur de l'innovation dans l'approche Design Thinking est l'équipe projet qui se traduit au niveau des dispositifs proposés au sein des EES par des équipes multidisciplinaires et qui mixte différents profils d'étudiant (ingénieurs, designers, architectes, sciences humaines, arts, écoles de commerce et de management). Cette interaction entre des membres d'une équipe aux compétences multiples permet d'intégrer les contraintes techniques et industrielles formulées par les différents acteurs pour créer et innover.

Au-delà de la discipline enseignée dans les universités, le design thinking tend aujourd'hui à être beaucoup plus englobant dans le dispositif innovation des EES en tant qu'approche managériale de l'innovation (Péché *et al.*, 2016). Ainsi, il peut être considéré comme un style cognitif, comme une discipline et, plus largement, comme une approche managériale de l'innovation (Kimbell, 2011). C'est une démarche processuelle, pluridisciplinaire qui offre une large place aux sciences humaines et sociales. C'est également une approche globale qui ne vient pas simplement répondre à un cahier des charges mais s'inscrit dans un mode projet de l'exploration de la problématique jusqu'à l'expérimentation et le déploiement de solutions. Le design thinking s'inscrit aujourd'hui comme une nouvelle culture de l'innovation dans l'enseignement supérieur qui nécessite de repenser les stratégies et les organisations au sein des institutions.

A partir d'une compréhension fine des usages, Lucy Kimbell (2011) montre que le design thinking peut être utilisé pour la résolution de problèmes, la maîtrise de problèmes épineux et l'innovation. Pour Dune et Martin (2006), il permet de résoudre des problèmes de management et constitue pour Cross (2011) et Dorst (2006) un moyen de trouver des solutions aux problèmes mal définis en privilégiant les stratégies cognitives et un raisonnement abductif [4]. Selon Péché *et al.* (2016) il peut être considéré comme un vecteur stratégique de développement et d'accompagnement du changement et il aboutit aux schémas cognitifs d'apprentissage suivants : divergence, convergence, assimilation et accommodation.

A la différence des approches managériales classiques de l'innovation qui s'appuient sur des modèles en silos étudiés par Buxton (2007) avec des phases relativement étanches (création, innovation, développement), il n'existe pas, dans l'approche Design Thinking, de manière optimale ou linéaire de progresser dans le processus d'innovation (Brown, 2009). Tim Brown distingue trois phases dans ce processus : l'inspiration (le problème qui donne lieu à la recherche de solutions), l'idéation (le processus de génération et de mise à l'épreuve des idées), l'implémentation (le développement de l'idée au produit). L'auteur précise qu'elles ne se succèdent pas en étapes ordonnées mais peuvent se chevaucher ou encore passer d'une phase à la précédente si l'équipe projet a besoin d'explorer de nouvelles directions. Il s'agit donc d'un processus d'innovation non linéaire, non directif, ouvert sur l'extérieur qui repose sur :

- L'empathie avec les utilisateurs : il s'agit de se donner les moyens d'observer les comportements des utilisateurs et d'en tirer des conclusions sur leurs besoins. A la différence de conclusions quantitatives, on parle davantage de désirs, d'aspirations, d'expériences utilisateurs.
- L'expérimentation pour explorer les solutions possibles grâce aux prototypes : ils peuvent être numériques, physiques, schématiques, ils sont toujours un moyen de communiquer les idées. Le développement de prototypes élémentaires permet d'expérimenter, d'explorer par itérations successives afin d'atteindre l'expérience idéale de l'utilisateur. Ainsi le Media lab du MIT affiche sa devise « Demo or die » (démontrer ou mourir).
- L'acceptation de l'échec : le design thinking est un processus de conception itératif dans lequel l'échec fait partie de l'apprentissage et de fait de l'innovation.

Cette approche nécessite d'être capable de créer au sein des organisations les conditions propices à l'innovation en termes de savoir, savoir-faire et savoir-être. Véronique Hillen (2016) met en avant les trois piliers du design thinking, mobilisés au sein de plateformes d'innovations

---

[4] L'abduction est une logique d'exploration corrélée au pragmatisme décrite par Peirce comme un aperçu créatif *(creative insight)* pour résoudre un problème.

telles que la D. School, au travers des 3P : Place, People, Process. Cette approche mobilise :

- Des compétences multidisciplinaires : des équipes de formateurs pluridisciplinaires, des étudiants d'horizons divers (design, ingénieurs, management, ...) visant l'émergence de nouvelles pratiques et modèles de collaboration,
- Un environnement de travail qui favorise découvertes et pratiques technologiques et expérientielles : Tech Room, Living Lab, Fablab... qui cristallise la rencontre,
- Des enseignements structurés autour de problématiques, méthodes, et projets proposés par des partenaires publics ou privés.

Dans le cadre de notre étude, nous mobiliserons les 3P pour construire une grille d'analyse afin de mettre en évidence les ressources organisationnelles de ces plateformes d'innovation au sein des EES.

2. ÉTUDE COMPARATIVE DE 4 PLATEFORMES DEDIÉES À L'INNOVATION

2.1. Méthodologie

Notre approche s'appuie sur la démarche d'étude de cas proposée par Gagnon (2005) en huit étapes : établir la pertinence, assurer la véracité des résultats, la préparation, l'identification des cas, la collecte des données, le traitement des données, l'interprétation des données et la diffusion des résultats. Cette méthode nous permet d'analyser les phénomènes dans leur contexte au travers des « représentations authentiques » de la réalité étudiée.

Nous avons réalisé une approche comparative de 4 plateformes dédiées à l'innovation. Le choix d'étude s'est porté sur des cas hétérogènes afin de vérifier s'il ressortait tout de même des caractéristiques communes saillantes. Les 4 critères qui nous ont conduits à choisir ces cas particuliers sont les suivants : notoriété, maturité, localisation géographique, taille de l'établissement de rattachement.

Nous avons étudié dans un premier temps les informations disponibles (sites internet, revue de presse...) puis nous avons construit un guide d'entretien semi directif en nous appuyant également sur la revue de la littérature. Les entretiens se sont déroulés entre le 12 janvier 2017 et le 15 mars 2017. L'objet de cette recherche est de comparer la façon dont le design thinking et les ressources organisationnelles ont été mobilisés dans chacun des projets de plateforme d'innovation étudié.

Nous présenterons, dans un premier temps, les 4 études de cas qui ont ainsi été construites par une triangulation des données : étude des sites institutionnels, articles de presse et entretiens semi-directifs. Après avoir contacté les responsables de ces dispositifs par mail, ils ont répondu à notre sollicitation avec des rendez-vous par Skype.

Dans un deuxième temps, nous avons procédé à une comparaison des dispositifs à partir d'une étude lexicale des verbatims recueillis qui a permis de relever les mots et concepts clés associés à la démarche Design Thinking.

Tableau 2. Éléments méthodologiques liés à l'étude qualitative

Echantillon et mode de recueil
⇨ Entretiens avec utilisation d'un guide ⇨ Durée moyenne de l'entretien : 55 mn ⇨ 4 représentants des plateformes dédiées à l'innovation : d.school Paris, F. Mathieu (R1); IDEA EM Lyon/Centrale Lyon, H. Casiglia (R2); Université Catholique de Lille, JC Cailliez (R3); Université de Corse, V. Bernard-Leoni Corte (R4)
L'architecture du guide d'entretiens
⇨ Introduction : Présentation de l'interlocuteur ⇨ 1ère partie : Le dispositif innovation ⇨2ème partie : Structure organisationnelle, gouvernance, contenu du dispositif ⇨3ème partie : L'introduction du design thinking dans l'institution éducative ⇨4ème partie : La diffusion du design thinking dans l'institution ⇨5ème partie : Le design thinking en tant que ressource organisationnelle pour construire le projet pédagogique
Mode de traitement
⇨ Principe de triangulation des données afin d'améliorer la validité interne de l'étude (littérature scientifique, observation et entretiens) ⇨Analyse textuelle lexicale ⇨ Après retranscription intégrale des entretiens, traitement et analyse des données (manuellement + logiciel TROPES).

Les représentants des plateformes d'innovation ont été nos interlocuteurs privilégiés car ils sont au cœur de la construction, du fonctionnement mais aussi de l'animation de ces programmes. Ils peuvent être considérés comme des spécialistes susceptibles de faire progresser la réflexion autour du design thinking dans la construction de programmes dédiés à l'innovation et identifier les ressources organisationnelles nécessaires à la structuration de plateformes d'innovation dans les EES. Leurs discours ont été mis en perspective des informations disponibles collectées (site internet, revue de presse, réseaux sociaux) et de la littérature académique.

Dans cette recherche, l'élaboration du guide d'entretien repose d'une part sur la revue de littérature présentée dans la partie I de ce document, et d'autre part sur l'observation des cas présentés ci-dessous. L'exploitation des données qualitatives se réalise à travers une analyse de contenu des discours qui sont retranscrits, puis une étude de la signification des propos et l'analyse du sens du discours ont été réalisées (Bardin, 2013).

2.2. Une approche managériale de l'innovation par le design thinking : l'expérience de quatre dispositifs nationaux

Cette nouvelle approche de l'éducation et de l'innovation au travers du design thinking implique de nouvelles modalités de collaboration entre les sphères économiques et académiques, afin d'accélérer la diffusion d'idées innovantes (Pawlack, 2011). Elle est illustrée par de nombreuses initiatives observées à l'échelle internationale (tableau 1) mais aussi nationale. Dans notre recherche, nous avons sélectionné quatre plateformes en France qui s'inscrivent dans une approche managériale de l'innovation par le design thinking :

- **La d.school Paris** (www.dschool.fr), plus de 1000 m^2 d'espaces aménagés pour favoriser l'innovation : créée en 2012, son objectif est de former des leaders en innovation, mais également d'être *« le démonstrateur des pédagogies du futur par le Design Thinking »*. Les étudiants acquièrent des savoirs, savoir-être et savoir-faire par la pratique. Ils sont regroupés en équipes pluridisciplinaires dans des lieux dédiés. L'idée est de faire travailler les étudiants sur des projets concrets en réponse à une problématique apportée par un partenaire (entreprise, ONG, collectivité, association), comme « réinventer la salle de bain pour les personnes âgées », ou encore « comment repenser la conduite assistée pour les seniors ». Les solutions réalisées sont présentées aux entreprises partenaires comme Lapeyre ou Valeo, avec pour objectif de produire un prototype pilote qui fera ensuite l'objet de tests. La plateforme est au cœur d'un écosystème d'innovation dynamique. La d.school propose trois types de formations : initiation (méthodologie du design thinking et cas pratiques) ; intermédiaire (un semestre, avec un partenaire) ; expert (un an, avec un partenaire industriel et académique).
- **IDEA-Innovation, Design Thinking, Entrepreneuriat, Art** (blog.programme-idea.com), de multiples espaces accueillent les « ideacteurs » au niveau national et international : lancé en 2012, ce programme vise à former les entrepreneurs de l'innovation, capables d'évoluer dans les environnements complexes. Le programme se structure autour de la pluridisciplinarité, de la pédagogie expérientielle, de la diversité des profils, de la pédagogie collaborative. Le dispositif repose sur une approche Design Thinking qui permet de proposer des

solutions nouvelles à des problématiques, depuis l'usage jusqu'à l'empreinte écologique. Il s'agit de libérer la créativité individuelle et collective avec un parti pris pédagogique relativement centré sur l'art et la créativité artistique tout en intégrant la dimension technologique. En 2017, l'objectif est de procéder à un « transfert de technologies IDEA », c'est-à-dire de changer d'échelle et en intégrant IDEA dans le « programme Grande Ecole ».

- **L'Université Catholique de Lille** (www.univ-catholille.fr), 5000 m² d'espaces aménagés pour l'innovation : Fondé en 2008, le Laboratoire d'Innovation Pédagogique a été le *« catalyseur de la stratégie de mise en place d'écosystèmes innovants »,* qui a permis à des équipes pluridisciplinaires d'innover en pédagogie, en recherche et en gestion de projets (entrepreneuriat et intrapreneuriat). L'idée était de produire de nouveaux champs de réflexion et d'actions pouvant conduire au montage de projets transdisciplinaires et à la création d'entreprises innovantes en tenant compte des attentes des usagers. Avec la création en 2017 d'une plateforme consacrée au management de la créativité, Hemisfaire Design school, l'Université Catholique de Lille a souhaité renforcer cette démarche dédiée à l'émergence d'idées et de projets innovants. Des ateliers collaboratifs sont organisés en partenariat avec des acteurs publics et privés afin de répondre à des problématiques territoriales ou managériales telles que « le mieux vivre en ville » ou « comment rendre son entreprise plus désirable ». Cette plateforme privilégie le challenge, les projets et leur transformation par prototypage itératif. Au niveau des méthodes, elle a vocation à utiliser la sensibilité des designers (*design thinking*), leurs outils et méthodes de travail afin de découvrir de nouveaux usages, d'imaginer des services originaux, de créer des produits en collaboration avec l'ensemble des parties prenantes en misant particulièrement sur la mobilisation d'acteurs diversifiés.

- **L'Université de Corse** (www.univ-corse.fr), plus de 500 m² d'espaces aménagés sur le site « U Palazzu » pour l'innovation : L'objectif est de mettre en place une politique de diffusion de l'innovation, notamment au travers du design thinking en mettant l'accent sur le côté collaboratif et pluridisciplinaire. L'idée est de devenir un véritable acteur de l'innovation sur le territoire et d'être identifié en interne et en externe comme un centre de ressources pour les étudiants, les enseignants-chercheurs et les acteurs économiques du territoire. Il propose également des prestations d'aide à la conception en design produit et l'animation de séminaires par le design thinking pour ses partenaires (privés, associatifs et publics). Des ateliers de codesign mobilisant des outils du design thinking sont organisés de façon trimestrielle en partenariat avec des collectivités et des entreprises locales permettant d'apporter des solutions innovantes ou des scénarios prospectifs à ces acteurs en réponse aux grandes mutations auxquelles ils se confrontent tels que « les métiers et les besoins en compétences de demain », « l'entreprise étendue et le travail à distance », etc. Enfin, des initiatives pour renforcer l'innovation pédagogique, notamment la pédagogie par projets ont été développés : organisation de séminaires de créativité, séminaires de design thinking. Aujourd'hui, ce dispositif contribue activement à l'émergence d'un écosystème de l'entrepreneuriat et de l'innovation local.

Au travers de l'étude de ces quatre dispositifs, notre recherche se propose d'apporter un éclairage sur les ressources organisationnelles mobilisées (People, Place, Process) et leur place dans l'approche innovation de chaque plateforme étudiée. Ainsi, à partir d'une étude lexicale, nous avons identifié les mots clés qui incarnent ces ressources à 3 niveaux :

- Les compétences mobilisées et leur organisation (People)

L'interdisciplinarité des compétences est au cœur des pratiques collaboratives de ces plateformes. En faisant appel à une mixité d'acteurs - étudiants, doctorants, usagers mais encore praticiens issus du secteur privé ou de collectivités - ces dispositifs vont favoriser une diversité d'approches qui seront partagées, discutées, comparées pour répondre à la problématique posée. « U Palazzu » développe ainsi des ateliers où se croisent étudiants de Master, salariés de startups, de PME ou encore de filiales d'entreprises nationales, agents de collectivités pour proposer des solutions à des problématiques managériales.

- Les lieux et espaces propices à l'expression de l'innovation (Place)

Une grande diversité de lieux – living lab, learning lab, fablab, media lab, espaces de coworking, de convivialité… – ont été aménagés au sein des établissements étudiés. Propices à la créativité, au prototypage avec la mise à disposition d'outils à commande numérique ou de matériel plus traditionnel, ces espaces permettent d'expérimenter rapidement et de façon itérative.

- Les processus d'innovation (Process)

Le processus d'innovation s'appuie sur des méthodes et outils qui peut varier selon les structures. Néanmoins, l'expérimentation, l'exploration par itérations successives sont toujours utilisées pour atteindre « l'expérience idéale » qui répond aux attentes de l'usager. La devise du média lab du MIT « Demo or die » illustre la place du prototypage dans le process d'innovation de ces dispositifs où le prototype qu'il soit physique, schématique, numérique est toujours le moyen de partager et de tester la solution proposée.

L'étude lexicale des discours des représentants des quatre plateformes autour de ces trois niveaux nous permet d'identifier et de mettre en avant les éléments suivants :

Tableau 3. Étude lexicale des interviews réalisées

	PEOPLE	PLACE	PROCESS
Ecole des Ponts et Chaussées **d.school**	- Equipes multidisciplinaires - Communauté - Empathie - Pragmatisme - Créer un langage commun - Transdisciplinarité	- Espaces projets - Cuisine - Atelier 7shop - Espace de présentation - Espace fun	- Expérimenter - Prototyper - Innovation orientée usage - Inspiration - Itération - Prototypage expérientiel
Centrale Lyon- EM LYON **IDEA**	- Groupes hétérogènes qui fonctionne bien ensemble - Groupes pluridisciplinaires - Professeur entrepreneur - Ingénieurs - École de commerce - École de design	- Incubateur - Pépinière - Fablab	- Prototyper - Processus essai/erreur - Passer à l'acte - Pédagogie centrée sur les projets - Innovation centrée sur l'utilisateur - Innovation orientée usage
Institut Catholique de Lille **design School de l'ICL**	- Equipes pluridisciplinaires - Equipes transdisciplinaires - Savoir être	- Living lab - Coworking - Learning Lab - Meeting Lab - Ateliers de codesign - Fablab - Living Lab - MediaLab	- Codesign - Prototypage itératif - Créativité - Nouveaux usages
Université de Corse **U Palazzu**	- Equipe pluridisciplinaire Ecosystème - Travailler ensemble : enseignants/acteurs extérieurs dédiés à l'Innovation - Sciences humaines et sociales - Empathie	- Fablab - Ateliers codesign - Coworking - Techroom - Matériothèque - Ressourcerie - Espace détente	- Approche usager - Inspiration - Réflexivité - Prototypage - Toolkit

Ainsi, les principales caractéristiques qui ressortent de l'étude de ces quatre plateformes d'innovation sont les suivants :

Multidisciplinarité

Le design thinking implique de savoir faire évoluer les étudiants dans une dynamique créative. Les notions fondamentales qui apparaissent alors sont la pluridisciplinarité et la transdisciplinarité. Ces termes sont ceux qui ont la plus grande occurrence dans les discours, ce qui peut nous laisser penser qu'ils représentent un enjeu essentiel : développer la capacité des étudiants à travailler au sein d'équipes constituées d'individus aux spécialités différentes. « *Pour qu'un groupe pluridisciplinaire fonctionne, il ne suffit pas de mélanger des gens qui viennent de disciplines différentes, on s'aperçoit vite que ça ne donne pas les résultats attendus* » (R2). En effet, chaque discipline a son vocabulaire, ses codes, ses modes de pensée. A ce titre, « *Le design thinking permet aussi de créer un langage commun à des équipes pluridisciplinaires (ingénieurs, designers, …)* » (R1). Il peut rendre possibles les maillages disciplinaires, favoriser la traversée des savoirs (Forest, 2010) afin de prendre en compte la pluralité des problématiques du projet, en les confrontant à des visions plurielles qui les enrichissent ou les transforment avant de les confronter à la réalité. « Il s'agit *de découvrir de nouveaux usages, d'imaginer des services originaux, de créer des produits en collaboration avec l'ensemble des parties-prenantes de l'innovation, en misant particulièrement sur la mobilisation d'acteurs diversifiés* » (R3). Ainsi, les universités évoluent vers des modèles de collaboration (Markkula, Kune, 2015) impliquant, au-delà des étudiants, l'engagement civique et la participation sociétale pour aider les communautés à relever divers défis sociaux et sociétaux.

Empathie

L'approche « user centric » repose sur une capacité à se projeter dans le ressenti des autres, à adopter une attitude basée sur l'empathie. Cette notion apparaît de façon récurrente dans les interviews réalisées. Ainsi, (R4) souligne « *l'importance pour toute personne souhaitant innover de garder une posture d'ouverture et de partage tournée vers les membres de la communauté mais également vers le monde extérieur puisque par nature cette approche de l'innovation a vocation à être centrée sur les utilisateurs* ». Cette ouverture d'esprit nécessaire à une compréhension fine des attentes des utilisateurs est une condition nécessaire pour leur apporter une réponse pertinente. Elle met en avant l'intérêt de former les étudiants à l'altérité afin de leur faire prendre conscience de ce que nous apporte l'autre (Forest, 2017). Elle implique également pour (R2) d'être en capacité de « *casser les clivages par rapport aux représentations sociales car c'est un des facteurs qui freinent le plus l'innovation. Les innovations d'usage seront le fait de jeunes qu'on a la responsabilité de former sans les mettre dans des cases* ». L'empathie conduit à un processus de réflexion en cloche (Klein, Paris, 2021) : du très concret (le « terrain ») au plus conceptuel (l'ambition du dispositif), puis à nouveau jusqu'à la traduction opérationnelle de l'objectif stratégique. Cependant, si l'objectif et la finalité de la démarche ne sont pas suffisamment clairs au départ, le groupe projet peut alterner des périodes de grand enthousiasme et de désillusion ou de fatigue (Bedon, 2017), notamment lorsque les résultats concrets tardent à émerger.

Des espaces pour innover et expérimenter

Chaque plateforme étudiée propose des lieux spécifiques pour favoriser l'innovation, des espaces de travail multifonctionnels et modulables dédiés aux activités collaboratives et créatives. Les termes qui ressortent de l'analyse lexicale montrent que les institutions ont réalisé des investissements lourds pour équiper ces espaces (tableau 3). « *C'est important de faire sortir les étudiants des salles de cours habituelles* » (R2). La notion d'espaces est essentielle dans les ressources mobilisées au sein des plateformes de l'innovation en design thinking. « *On a construit des environnements de travail qui favorisent l'innovation* » *(R4)*. Ces établissements qui enseignent le design thinking sont dotés d'ateliers, généralement des Fablabs qui offrent aux étudiants la possibilité de prototyper grâce à des outils numériques type CNC, imprimante 3D, découpe laser… ou des ateliers plus traditionnels. « *Les lieux sont importants, surtout pour le passage à l'acte* » (R2). Ils sont situés à proximité des espaces de réflexion projet afin de pouvoir donner forme et vie aux produits de façon rapide et spontanée et rendre possible le processus itératif de prototypage. Pour (R2), « *il faut prototyper pour se rendre compte des possibilités (ou pas) du point de vue des technologies. On favorise un processus essai/erreur. On évite les projets qui ne restent que des exercices pédagogiques, ils doivent passer à l'acte, prototyper* ». (R1) parle d'ailleurs des « *pilotes* » qui sont des prototypes simples souvent construits de façon rapide avant de donner lieu à un prototype plus finalisé. Pour cette raison, la d.school a mis en place un espace « Seven Seconds Shop » (7s Shop) qui permet de prototyper, situé à moins de sept secondes de l'espace projet. U Palazzu s'est également développé autour du Fablab qui constitue le cœur du pôle innovation. Ces espaces ont en commun de mutualiser des mètres carrés, des ressources et des services pour stimuler de nouvelles manières d'entreprendre et d'innover (Fabbri *et al.*, 2016). Boli *et al.* (2016) soulignent l'importance de la conception de prototypes itératifs. Ces processus d'apprentissage ont conduit à l'ouverture d'espaces dédiés tels que des fablabs, des livings labs, des espaces de co-working… qui stimulent la créativité et la collaboration des étudiants.

Une approche itérative du process innovation

S'il existe de nombreux processus d'innovation mobilisant le design thinking, la méthodologie repose toujours sur un phasage du projet dans lequel une des étapes essentielles est l'inspiration à partir de la compréhension des usages. Le processus démarre par des enquêtes d'usage (IDEA), des recherches ethnographiques (d.school) qui enrichissent cette première phase. Ainsi, l'intégration de ces dispositifs pédagogiques aux cursus de formation permet de mobiliser des compétences qui ne relèvent pas simplement de la connaissance scientifique mais d'aptitudes comportementales telles que l'observation, l'ouverture aux autres, l'empathie, l'altérité. Forest (2017) souligne la nécessité de réhabiliter ces pédagogies créatives dans les cursus de formation scientifiques tels que les écoles d'ingénieurs. Ainsi, à l'Université Catholique de Lille, le processus est pensé à travers une approche itérative en quatre étapes : Inspiration, Idéation, Implémentation et Innovation. A la d.school Paris, trois phases (inspiration, idéation, implémentation) inspirées de la méthode DT de Stanford correspondent aux trois trimestres du programme ME310 Design Innovation[5]. Ces différentes étapes sont déployées de façon itérative jusqu'au prototype final. Pour (R4), « *il faut prendre du recul et adopter une approche réflexive à toutes les étapes* ». Ces éléments corroborent les enseignements mis en avant par Péché *et al.* (2016) qui montrent que le design thinking est une approche managériale de l'innovation pertinente.

Ainsi, au-delà d'un effet de mode lancé par les startups de la Silicon Valley, de nombreux auteurs (Buxton, 2007 ; Pawlak, 2011 ; Péché *et al.*, 2016) montrent que le Design Thinking permet de renouveler le processus d'innovation dans un contexte de globalisation et de révolution socio-technique. Ils insistent sur une approche intégrée de la création qui permet de mixer les compétences et d'intégrer les Sciences Humaines et Sociales à toutes les étapes du développement d'un projet. Par son approche centrée sur l'humain et par sa pluridisciplinarité, le Design Thinking apparaît comme une nouvelle approche managériale de l'innovation qui brise les silos traditionnels et répond aux exigences des entreprises. Les plateformes d'innovation qui s'inscrivent dans cette démarche ont fait évoluer le positionnement des EES. Côme (2011) souligne le renforcement des liens universités-entreprises au sein de ces plateformes.

L'étude de ces quatre plateformes permet d'identifier les ressources organisationnelles nécessaires à de nouvelles missions qui font évoluer les relations universités-entreprises : propositions de prestations aux entreprises, mise en œuvre d'ateliers de co-création, hackatons, challenges innovations… L'approche collaborative privilégiée au sein de ces structures mobilise l'ensemble des parties prenantes (enseignants,

---

[5] Programme niveau expert en Design Thinking à la d.school

étudiants, experts, entreprises…) permettant de conduire au montage et à la mise en œuvre de projets pluridisciplinaires. Lors de ces interventions, étudiants, enseignants, chercheurs, personnels des entreprises ou collectivités sont mobilisés pour des séances de créativité, de conception de prototypes, de confrontation avec les usagers. Ces activités participent à la transformation des entreprises en répondant à leur volonté de créer de nouveaux services, de nouveaux produits, de les accompagner dans le management de l'innovation. Une des constantes du fonctionnement des plateformes d'innovation est qu'elles contribuent à casser les silos en se positionnant dans les interstices laissés vacants par les acteurs de l'innovation sur les territoires (rapport BPI 2018).

CONCLUSION

Dans cet article nous voulions montrer que, pour faire face aux mutations profondes qui impactent notre société, les EES doivent rester en éveil, comprendre les changements, repenser les méthodes d'enseignement et développer de nouvelles façons d'accompagner la gestion de projets innovants. Pour répondre à cette injonction, un nombre croissant d'établissements de l'enseignement supérieur proposent la création de plateformes d'innovation mobilisant le design thinking (qui apparaît aujourd'hui comme une approche permettant d'aborder l'innovation avec une démarche, des méthodes, des équipes et des espaces spécifiques, de manière plus ouverte, en prise avec les évolutions actuelles du tissu productif). Ce phénomène étant relativement récent en France, les travaux de recherche ne permettent pas encore de l'appréhender globalement.

Afin d'éclairer ce phénomène, nous avons mené des travaux, en adoptant une approche empirique et comparative, visant à identifier les ressources organisationnelles indispensables à la conception de plateformes d'innovation mobilisant le design thinking au travers de l'étude de quatre cas.

Les résultats indiquent que le design thinking est mobilisé pour concevoir des plateformes dédiées à l'innovation adaptées au contexte. Ces plateformes conduisent à repenser l'approche innovation en créant un environnement d'éducation alternatif par la mobilisation des 3 P (People, Place, Process). Si le Process est généralement privilégié dans la littérature, nous avons montré que cette culture de l'exploration requiert également des équipes et des espaces dédiés. Les équipes pluridisciplinaires constituées d'étudiants venant d'horizons différents (designers, ingénieurs, gestion, marketing, …) vont permettre d'approfondir différentes thématiques qu'elles soient liées au contexte économique, technique, sociétal ou humain. L'interaction de ces différentes disciplines réunies autour d'une problématique s'inscrit alors dans une logique collaborative qui est au cœur de la démarche Design Thinking. Véronique Hillen (2016) parle de « colle » qui crée le langage commun partagé par l'ensemble des acteurs du projet de conception. *« Cette approche a beaucoup de sens par rapport à nos profils d'étudiants. Le design thinking est de plus en plus demandé, c'est porteur dans tous les sens du terme » (R1).* Enfin, l'approche Design Thinking au sein de ces plateformes accorde une place importante à la création d'espaces de travail dédiés – espaces de réflexion, détente, prototypage, expérimentation – qui permettront de créer le cadre de travail propice à la créativité et à l'expérimentation afin d'approfondir, de manipuler et de tester la pertinence des idées.

Cette approche exploratoire a permis de montrer l'intérêt et de dégager des caractéristiques communes à ces 4 plateformes, mais ces résultats méritent des études complémentaires pour pouvoir être généralisés. Cependant, de nombreuses questions apparaissent et invitent à ouvrir un agenda de recherche : comment évoluent ces plateformes, quelles sont leurs trajectoires à moyen terme, quels sont leurs impacts ?

BIBLIOGRAPHIE

ALBERTINI, T., FABIANI, T., LAMETA, N., LIMA, M. (2019), A framework for evaluating the effectiveness of entrepreneurial teaching in higher education, *Marché et organisations*, 34, 159-186.

BARDIN, L. (2013), *L'analyse de contenu*, Presses Universitaires de France, https://doi.org/10.3917/puf.bard.2013.01

BEUDON N. (2017), L'impact du design thinking, *I2D - Information, données & documents*, 1(1), 50-51.

BOLI, V., CAMARGO, M., MOREL, L. (2016), Ingénierie de l'innovation, Lavoisier, 3ème éd.

BOWN, T. (2008), Design Thinking, *Harvard Business Review,* 84-94.

BOWN, T. (2009), *Change by design : how design thinking transforms organizations and inspires innovation*, Harper Business.

BOWN, T. (2014), *L'Esprit design: Comment le design thinking change l'entreprise et la stratégie,* Pearson.

BUXTON, B. (2007), *Sketching User Experiences: Getting the Design Right and the Right Design*, Morgan Kaufmann (ed.).

CALLON, M. (1986), Some elements of a sociology of translation: domestication of the scallops and the fishermen of Saint Brieuc Bay, in Law, J. (ed), *Power, Action and Belief: A New Sociology of Knowledge,* Routledge & Kegan Paul, London and New York, NY, 196-223.

CAPDEVILLA, I. (2015), Les différentes approches entrepreneuriales dans les espaces ouverts d'innovation, *Innovations*, 43, 3, 87-105.

CHAMEAU, J.L. (2019), Rapport sur les campus d'innovation remis à la ministre de l'Enseignement supérieur, de la Recherche et de l'Innovation.

CLARK, B. (2001), The Entrepreneurial University: New Foundations for Collegiality, Autonomy, and Achievement, *Higher Education Management,* 13, 2, 9-24.
CLARK, B. (1998), *Creating Entrepreneurial Universities: Organisational pathways of Transformation, Issues in Hihger Education*, Pergamon press for International Association of Universities, Oxford.
CÔME, T. (2011), Quelle structure pour optimiser les relations universités – entreprises ?, *Management* & *Avenir,* 45, 107-125
CPU (2014), Les universités et l'innovation, agir pour l'économie et la société.
CROSS, N. (2011), *Design Thinking : Understanding how designers think and work*, New York, Berg Publishers.
DORST, K. (2006), Design Problems and Design Paradoxes, *Design Issues,* 22, 3, 4-17.
DUNE, D., MARTIN, R. (2006), Design Thinking and How it Will Change Management Education: An Interview And Discussion, *Academy of Management Learning an Education,* 5, 4, 512-523.
FABBRI, J., GLASER, A., GAUJARD, C., TOUTAIN, O. (2016), Espaces collaboratifs d'innovation : au-delà du phénomène de mode, de quoi parle-t-on ?. *Entreprendre* & *Innover,* 4, 4, 5-7.
FOREST, J. (2010), La production de connaissances à l'ère des pôles de compétitivité, *Innovations,* 2, 2, 129-146.
FOREST, J. (2017), *Creative Rationality and Innovation*, London, ISTE Ltd.
FROEHLICHER, T., BARES, F. (2013), L'écosystème d'innovation universitaire de Aalto: une contribution au repérage des acteurs impliqués lors de la phase d'émergence, *Management international/International Management/Gestiòn Internacional,* 18(1), 153-165.
GAGNON, Y.C., (2005), *L'étude de cas comme méthode de recherche : guide de réalisation*, PUQ.
GAWER, A. (2014), Bridging differing perspectives on technological platforms : toward an integrative framework, *Research Policy*, 43, 7, 1239-1249.
HARLOE, M., PERRY, B. (2004), Universities, Localities and Regional Development: The Emergence of the 'Mode 2' University?, *International Journal of Urban and Regional Research*, 28, 1, 212-223.
HILLEN, V. (2016), *101 repères pour innover*, Paris-Est d.school.
IANSITI, M., LEVIEN, R. (2004), Strategy as Ecology, Harvard Business Review, 82, 3, 68-78, March.

JOHNSON, D., CRAIG, J.B.L., HILDEBRAND, R., (2006), Entrepreneurship education: towards a discipline-based framework, *Journal of Management development*, 25, 40-54.
KIMBELL, L. (2011), Rethinking Design Thinking : Part 1 , *Design and Culture*, 3, 3, 285-306
KITAGAWA, F. (2004), Les universités et l'innovation dans l'économie du savoir : l'expérience des régions anglaises, *Politiques et gestion de l'enseignement supérieur*, 3, 3, 61-87.
KLEIN, A., PARIS, T. (2021), Implémenter un dispositif d'innovation participative comme un outil de gestion dans une démarche de conception innovante, *Innovations*, prépublication, https://doi.org/
LEGER JARNIOU, C., CERTOUX, G., DEGEORGES, J.M., LAMETA, N., LEGOFF, H. (2016), *Entrepreneuriat*, coll. Openbook, Dunod.
LIEFOOGHE, C. (2018), Les tiers-lieux à l'ère du numérique : diffusion spatiale d'une utopie socio-économique, *Géographie, Économie, Société*, 20, 1, 33-61.
MARCH, J. (1991), Exploration and Exploitation in Organizational Learning, *Organization Science*, 2, 71-87.
MARKKULA, M., KUNE, H. (2013), Horizon 2020: Regional Innovation Ecosystems – From Theory to Practice, in Open Innovation 2013, Brussels: European Commission Directorate-General for Communications, Networks, Content and Technology.
MARKKULA, M., KUNE, H. (2015), Making Smart Regions Smarter: Smart Specialization and the Role of Universities in Regional Innovation Ecosystems, *Technology Innovation Management Review*, 5, 7-15.
MATHIEU, F., HILLEN, V. (2016), *Le design thinking par la pratique, De la rencontre avec l'utilisateur à la commercialisation d'un produit innovant pour les seniors,* Paris, Eyrolles.
MERINDOL, V., VERSAILLES, D. (2018), créer et innover aujourd'hui en Ile de France: le rôle des plateformes d'innovation, Rapport d'étude Le Hub Bpifrance, Innovation Factory et Paris & Co.
PAWLAK, E. (2011), Les Plateformes d'Innovation Académiques à l'Ère de l'Économie Créative, *Entreprendre & Innover*, 11-12, 44-54.
PÉCHÉ, J.P, MIEYEVILLE, F., GAULTIER, R. (2016), Design thinking : le design en tant que management de projet, *Entreprendre & Innover*, 28, 83-94
RAUCENT, B., VERZAT, C., VILLENEUVE L. (2010), *Accompagner les étudiants,* Chap. 19, L'accompagnement dans les institutions d'enseignement supérieur, De Boeck, 501-540.

ROWE, P. (1986), *Design Thinking*, MIT Press.
SUIRE, R. (2016), La performance des lieux de cocréation de connaissances, *Réseaux*, 2, 81-109.
TOUTAIN, O., SALGADO, M. (2015), Quels sont les effets des pédagogies actives dans l'apprentissage de l'entrepreneuriat ? Étude des changements de perceptions des élèves ingénieurs et managers à l'issue de la formation M.I.M.E. (Méthode d'initiation au métier d'entrepreneur), *Revue de l'entrepreneuriat*, 13, 2, 55-88.
YIN, R.K., (2013), Validity and generalization in future case study evaluations, *Evaluation*, 19, 3, 321-332.
YOUTIE, J., SHAPIRA, P. (2008), Building an Innovation Hub: A Case Study of the Transformation of University Roles in Regional Technological and Economic Development, *Research Policy*, 37, 8, 1188-1204.

LA RELATION ENTRE LA FORMATION EN ENTREPRENEURIAT ET L'INTENTION ENTREPRENEURIALE DANS L'ENSEIGNEMENT SUPERIEUR AU MAROC : LE CAS DE L'UNIVERSITÉ CADI AYYAD

Si Mohamed BEN MASSOU
Ecole Nationale de Commerce et de Gestion
Université Cadi Ayyad de Marrakech
Chercheur associé UPVD
CRESEM UR 7397
m.benmassou@uca.ma
si-mohamed.ben-massou@univ-perp.fr

RÉSUMÉ

La formation entrepreneuriale donne aux étudiants les compétences nécessaires pour gérer les défis inhérents à l'activité entrepreneuriale et exploiter les opportunités du marché. L'attention croissante portée à la formation entrepreneuriale a suscité des débats sur la question de savoir si cette formation dispensée dans les universités peut affecter positivement l'intention entrepreneuriale des étudiants. En s'inspirant de la théorie du comportement planifié développée par Ajzen, nous avons essayé de comprendre, par le biais d'une méthodologie quantitative et une démarche hypothético-déductive, comment la formation entrepreneuriale, les normes subjectives, les attitudes et le contrôle entrepreneurial perçu pourraient exercer une influence significative sur l'intention d'entreprendre chez les étudiants marocains poursuivant leurs études en Master 2 dans des écoles de commerce. L'application de la TPB (Theory of Planned Behavior) pour la première fois dans le contexte marocain, nous a permis d'enrichir les connaissances sur le sujet et de confirmer les résultats déjà publiés auparavant avec quelques particularités

Mots-clés : connaissance, éducation, entrepreneuriat, management, institutions.

ABSTRACT

The Relationship between Entrepreneurship Education and Entrepreneurial Intention in Higher Education in Morocco: The Case of Cadi Ayyad University

Entrepreneurship education give students competencies to manage the challenge inherent in entrepreneurial activity and exploit the opportunities of the market. The growing attention to entrepreneurship education has caused a debate about whether this education, studied in universities, can positively affect students' entrepreneurial intention. Drawing upon the Theory of Planned Behavior developed by Ajzen, we have tried to understand, by a quantitative study and hypothetico-deductive method, how the entrepreneurial education, subjective norms, attitudes and perceived entrepreneurial control would significantly influence the entrepreneurial intention of Moroccan students pursuing their studies in Master 2 in business schools. The application of the TPB for the first time in the Moroccan context has permitted us to enrich knowledges about this subject and to confirm the results already published with some particularities.

Keywords: Knowlegde, education, entrepreneurship, management, institutions.
JEL Codes: A23, C12, L26

INTRODUCTION

L'entrepreneuriat peut être défini comme le processus par lequel des individus, qui disposent de certaines ressources et des objectifs prédéterminés, procèdent à l'identification, à l'évaluation et à l'exploitation des opportunités (Thompson, 2009), qui les saisissent pour créer des entreprises et concevoir des prototypes afin d'assurer l'adéquation entre le produit et le marché (Savoie, 2019). Il a été longtemps considéré comme un domaine multidisciplinaire qui s'appuie sur des théories et des concepts économiques couramment utilisés en management, en sociologie et en psychologie.

Promouvoir le développement continu et approfondi de l'enseignement de l'entrepreneuriat dans les universités est une nécessité pour chaque pays pour garantir le développement économique et créer de l'emploi. L'entrepreneuriat innovant est devenu un concept pédagogique à l'ère de l'économie de la connaissance et un courant de développement social (Harkema, Schout, 2010). Le premier cours sur l'entrepreneuriat a été dispensé en 1947 par l'école de commerce *Harvard Business School* (Katz, 2003), c'est ainsi que les programmes dédiés à l'entrepreneuriat commencent à prendre de la place dans l'enseignement supérieur (Solomon, 2007). Dans ce contexte, plusieurs universités de par le monde ont développé des centres de recherches et des départements qui proposent des formations et des cycles en relation avec l'entrepreneuriat (Zahra *et al*., 2011).

Malgré l'importance accordée à la culture entrepreneuriale innovante, il existe de nombreuses limites dans le développement de l'enseignement de l'entrepreneuriat dans les universités, les enseignements théoriques priment sur les formations pratiques et le contenu des cours ainsi que les méthodes d'enseignements adoptées ne permettent pas aux étudiants de développer la capacité de créer des entreprises (Servoss *et al*., 2018).

Le modèle universitaire marocain adopté après l'indépendance a été conçu sur la stratégie « formation-recherche » afin de créer, diffuser, utiliser la connaissance et répondre aux besoins de la société et de l'environnement. Depuis 2003, l'université a été dotée d'un système Licence Master Doctorat (LMD) qui a instauré les modules et les semestres dans le cursus universitaire avec un volume horaire situé entre 45 et 50 heures d'enseignement. A partir de 2010, et dans le cadre du partenariat public-privé, l'Etat marocain a opté pour la diversification des modèles universitaires en autorisant la création des établissements d'enseignement supérieur avec un statut d'université.

Favoriser une culture de l'entrepreneuriat dans l'enseignement supérieur marocain a été une priorité de la politique éducative durant les deux dernières décennies. En effet, la loi 01/00[1] a donné une nouvelle impulsion à la vision entrepreneuriale dans le cursus pédagogique des universités marocaines. C'est ainsi que les premières expériences ayant visé à enseigner l'entrepreneuriat ont vu le jour dans certaines universités à l'instar de l'université Cadi Ayyad de Marrakech où plusieurs programmes et formations ont été mis en place en faveur des écoles d'ingénieurs (Ecole Nationale des Sciences Appliquées) et du commerce (Ecole Nationale de Commerce et de Gestion), des Licences et des masters professionnels en sciences de gestion. Cependant, la majorité de ces programmes et formations a été orientée vers la culture de l'entreprise, négligeant totalement les aspects de création des entreprises qui pourraient engendrer une forte valeur ajoutée à l'économie nationale.

Quant aux enseignants de l'entrepreneuriat dans l'enseignement supérieur marocain, ils n'ont pas de profils types de professeurs impliqués, et seules quelques tendances apparaissent selon la perception de chacun, son engagement dans l'enseignement et sa fidélité à la profession. Les enseignants compétents cherchent à atteindre la performance éducative multiple en se consacrant à améliorer constamment les enseignements

---

[1] Loi 01/00 régissant l'enseignement supérieur au Maroc

relatifs à l'entrepreneuriat. Bien qu'ils ne travaillent pas beaucoup dans des équipes de recherche, rarement syndicalisés et ne participent pas souvent aux projets des établissements, ils arrivent à fignoler leur implication professionnelle, managériale, affective et psychologique.

Le contexte entrepreneurial est caractérisé par l'incertitude (Knight, 1921 ; Foss, Klein, 2018), un taux élevé d'échec (Wiklund *et al*., 2010), un niveau élevé de stress (Cardon, Patel, 2015), un niveau élevé de rupture et de discontinuité de l'activité entrepreneuriale (McKelvie *et al*., 2011) et un coût psychologique et économique élevé de l'échec (Byrne, Shepherd, 2015). Cette situation à risque non négligeable pousse les étudiants lauréats des écoles supérieures, formés en entrepreneuriat, à chercher un emploi stable plutôt que de s'aventurer et de créer leur propre entreprise. Cependant, malgré la présence permanente du risque, certains chercheurs ont démontré qu'il existe une forte relation entre l'efficacité des enseignements de l'entrepreneuriat et l'intention d'entreprendre chez les étudiants (Fayolle, Gailly, 2008 ; Fretschner, Weber, 2013 ; Küttim *et al.*, 2014 ; Liñán, Fayolle, 2015 ; Niesing, 2016 ; Bizon, 2016 ; Jie, Harms, 2017). Dans ce contexte, l'intention d'entreprendre est un état d'esprit concrétisé par les actions, les expériences, les communications propres aux individus, qui les poussent à adopter un comportement entrepreneurial. L'intention entrepreneuriale est considérée comme le stimulateur du comportement entrepreneurial, largement étudiée dans les recherches sur l'entrepreneuriat contemporain (Obschonka *et al*., 2010 ; Lee *et al*., 2011 ; Fini *et al*., 2012 ; Kautonen *et al*., 2013 ; Kautonen *et al*., 2015 ; Loi *et al*., 2016 ; Nabi *et al*., 2017 ; Polas *et al*., 2019).

Dans le but d'évaluer l'intention entrepreneuriale, les chercheurs proposent la Théorie du Comportement Planifié ou *Theory of Planned Behavior* comme référence (Liñán, Chen, 2009 ; Kautonen *et al* ., 2015 ; Lortie, Castogiovanni, 2015). L'intention de créer une entreprise dépend de trois éléments (Ajzen, 1988) : l'attitude favorable à l'entrepreneuriat, les normes subjectives de la reconnaissance entrepreneuriale et le contrôle entrepreneurial perçu.

L'objectif de cet article consiste à poursuivre le débat sur l'apprentissage de l'entrepreneuriat au sein des milieux universitaires et à confirmer la relation qui existe entre la formation en entrepreneuriat et l'intention de devenir entrepreneur en se référant à la théorie du comportement planifié *Theory of Planned Behavior* (TPB). Les orientations précisées à ce sujet proviennent d'une enquête réalisée auprès de 202 étudiants poursuivant leurs études en Master 2 commerce et gestion à l'Ecole Nationale de Commerce et de Gestion de Marrakech (ENCG)/université Cadi Ayyad, ayant reçu une formation en entrepreneuriat, pendant leur cursus à l'université, relative au management, au marketing, à la finance et aux ressources humaines et comprenant entre autres, les matières simulation de gestion sur logiciel, création des entreprises (étude économique, commerciale, technique…), finance, management (stratégique, interculturel…), fiscalité d'entreprise, commerce (international, négociation commerciale…), marketing (stratégique, opérationnel, industriel, territorial…), ressources humaines, E-entrepreneuriat, contrôle de gestion et Chain management.

Notre travail, qui constitue le premier noyau au Maroc de l'étude de la relation entre la formation en entrepreneuriat en milieux universitaires et l'intention d'entreprendre, reste original par les contributions qu'il apporte aux domaines de la recherche et de la connaissance. En effet, l'utilisation dans le contexte marocain de la TPB comme modèle de référence, pour analyser la relation formation entrepreneuriale-intention d'entreprendre, fournit une compréhension plus profonde de l'esprit d'entreprise des étudiants d'un pays du sud et met en évidence les facteurs possibles à inclure dans le développement de nouveaux modèles théoriques. En outre, si l'étude confirme les recherches précédentes effectuées sur le sujet, elle fournit de nouvelles preuves sur l'existence d'une relation positive entre formation entrepreneuriale et intention d'entreprendre, contrairement à la majorité des études antérieures, et ouvre la porte à un nouveau débat sur cette question.

Nous procéderons, dans une première partie, à la description de la relation qui existe entre l'intention entrepreneuriale et les variables de la TPB, en l'occurrence : les attitudes, les normes subjectives et le contrôle entrepreneurial perçu, ainsi que les liens qui existent entre la formation entrepreneuriale dispensée aux étudiants des cycles supérieures et les variables de la TPB. Dans une deuxième partie, nous présenterons la méthodologie adoptée qui est de nature quantitative avec une démarche hypothético-déductive et des hypothèses correspondant à nos variables explicatives. Dans la troisième partie, nous présenterons les résultats obtenus extraits à l'aide du logiciel Statistical Package for the Social Sciences (SPSS) et, dans la quatrième et dernière partie, nous discuterons des résultats.

Notre problématique porte sur l'impact de la formation en entrepreneuriat sur l'intention entrepreneuriale des étudiants inscrits en Master 2 de l'ENCG de Marrakech.

1. REVUE DE LITTÉRATURE SUR LA TPB ET FORMULATION DES HYPOTHÈSES

La TPB est considérée parmi les plus importantes approches utilisées pour comprendre l'intention entrepreneuriale et la décision. Selon cette théorie, l'intention d'entreprendre dépend de trois facteurs : les attitudes, les normes subjectives et le contrôle perçu.

1.1. L'intention comportementale d'entreprendre

Les modèles d'intention comportementale permettent de clarifier le processus par lequel les individus deviennent entrepreneurs. Parmi les modèles les plus utilisés à cette fin, il y a la théorie du comportement planifié (TPB) selon laquelle, le comportement est mieux expliqué par la seule intention d'essayer de le performer (Azjen, 1988). L'intention est déterminée par l'attitude, les normes subjectives et le contrôle comportemental perçu. En effet, les attitudes sont expliquées par les croyances dans le comportement adopté par la personne qui lui permettront d'atteindre un résultat favorable. Les normes subjectives sont déterminées par les croyances des autres personnes (collègues de travail, amis, famille…) et leur degré de conformité à ces croyances. Le contrôle comportemental perçu reflète les perceptions qui concernent le comportement et la facilité ou la difficulté dans l'exécution d'une tâche donnée.

La TPB a été appliquée dans le contexte entrepreneurial. Plusieurs études l'ont utilisé pour expliquer le comportement entrepreneurial (Kautonen *et al.*, 2013), l'intention de devenir entrepreneur (Krueger *et al.*, 2000 ; Thompson, 2009 ; Liñán, Chen, 2009) ainsi que les effets de la formation entrepreneuriale (Ferreira *et al.*, 2012 ; Galvão *et al.*, 2018). Ainsi, dans le contexte entrepreneurial, l'attitude se réfère à la motivation dont dispose l'individu pour entreprendre, elle est déterminée par l'évaluation favorable ou défavorable du comportement entrepreneurial. Plusieurs études ont identifié l'existence d'un lien positif entre les attitudes et l'intention entrepreneuriale, les individus veulent entreprendre pour avoir plus d'autonomie et d'autorité, pour défier leur proche, pour changer de vocation, pour leur satisfaction personnelle et pour avoir une bonne qualité de vie (Krueger *et al.*, 2000 ; Kolvereid, Isaksen, 2006 ; Schwart *et al.*, 2009).

Pour ce qui est des normes subjectives à la reconnaissance entrepreneuriale, elles concernent la perception par les individus des croyances et des opinions des personnes proches quant à l'accomplissement ou non d'une action entrepreneuriale. Elles renvoient aux perceptions de la pression sociale que les individus subissent. Certaines études ont prouvé l'existence d'une relation significative entre les opinions des proches, des amis et des groupes sociaux et l'intention entrepreneuriale (Kolvereid, 1996 ; Cotte, Wood, 2004 ; Engle *et al.*, 2010 ; Yordanova, Tarrazon, 2010 ; Moriano *et al.*, 2012 ; Shah, Soomor, 2017 ; AL-Shammari, Weleed, 2018). D'autres études ont prouvé le contraire (Krueger *et al.*, 2000 ; Emin, 2004 ; Liñán, Chen, 2009).

Quant au contrôle entrepreneurial perçu, souvent rapproché à l'auto-efficacité perçue (Ajzen, 1991) et à la contrôlabilité perçue (Armitage, Conner, 2001 ; Kraft *et al.*, 2005), il se rapporte à la facilité ou à la difficulté rencontrée dans la réalisation d'une action entrepreneuriale, il est supposé refléter l'expérience passée. Il représente la perception de maîtriser les ressources et les compétences pour que le comportement d'entreprendre se réalise. Ce concept demeure controversé en raison de l'incohérence dans les résultats empiriques liés à son influence sur l'intention entrepreneuriale (Yap *et al.*, 2013). Par ailleurs, toute une multitude d'études empiriques antérieures indique que l'auto-efficacité perçue, que nous adoptons pour cette recherche, influence positivement l'intention entrepreneuriale (Davidsson, 1995 ; Kolvereid, Isaksen, 2006 ; Kickul *et al.*, 2008 ; Van Gelderen *et al.*, 2008 ; Liñán *et al.*, 2011 ; Moriano *et al.*, 2012 ; Thompson, 2016 ; AL-Shammari, Weleed, 2018).

1.2. La formation en entrepreneuriat et les variables de la TPB

La formation en entrepreneuriat concerne les programmes et les processus pédagogiques d'éducation dédiés à développer les compétences et les attitudes entrepreneuriales chez les étudiants (Dugassa, 2012). Ces programmes en entrepreneuriat ont été élaborés pour permettre aux étudiants de créer leur propre entreprise et par conséquent créer de l'emploi et saisir les opportunités économiques.

La théorie TPB a été largement utilisée dans le monde entrepreneurial (Davidsson, 1995 ; Audet, 2004 ; Schlaegel, Koenig, 2014), plusieurs études empiriques antérieures ont corroboré sa validité pour le champs universitaire (Tkachev, Kolvereid, 1999 ; Krueger *et al.*, 2000 ; Liñán, Chen, 2009 ; Karimi *et al.*, 2016). La littérature rapporte que la formation entrepreneuriale pourrait influencer les attitudes favorables à l'entrepreneuriat, les normes subjectives à la reconnaissance entrepreneuriale et le contrôle entrepreneurial perçu des étudiants. Peu d'études ont démontré l'existence de relations positives entre les programmes de formation en entrepreneuriat et l'intention entrepreneuriale des individus (Fayolle, 2006). Dans certains cas, la relation entre les programmes de formation en entrepreneuriat et l'intention entrepreneuriale s'est avérée négative ou ambiguë (Bae *et al.*, 2014 ; Nabi *et al.*, 2017) eu égard à l'absence d'une méthodologie rigoureuse utilisée par les chercheurs (Martin *et al .*, 2013 ; Liñán, Fayolle, 2015).

La formation entrepreneuriale peut influencer le contrôle entrepreneurial perçu en renforçant les croyances par la capacité des individus à s'engager dans l'action entrepreneuriale (Kuehn, 2008 ; Walter, Dohse, 2012) et par la modification de leurs croyances sur les disponibilités des ressources (Van Gelderen *et al.*, 2008).

La formation en entrepreneuriat exerce une influence positive sur les attitudes qui peuvent changer en changeant simplement les croyances des individus après l'obtention de résultats positifs de l'action entrepreneuriale (Izedonmi, Okafor, 2010 ; Karimi *et al.*, 2016). Ainsi, les attitudes positives à l'égard de l'entrepreneuriat peuvent être améliorées en minimisant les fausses croyances au sujet des échecs de créations d'entreprises, des regrets et des déceptions (Markman *et al.*, 2005) et en montrant les effets positifs de l'entrepreneuriat (Souitaris *et al.*, 2007).

La formation entrepreneuriale peut exercer une influence sur les normes subjectives de la reconnaissance entrepreneuriale, troisièmes variables de la TPB (Talas *et al.*, 2013). Les résultats de certaines études effectuées en Afrique dont celles réalisées par Rudhumbu *et al.* (2016) en Botswana, Molla *et al.* (2018) en Ethiopie et Okoye et Nwagu (2020) au Nigéria ont montré que la formation en entrepreneuriat influence les normes subjectives des étudiants.

1.3. Les hypothèses et le modèle de recherche

L'objectif de la recherche consiste à tester l'effet de la formation en entrepreneuriat sur l'intention entrepreneuriale. Notre modèle de recherche (Figure 1) comporte une chaîne causale où les attitudes, les normes subjectives et le contrôle entrepreneurial perçu seront susceptibles d'être modifiés par la formation entrepreneuriale, et par conséquent engendrer des intentions entrepreneuriales chez les étudiants (Fayolle, 2006).

La formation entrepreneuriale peut renforcer les attitudes favorables à l'entrepreneuriat (Rauch, Hulsink, 2015), par la modification de la perception de l'adversité, l'enseignement des techniques de réduction de risques et la promotion d'activités basées sur des situations du monde réel. (Markman *et al.*, 2005).

Hypothèse 1. La formation en entrepreneuriat exerce une influence positive sur les attitudes favorables à l'entrepreneuriat.

La formation entrepreneuriale peut exercer une influence positive sur le contrôle entrepreneurial perçu en renforçant les croyances comportementales (Kuehn, 2008).

Hypothèse 2. La formation en entrepreneuriat exerce une influence positive sur le contrôle entrepreneurial perçu.

Tout en jouant un rôle important dans la socialisation des individus, la formation entrepreneuriale peut avoir un impact positif sur les normes sociales dans la mesure où des programmes appropriés d'enseignement entrepreneurial peuvent favoriser la création de groupes d'amis entrepreneurs (Souitaris *et al.*, 2007).

Hypothèse 3. La formation en entrepreneuriat exerce une influence positive sur les normes subjectives à la reconnaissance entrepreneuriale.

Les études antérieures ont indiqué que la formation en entrepreneuriat peut affecter l'intention entrepreneuriale (Fayolle, Gailly, 2015 ; Lortie, Castogiovanni, 2015). Ainsi, la formation entrepreneuriale peut favoriser la perception des capacités entrepreneuriales. La formation peut prendre plusieurs formes telles que les simulations d'entreprise, les conférences et les études de cas.

Hypothèse 4. La formation entrepreneuriale exerce une influence positive sur l'intention entrepreneuriale.

Le contrôle entrepreneurial perçu peut modifier les croyances des individus quant à la disponibilité des ressources nécessaires pour entreprendre, et ce, en fournissant des connaissances sur l'accès aux ressources et en capitalisant sur les expériences entrepreneuriales passées (van Gelderen *et al.*, 2008).

Hypothèse 5. Le contrôle entrepreneurial perçu exerce une influence positive sur l'intention entrepreneuriale.

Des études ont identifié un certain nombre d'attitudes adoptées par les individus qui permettent de développer l'intention entrepreneuriale telles que l'autonomie, l'autorité, le défi, le changement et la satisfaction personnelle (Davidsson, 1995 ; Schwarz *et al.*, 2009). Sur la base de ces résultats, les individus sont susceptibles de considérer l'entrepreneuriat comme un choix de carrière.

Hypothèse 6. Les attitudes favorables à l'entrepreneuriat exercent une influence positive sur l'intention entrepreneuriale.

L'environnement social reste favorable à l'action entrepreneuriale. Des études ont prouvé que les tuteurs, la famille, les amis et le support social jouent un rôle déterminant dans le développement de l'intention d'entreprendre (Yang, Danes, 2015 ; Bernard, Barbosa, 2016).

Hypothèse 7. Les normes subjectives de la reconnaissance entrepreneuriale exercent une influence positive sur l'intention entrepreneuriale.

Notre modèle de recherche est issu des relations entretenues entre les différentes hypothèses citées ci-dessus.

Figure 1. Le modèle de recherche

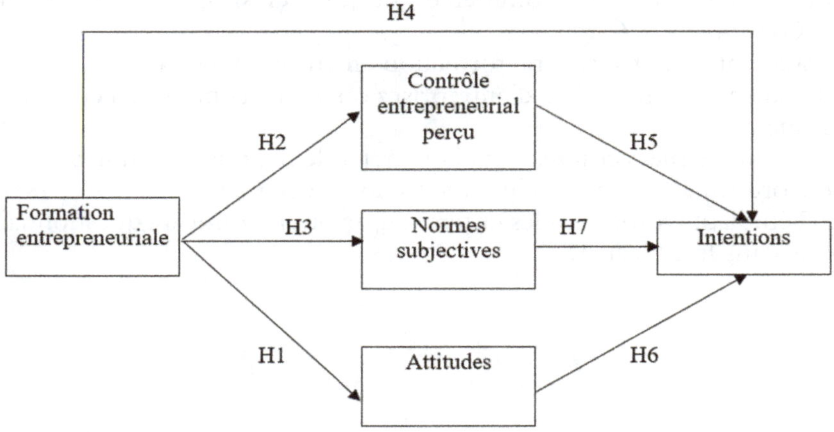

2. MÉTHODOLOGIE DE LA RECHERCHE

Cette étude a été menée à l'ENCG/Université Cadi Ayyad de Marrakech. Nous avons opté pour une étude hypothético-déductive en privilégiant l'analyse quantitative des données. La méthode hypothético-déductive consiste à déterminer une relation causale, à démonter par la suite, en utilisant le matériau conceptuel et empirique nécessaires. Le choix de l'analyse quantitative reste judicieux dans la mesure où nous disposons d'un cadre théorique de la TPB déjà reconnu dans la littérature. Ainsi, en suivant la méthode hypothético-déductive, nous avons élaboré un modèle en se référant à la littérature que nous allons soumettre à un test empirique.

Un questionnaire en ligne de type Likert à 7 niveaux (de pas du tout d'accord à tout à fait d'accord) a été élaboré via Google Forms et envoyé au début du mois d'avril 2020 aux étudiants sur leur boîte mail, l'objectif étant de tester la TPB dans le domaine de la formation entrepreneuriale (Liñán, Chen, 2009). Nous avons obtenu 100 % de retour. Le questionnaire comporte deux sections, les informations démographiques des répondants (âge, sexe) et les éléments ciblant l'objet de l'étude. Au total, 20 items ont été inclus dans la deuxième section (Tableaux 2, 3, 4 et 5).

2.1. L'échantillon

Nous avons choisi un échantillon de convenance pour des raisons d'accessibilité et de coût. Nous avons élaboré les critères ci-après afin d'améliorer la représentativité de l'échantillon et éviter les biais :

- Etudiants qui poursuivent leurs études en S10 commerce et gestion à l'Ecole Nationale de Commerce et de Gestion de Marrakech (ENCG)/université Cadi Ayyad.
- Etudiants ayant suivi une formation en entrepreneuriat.
- Etudiants qui n'ont pas d'entreprises ou qui ne sont pas en cours d'en créer une.

Les deux derniers critères s'expliquent par le fait que les étudiants n'ont pas encore atteint la phase d'intention entrepreneuriale.

202 étudiants respectant les critères supra ont répondu au questionnaire répartis dans le tableau 1.

Tableau 1. Répartition des étudiants par âge et genre

Genre des répondants	Moyenne	N	% de somme totale
Femme	23,5056	89	44,5 %
Homme	23,1150	113	55,5 %
Total	23,2871	202	100,0 %

2.2. Les mesures des variables

L'échelle d'attitude à l'égard de l'entrepreneuriat a été construite sur la base des 20 variables proposées par Liñán et Chen (2009) largement discutées en littérature. Ces variables ont été évaluées sur une échelle à 7 points (de 1 à 7). Les échelles ont été testées dans le but de s'assurer de leur validité et fiabilité.

L'intention entrepreneuriale est mesurée par les six items proposés par Liñán et Chen (2009) (tableau 2). Les réponses sont notées selon une échelle de Likert de 7 (pas du tout d'accord) à 1 (tout à fait d'accord).

Tableau 2. Les items de l'intention entrepreneuriale

Q1	Je suis prêt à tout pour être un entrepreneur
Q2	Mon objectif professionnel est de devenir un entrepreneur
Q3	Je mettrai tout en œuvre pour créer une entreprise
Q4	Je suis déterminé à créer une entreprise dans l'avenir
Q5	Je pense sérieusement à créer une entreprise
Q6	J'ai l'intention de créer une entreprise un jour

Les attitudes favorables à l'entrepreneuriat sont des variables qui expliquent comment l'individu évalue certains comportements en termes de conséquences (Azjen, 1991). Elles sont mesurées par les cinq items proposés par Liñán et Chen (2009) (tableau 3). Les réponses sont notées selon une échelle de Likert de 7 à 1.

Tableau 3. Les items des attitudes

Q1	Être entrepreneur me donne plus d'avantages que d'inconvénients
Q2	Une carrière d'entrepreneur est attrayante pour moi
Q3	Si j'ai l'opportunité et les ressources, j'aimerais démarrer une entreprise
Q4	Être un entrepreneur me donnerait une grande satisfaction
Q5	Parmi les différentes options, je préfère être entrepreneur

Le contrôle entrepreneurial perçu est une variable évaluée par le moyen qui permet aux étudiants de juger la possibilité la réussite d'une affaire et par le moyen qui leur permet d'influencer le résultat. Les six items utilisés sont ceux proposés par Liñán et Chen (2009) (tableau 4). Les réponses sont notées selon une échelle de Likert de 7 (pas du tout d'accord) à 1 (tout à fait d'accord).

Tableau 4. Les items du contrôle entrepreneurial perçu

Q1	Créer une affaire et la faire fonctionner serait facile pour moi
Q2	Je suis prêt à démarrer une entreprise viable
Q3	Je suis capable de contrôler le processus de création d'une nouvelle entreprise
Q4	Je connais les détails des pratiques nécessaires pour démarrer une entreprise
Q5	Je sais comment développer un projet d'entrepreneur
Q6	Si j'essaie de créer une entreprise, j'aurais une forte probabilité de réussir

Les normes subjectives de la reconnaissance entrepreneuriale sont des variables qui mesurent la perception des étudiants de ce que leurs familles, amis et collègues penseraient s'ils deviennent des entrepreneurs. Elles sont mesurées par les trois items proposés par Liñán et Chen (2009) (tableau 5). Les réponses sont notées selon une échelle de Likert de 7 (pas du tout d'accord) à 1 (tout à fait d'accord).

Tableau 5. Les items des normes subjectives de la reconnaissance entrepreneuriale

Q1	Ma famille approuverait ma décision de créer une entreprise
Q2	Mes amis approuveraient ma décision de créer une entreprise
Q3	Mes collègues approuveraient ma décision de créer une entreprise

Le modèle incorpore trois *variables de contrôle* qui sont le sexe, l'âge et l'existence d'un parent entrepreneur. Les études antérieures ont indiqué que les hommes sont plus susceptibles de développer l'action entrepreneuriale que les femmes (Langowitz, Minniti, 2007 ; Shinnar *et al.*, 2012). L'âge exerce une influence sur les attitudes de l'individu et plus l'âge est avancé plus les attitudes tendent vers l'objectivité (Morris, Venkatesh, 2000). Un parent entrepreneur peut servir de modèle à ses enfants étudiants et exercer par conséquent une influence positive sur l'intention et le comportement entrepreneurials (Bosma *et al.*, 2012 ; Chlosta *et al.*, 2012). Le sexe est mesuré selon un système binaire (femme 0, homme 1), de même que l'existence d'un parent entrepreneur (non 0, oui 1). Ces deux variables ont été transformées en variables muettes conformément aux recommandations de Hardy (1993). Quant à l'âge, il a été mesuré selon une échelle métrique.

Les statistiques descriptives ont été utilisées pour calculer la moyenne d'âge des étudiants. Pour déterminer la cohérence interne de notre modèle de recherche, nous avons vérifié la pertinence de l'Analyse en Composante Principale (ACP) en calculant le test de sphéricité de Bartlett et le test de Kaiser-Meyer-Olkin (KMO). Après une rotation Varimax, nous avons purifier toutes les échelles. Par la suite, nous avons vérifié la fiabilité des facteurs issus de l'analyse factorielle en calculant l'alpha de Cronbach. Des analyses de corrélation et de régressions multiples sont utilisées pour tester les hypothèses et pour vérifier la force de corrélation entre les variables de notre modèle.

3.RESULTATS

Les données recueillies ont été traitées par le logiciel statistique SPSS. Dans un premier temps nous avons élaboré une analyse en composante principale (ACP) afin de mesurer l'adéquation de l'échantillon (tableau 6). Ensuite, nous avons testé la fiabilité de chaque dimension à l'aide de l'Alpha de Cronbach (tableaux 7 et 8). Nous avons retenu toutes les variables parce que leur signification sont toutes supérieures à 0,7, et ce, dans le but d'obtenir des données valides sous l'angle empirique. Afin de déterminer la dépendance entre les variables, nous avons utilisé le teste de corrélation de Pearson (tableau 9). Pour tester nos hypothèses élaborées auparavant, nous avons eu recours à l'analyse de la covariance (tableau 10).

3.1. Mesure de l'adéquation de l'échantillon

La mesure est faite par l'indice KMO (tableau 6). Dans notre cas, le KMO est égal à 0,948 (KMO > 0,9), il peut être qualifié d'excellent (SPSS Professional statistics). Il nous indique que les corrélations entre les items sont de très bonne qualité et très significatives. De plus, le résultat du test de sphéricité de bartlett est significatif (p < 0,0005). Nous pouvons ainsi poursuivre notre analyse.

Tableau 6. Indice KMO et test de Bartlett

Indice de Kaiser-Meyer-Olkin pour la mesure de la qualité d'échantillonnage.		,948
Test de sphéricité de Bartlett	Khi-deux approx.	7412,984
	ddl	190
	Signification	,000

3.2. Test de fiabilité

La fiabilité des variables (ou cohérence interne) a été testée par l'indice de l'alpha de Cronbach total qui est de l'ordre de 0,976 (tableau 7). Nous avons testé la cohérence interne de l'attitude favorable à l'entrepreneuriat, les normes subjectives de la reconnaissance entrepreneuriale, le contrôle entrepreneurial perçu et l'intention d'entreprendre. Les scores de l'alpha de Cronbach sont respectivement : 0,983 ; 0,967 ; 0,965 et 0,886 (Tableau 8). Ainsi, plus la valeur de l'alpha de Cronbach s'approche de 1 plus l'ensemble d'éléments est homogène. Le modèle présente des valeurs supérieures à la valeur minimale recommandée, soit 0,7 (Chin, 2010), confirmant sa fiabilité.

Tableau 7. Indice total de l'Alpha de Cronbach

Alpha de Cronbach	Alpha de Cronbach basé sur des éléments standardisés	Nombre d'éléments
,976	,984	20

Tableau 8. Les scores de l'Alpha de Cronbach

	Alpha de Cronbach	Alpha de Cronbach basé sur des éléments standardisés	Nombre d'éléments
Intention entrepreneuriale	,983	,984	6
Attitudes favorables à l'entrepreneuriat	,967	,974	5
Contrôle entrepreneurial perçu	,965	,967	6
Normes subjectives de la reconnaissance Entrepreneuriale	,886	,886	3

3.3. Analyse des corrélations

L'analyse des corrélations entre les variables est représentée dans le tableau 9. Les résultats révèlent qu'il existe des corrélations positives et négatives entre les variables indépendantes et de contrôle d'un côté et l'intention d'entreprendre de l'autre côté. En effet, l'intention entrepreneuriale a une corrélation positive forte avec la formation en entrepreneuriat (r = 0,678), positive et forte avec le contrôle entrepreneurial perçu (r = 0,746), positive et très forte avec les attitudes favorables à l'entrepreneuriat (r = 0,831) et positive et moyenne avec les normes subjectives à la reconnaissance entrepreneuriale (r = 0,317). Cela veut dire que plus ces variables sont importantes plus l'intention d'entreprendre est important. Toutes les corrélations entre l'intention entrepreneuriale et les variables de contrôle sont négatives. (r = -0,229) pour le genre, (r = -0,325) pour l'âge et (r = - 0,50) pour l'existence d'un parent entrepreneur. De même, la corrélation entre l'âge et les attitudes favorables à l'entrepreneuriat est négative (r = -0,302). Ces résultats contredisent les constats théoriques développés. Ainsi, selon nos résultats, l'intention entrepreneuriale n'est pas forcément influencée par le genre masculin ni par l'existence d'un parent entrepreneur. De même, l'âge n'exerce pas d'influence sur les attitudes des individus.

Tableau 9. Les corrélations des variables

		1	2	3	4	5	6	7	8
Intention entrepreneuriale	Corrélation de Pearson	1	,678**	,746**	,831**	,317**	-,229**	-,325**	-,050
	Sig. (bilatérale)		,000	,000	,000	,000	,001	,000	,479
	N	202	202	202	202	202	202	202	202
Formation en entrepreneuriat	Corrélation de Pearson	,678**	1	,629**	,661**	,322**	-,137	-,182**	,009
	Sig. (bilatérale)	,000		,000	,000	,000	,052	,010	,898
	N	202	202	202	202	202	202	202	202
Contrôle entrepreneurial perçu	Corrélation de Pearson	,746**	,629**	1	,804**	,427**	-,049	-,463**	-,029
	Sig. (bilatérale)	,000	,000		,000	,000	,486	,000	,681
	N	202	202	202	202	202	202	202	202
Attitudes favorables à l'entrepreneuriat	Corrélation de Pearson	,831**	,661**	,804**	1	,336**	-,198**	-,302**	-,036
	Sig. (bilatérale)	,000	,000	,000		,000	,005	,000	,609
	N	202	202	202	202	202	202	202	202
Normes subjectives à la reconnaissance entrepreneuriale	Corrélation de Pearson	,317**	,322**	,427**	,336**	1	-,046	-,254**	,011
	Sig. (bilatérale)	,000	,000	,000	,000		,520	,000	,877
	N	202	202	202	202	202	202	202	202
Genre des répondants	Corrélation de Pearson	-,229**	-,137	-,049	-,198**	-,046	1	-,218**	,068
	Sig. (bilatérale)	,001	,052	,486	,005	,520		,002	,339
	N	202	202	202	202	202	202	202	202
Age des répondants	Corrélation de Pearson	-,325**	-,182**	-,463**	-,302**	-,254**	-,218**	1	-,003
	Sig. (bilatérale)	,000	,010	,000	,000	,000	,002		,963
	N	202	202	202	202	202	202	202	202
Parent entrepreneur	Corrélation de Pearson	-,050	,009	-,029	-,036	,011	,068	-,003	1
	Sig. (bilatérale)	,479	,898	,681	,609	,877	,339	,963	
	N	202	202	202	202	202	202	202	202
**. La corrélation est significative au niveau 0,01 (bilatéral).									

3.4. Analyse de l'ANOVA

Nous avons testé les hypothèses de 1 à 7 à travers l'analyse de la covariance (ANOVA) des différents scores obtenus (Souitaris, 2007) (tableau 10). L'ensemble des hypothèses a été vérifié et retenu.

L'hypothèse n° 1 qui stipule que la formation en entrepreneuriat exerce une influence positive sur les attitudes favorables à l'entrepreneuriat a été testée positive (F = 33,221 et p < ,01).

Prendre part à un cours d'entrepreneuriat ou suivre une formation entrepreneuriale exerce un effet positif sur le contrôle entrepreneurial perçu. Cette hypothèse n° 2 a été validée par le test (F = 39,381 et p < ,01).

L'Hypothèse n° 3 selon laquelle la formation en entrepreneuriat exerce une influence positive sur les normes subjectives à la reconnaissance entrepreneuriale a été validée (F = 19,887 et p < ,01).

L'hypothèse 4 stipule que la formation en entrepreneuriat influence positivement l'intention entrepreneuriale. Le résultat mentionné dans le tableau indique qu'il existe une relation significative entre ces deux variables, l'apprentissage de l'entrepreneuriat augmente l'attitude des étudiants de devenir entrepreneurs (F = 38,882 et p < ,01).

Le contrôle entrepreneurial perçu exerce une influence positive sur l'intention entrepreneuriale. Cette hypothèse n° 5 a été validée (F = 73,368 et p < ,01).

L'hypothèse n° 6 qui stipule que les attitudes favorables à l'entrepreneuriat exercent une influence positive sur l'intention entrepreneuriale a été validée (F = 82,869 et p < ,01).

L'hypothèse n° 7 selon laquelle les normes subjectives de la reconnaissance entrepreneuriale exercent une influence positive sur l'intention entrepreneuriale a été également testée positive (F = 10,556 et p < ,01).

Tableau 10. Anova

Formation entrepreneuriale → Attitudes favorables à l'entrepreneuriat	N	F	Sig.
Inter-groupes	5	33,221	,000
Intragroupes	196		
Total	201		
Formation entrepreneuriale → Contrôle entrepreneurial perçu			.
Inter-groupes	4	39,381	,000
Intragroupes	197		
Total	201		
Formation entrepreneuriale → Les normes subjectives de la reconnaissance entrepreneuriale			
Inter-groupes	5	19,887	,000
Intragroupes	196		
Total	201		
Formation entrepreneuriale → Intention entrepreneuriale			
Inter-groupes	5	38,882	,000
Intragroupes	196		
Total	201		
Contrôle entrepreneurial perçu → Intention entrepreneuriale			.
Inter-groupes	5	73,368	,000
Intragroupes	196		
Total	201		
Attitudes favorables à l'entrepreneuriat → Intention entrepreneuriale			
Inter-groupes	4	82,869	,000
Intragroupes	197		
Total	201		
Normes subjectives à la reconnaissance entrepreneuriale → Intention entrepreneuriale			
Inter-groupes	5	10,556	,000
Intragroupes	196		
Total	201		

4. DISCUSSION

Notre objectif dans cette recherche est de tester l'efficacité de la formation des étudiants en entrepreneuriat sur l'intention de devenir entrepreneur par le biais de la Théorie du Comportement Planifié (TCP). Nos résultats peuvent être utiles aux instituts professionnels et aux universités pour développer les programmes de formation en entrepreneuriat au Maroc. Ils apportent de nouvelles idées qui pourraient être intégrées dans les méthodes d'enseignement et dans les actions à entreprendre pour renforcer l'intention des étudiants à créer leurs entreprises et promouvoir les compétences entrepreneuriales (Lima *et al.*, 2015).

Nous avons trouvé que la formation entrepreneuriale dispensée à l'ENCG de Marrakech/Maroc a un effet positif sur les attitudes favorables à l'entrepreneuriat, sur le contrôle entrepreneurial perçu, sur les normes subjectives à la reconnaissance entrepreneuriale et sur l'intention entrepreneuriale. De même, les attitudes, le contrôle perçu et les normes subjectives affectent l'intention entrepreneuriale des étudiants marocains.

Les résultats de cette recherche contribuent de plusieurs façons à la littérature qui existe jusqu'à présent sur le sujet. Les résultats trouvés montrent que la théorie de d'Azjen (1991) fournit un cadre de référence pour expliquer la relation entre la formation entrepreneuriale et l'intention d'entreprendre.

Notre étude a mis en évidence l'ensemble des mécanismes qui permettent à la formation entrepreneuriale dispensée à l'ENCG d'affecter l'intention d'entreprendre des étudiants marocains. Il est important d'identifier ces mécanismes afin de conceptualiser et de perfectionner les cours sur l'entrepreneuriat pour les futurs étudiants-entrepreneurs (Edelman *et al.,* 2006). Nous avons montré que la formation entrepreneuriale affecte les attitudes favorables à l'entrepreneuriat. Ainsi la formation doit être conçue de façon à permettre aux étudiants marocains d'en développer une évaluation positive. Dans ce sens, il est judicieux de relever les aspects positifs de la formation afin de réveiller chez les étudiants le désir de tenter l'action entrepreneuriale. Souitaris et *al.,* (2007) ont prouvé que les attitudes peuvent être améliorées par les émotions associées à l'entrepreneuriat.

Nous avons démontré que la formation en entrepreneuriat affecte directement l'intention d'entreprendre. Les résultats issus du cas marocain confirment la littérature précédente (Noel, 2002).

Nous avons trouvé que les attitudes favorables à l'entrepreneuriat affectent très positivement l'attention entrepreneuriale des étudiants marocains. Nous confirmons ainsi plusieurs études qui ont été effectuées auparavant (Douglas, Shepherd, 2002 ; Johns, Mattson, 2005 ; Claar *et al.*, 2012). Nous avons également trouvé une relation positive très significative entre le contrôle entrepreneurial perçu et l'intention d'entreprendre renforçant les anciennes études (Engle *et al.,* 2010 ; Aloulou, 2016).

De précédentes recherches ont trouvé une relation positive significative entre les normes subjectives à la reconnaissance entrepreneuriale et l'intention entrepreneuriale (Krithika, Venkatachalam, 2014). Notre recherche a certes confirmé l'existence d'une relation positive entre ces deux variables mais peu significative. Cela pourrait s'expliquer par une erreur d'échantillonnage lorsque les données sont généralisées, ou/et par la différence de l'influence des familles, des amis et des proches d'un pays à l'autre.

Ce travail n'est pas sans limites. Lorsque nous avons interprété les résultats de cette étude, nous nous sommes basés sur les données provenant des étudiants évoluant dans un contexte unique qu'est l'ENCG de Marrakech, la généralisation des résultats pourrait être affectée. Les modèles d'intention ont été testés et reproduits dans plusieurs pays développés (Liñán, Chen, 2009). Cependant, nous pouvons avancer avec certitude qu'il y a de grandes différences entre les intentions entrepreneuriales dans les pays émergents et ceux développés. La relation entre l'attitude des individus et leur intention d'entreprendre une affaire dans l'avenir n'est pas claire eu égard au nombre très limité des études examinant cette relation (Souitaris *et al.,* 2007 ; Kautonen *et al.,* 2013). Contrairement aux stipulations théoriques selon lesquelles, l'homme est plus susceptible d'entreprendre que la femme, l'existence d'un parent entrepreneur influence positivement la décision entrepreneuriale ainsi que, plus que l'âge est avancé, plus les individus-entrepreneurs deviennent objectifs, n'ont pas été vérifiés dans le cas marocain. Nos résultats indiquent que l'action entrepreneuriale n'est pas réservée au genre masculin plus que le féminin, elle n'est pas influencée par l'existence d'un parent entrepreneur et que l'âge des étudiants n'est pas d'une grande importance pour entreprendre. Ces résultats doivent être confirmés par d'autres études à effectuer sur les étudiants des pays du sud.

La sélection des étudiants de l'ENCG en semestre 10 commerce et gestion qui ont suivi des cours en entrepreneuriat pourrait éventuellement biaiser ls résultats en faveur de la formation entrepreneuriale.

Une autre limite concerne la conception de cette étude. Les étudiants choisis pourraient développer de comportements particuliers qui pourraient affecter nos résultats. Le fait qu'ils étaient au courant de participer à une étude sur la formation entrepreneuriale et l'intention d'entreprendre peut affecter leur intention de devenir un entrepreneur.

De plus, notre étude ne présente aucune suggestion quant à la formation entrepreneuriale la plus appropriée à suivre par les étudiants pour stimuler l'intention entrepreneuriale.

Cette étude pourrait être complétée ou approfondie dans l'avenir. Nous avons démontré la relation entre la formation en entrepreneuriat et l'intention d'entreprendre, mais qu'en est-il de la relation entre l'intention et le comportement entrepreneurial ? cette relation pourrait faire l'objet de futures recherches. Nous avons prouvé que la formation entrepreneuriale affecte les attitudes favorables à l'entrepreneuriat, le contrôle entrepreneurial perçu, les normes subjectives à la reconnaissance entrepreneuriale et l'intention entrepreneuriale qui affectent de leur côté l'intention entrepreneuriale. Les futures recherches doivent trouver d'autres variables modératrices, il est tout à fait probable qu'il existe d'autres facteurs qui déclenchent la décision d'entamer une action entrepreneuriale (Shapero, 1982).

Il serait opportun de s'intéresser à étudier le comportement des étudiants entre la fin de la formation entrepreneuriale et la création de l'entreprise. Il a été prouvé que la plupart des entrepreneurs démarrent leur entreprise à tout moment de leur vie. Des études représentatives indiquent que la plupart de nouvelles entreprises sont créées par des personnes âgés de 25 à 35 ans (Xavier *et al.,* 2012). De même, il serait intéressant de comparer les étudiants qui créent tôt leur entreprise à ceux qui commencent tardivement.

Dans la pratique, la formation entrepreneuriale devrait avoir un impact positif sur l'intention de création des entreprises. Apprendre à faire un business plan n'est pas assez, il faut monter aux étudiants que l'entrepreneuriat est prometteur de carrières par l'application de ses concepts sur le plan réel (Neck, Greene, 2011) et qu'il faut exploiter ses opportunités.

BIBLIOGRAPHIE

AJZEN, I. (1988), *Attitudes, personality, and behavior*, Chicago, The Dorsey Press.

AJZEN, I. (1991), The Theory of Planned Behavior, *Organizational Behavior and Human Decision Processes*, 50(2), 179-211

ALOULOU, W. (2016), Predicting entrepreneurial intentions of final year Saudi university business students by applying the theory of planned behavior, *Journal of Small Business and Enterprise Development*, 23(4) 1142-1164.

AL-SHAMMARI, M., WALEED, R. (2018), Entrepreneurial intentions of private university students in the kingdom of Bahrain, *International Journal of Innovation Science*, 10(1), 43-57.

ARMITAGE, C.J., CONNER, M. (2001), Efficacy of the Theory of Planned Behaviour: A Meta-Analytic Review, *British Journal of Social Psychology*, 40(4), 471-499.

AUDET, J. (2004), A longitudinal study of the entrepreneurial intentions of university students, *Academy of Entrepreneurship Journal*, 10(1-2), 3-16.

BAE, T.J., QIAN, S., MIAO, C., FIET, J.O. (2014), The relationship between entrepreneurship education and entrepreneurial intentions: A meta-analytic review, *Entrepreneurship Theory and Practice*, 38(2), 217-254.

BERNARD, M.J., BARBOSA, S.D. (2016), Resilience and entrepreneurship: A dynamic and biographical approach to the entrepreneurial act, *Management*, 19(2), 89-123.

BIZON, W. (2016), Stimulating entrepreneurship by introducing behavioural incentives. Propensity to use financial instruments in the context of decision makers' personal characteristics and their financial

knowledge in Polish SMEs, *Journal of Administrative and Business Studies*, 2(6), 270-279.
BOSMA, N., HESSELS, J., SCHUTJENS, V., PRAAG, C.M., VERHEUL, I. (2012), Entrepreneurship and role models, *Journal of Economic Psychology*, 33(2), 410-424.
BYRNE, O., SHEPHERD, D. A. (2015), Different Strokes for Different Folks: Entrepreneurial Narratives of Emotion, Cognition, and Making Sense of Business Failure, *Entrepreneurship Theory and Practice*, 39(2), 375-405.
CARDON, M.S., PATEL, P.C. (2015), Is stress worth it? Stress-related health and wealth trade-offs for entrepreneurs, *Applied Psychology: An International Review*, 64(2), 379-420.
CHIN, W. W. (2010), How to write up and report PLS analyses, in Vinzi, V.V., Chin W.W., Henseler, J., Wang, H. (Eds.), *Handbook of partial least squares. Concepts, methods and application*, Berlin, Springer, 655-690.
CHLOSTA, S., PATZELT, H., KLEIN, S.B., DORMANN, C. (2012), Parental role models and the decision to become self-employed: The moderating effect of personality, *Small Business Economics*, 28(1), 121-138.
CLAAR, V.V., FREY, R., SZARUCKI, M., TENHAKEN, V.R. (2012), Hope for the East: Entrepreneurial Attitudes of MBA Students in Two Transition Economies Relative to Those in the USA, *International Journal of Business Excellence*, 5(3), 220-237.
COTTE, J., WOOD, S.L. (2004), Families and innovative consumer behavior: A triadic analysis of sibling and parental influence, *Journal of consumer research*, 31(1), 78-86.
DAVIDSSON, P. (1995), Determinants of Entrepreneurial Intentions, *Paper prepared for the RENT IX Workshop*, Piacenza, Italy, 11. 23-24.
DOUGLAS, E.J., SHEPHERD, D.A. (2002), Self-Employment as a Career Choice: Attitudes, Entrepreneurial Intentions, and Utility Maximization, *Entrepreneurial Theory and Practice*, 26(3), 81-90.
EMIN, S. (2004), Les facteurs déterminant la création d'entreprise par les chercheurs publics : application des modèles d'intention, *Revue de l'Entrepreneuriat*, 3(1), 1-20.
ENGLE, R.L., DIMITRIADI, N., GAVIDIA, J.E., SCHLAEGEL, C., DELANOE, S., ALVARADO, I., HE, X., BUAME, S., WOLFF, B. (2010), Entrepreneurial intent: a twelve-country evaluation of Ajzen's model of planned behaviour, *International Journal of Entrepreneurial Behaviour and Research*, 16(1), 35-57.
FAYOLLE, A. (2006), Assessing the impact of entrepreneurship education programmes: A new methodology, *Journal of European Industrial Training*, 30(9), 701-710.
FAYOLLE, A., GAILLY, B. (2008), From craft to science: Teaching models and learning processes in entrepreneurship education, *Journal of European Industrial Training*, 32(7), 569-593.

FAYOLLE, A., GAILLY, B. (2015), The impact of entrepreneurship education on entrepreneurial attitudes and intention: Hysteresis and persistence, *Journal of Small Busines Management*, 53(1), 75-93.
FERREIRA, J.J., RAPOSO, M.L., RODRIGUES, R.G., DINIS, A., DO PAÇO, A. (2012), A model of entrepreneurial intention: An application of the psychological and behavioral approaches, *Journal of Small Business and Enterprise Development*, 19(3), 424-440.
FINI, R., GRIMALDI, R., MARZOCCHI, G.L., SOBRERO, M. (2012), The determinants of corporate entrepreneurial intention within small and newly established firm, *Entrepreneurship Theory and Practice*, 36(2), 387-414.
FOSS, N., KLEIN, P. (2018), Entrepreneurial opportunities: Who needs them?, *Academy of Management Perspectives*, forthcoming, 34(3), 1-27.
FRETSCHNER, M., WEBER, S. (2013), Measuring and understanding the effects of entrepreneurial awareness education, *Journal of Small Business Management*, 51(3), 410-428.
GALVÃO, A., MARQUES, C.S., MARQUES, C.P. (2018), Antecedents of entrepreneurial intentions among students in vocational training programme, *Education + Training*, 60(7), 719-734.
HARDY, M.A. (1993), *Regression with dummy variables*, Los Angeles, Sage University Paper series.
HARKEMA, S.J. M., SCHOUT, H. (2010), Incorporating student-centred learning in innovation and entrepreneurship education, *European Journal of Education*, 43(4), 513-526.
IZEDONMI, P.F., OKAFOR, C. (2010), The Effect of Entrepreneurship Education on Students Entrepreneurial Intentions, *Global Journal of Management and Business Research*, 10(6), 49-60.
JIE, S., HARMS, R. (2017), Cross-Cultural Competences and International Entrepreneurial Intention: A Study on Entrepreneurship Education, *Education Research International*, 1-12.
JOHNS, N., MATTSON, J. (2005), Destination Development through Entrepreneurship: A Comparison of Two Cases, *Tourism Management*, 26(4), 605-616.
KARIMI, S., BIEMANS, J. A., LANS, T., CHIZARI, M., MULDER, M. (2016), The impact of entrepreneurship education: A study of Iranian students' entrepreneurial intentions and opportunity identification, *Journal of Small Business Management*, 54(1), 187-209.
KATZ, J.A. (2003), The chronology and intellectual trajectory of American entrepreneurship education 1876-1999, *Journal of Business Venturing*, 18(2), 283-300.
KAUTONEN, T., VAN GELDEREN, M., TORNIKOSKI, E.T. (2013), Predicting entrepreneurial behaviour: A test of the theory of planned behaviour, *Applied Economics*, 45(6), 697-707.
KAUTONEN, T., GELDEREN, M., FINK, M. (2015), Robustness of the theory of planned behavior in predicting entrepreneurial intentions and actions, *Entrepreneurship Theory and Practice*, 39(3), 655-674.

KICKUL, J., WILSON, F., MARLINO, D., BARBOSA, S.D. (2008), Are misalignments of perceptions and self-efficacy causing gender gaps in entrepreneurial intentions among our nation's teens? *Journal of Small Business and Enterprise Development*, 15(2), 321-335.
KNIGHT, F.H. (1921), *Risk, Uncertainty and profit*, New York, Houghton Mifflin.
KOLVEREID, L. (1996), Prediction of employment status choice intentions, *Entrepreneurship Theory and Practice*, 20(3), 47-56.
KOLVEREID, L., ISAKSEN, E. (2006), New business start-up and subsequent entry into self-employment, *Journal of Business Venturing*, 21(6), 866-885.
KRAFT, P., RISE, J., SUTTON, S., RØYSAMB, E. (2005), Perceived difficulty in the theory of planned behaviour: Perceived behavioural control or affective attitude? *British Journal of Social Psychology*, 44(3), 479-496
KRITHIKA, J., VENKATACHALAM, B. (2014), A study on impact of subjective norms on entrepreneurial intentions among the business students in Bangalore, *Journal of Business and Management*, 16(5), 48-50.
KRUEGER, N.F., REILLY, M.D., CARSRUD, A.L. (2000), Competing models of entrepreneurial intentions, *Journal of Business Venturing*, 15(5-6), 411-432.
KUEHN, K.W. (2008), Entrepreneurial intentions research: Implications for entrepreneurship Education, *Journal of Entrepreneurship Education*, 11(6), 87-98.
KÜTTIM, M., KALLASTE, M., VENESAAR, U., KIIS, A. (2014), Entrepreneurship education at university level and students' entrepreneurial intentions, *Procedia-Social and Behavioral Sciences*, 110, 658-668.
LANGOWITZ, N., MINNITI, M., (2007), The entrepreneurial propensity of women, *Entrepreneurship Theory and Practice*, 31(3), 341-364.
LEE, L., WONG, P.K., FOO, M.D., LEUNG, A. (2011), Entrepreneurial intentions: The influence of organizational and individual factors, *Journal of Business Venturing*, 26(1), 24-136.
LIMA, E., LOPES, R.M., NASSIF, V., DA SILVA, D. (2015), Opportunities to improve entrepreneurship education: Contributions considering Brazilian challenges, *Journal of Small Business Management*, 5(4), 1033-1051.
LIÑÁN, F., CHEN, Y.W. (2009), Development and Cross-Cultural application of a specific instrument to measure entrepreneurial intentions, *Entrepreneurship Theory and Practice*, 33(3), 593-617.
LIÑAN, F., URBANO, D., GUERRERO, M. (2011), Regional variations in entrepreneurial cognitions: start-up intentions of university students in Spain, *Entrepreneurship and Regional Development*, 23(3-4), 187-215.

LIÑÁN, F., FAYOLLE, A. (2015), A systematic literature review on entrepreneurial intentions: citation, thematic analyses, and research agenda, *International Entrepreneurship and Management Journal*, 11(4), 907-933.
LOI 01/00, régissant l'enseignement supérieur au Maroc.
LOI, M., CASTRIOTTA, M., DI GUARDO, M. C. (2016), The theoretical foundations of entrepreneurship education: How co-citations are shaping the field, *International Small Business Journal*, 34(7), 948-971.
LORTIE, J., CASTOGIOVANNI, G. (2015), The theory of planned behavior in entrepreneurship research: What we know and future directions, *The International Entrepreneurship and Management Journal*, 11(4), 935-957.
MARKMAN, G.D., BARON, R.A., BALKIN D.B. (2005), Are perseverance and self-efficacy costless? Assessing entrepreneurs' regretful thinking, *Journal of Organizational Behavior*, 26(1), 1-19.
MARTIN, B.C., MCNALLY, J.J., KAY, M.J. (2013), Examining the formation of human capital in entrepreneurship: A meta-analysis of entrepreneurship education outcomes, *Journal of Business Venturing*, 28(2), 211-224.
MCKELVIE, A., HAYNIE, J. M., GUSTAVSSON, V. (2011), Unpacking the uncertainty construct: Implications for entrepreneurial action, *Journal of Business Venturing*, 26(3), 273-292.
MOLLA, G.A., TEMESGEN, A.K., MISGANU, G.W. (2018), A Study on Students' Entrepreneurial Intention: The Case of Wollega University, Ethiopia, *Journal of Exclusive Management Science*, 7(4), 1-9.
MORIANO, J.A., GORGIEVSKI, M., LAGUNA, M., STEPHAN, U., ZARAFSHANI, K. (2012), A cross-cultural approach to understanding entrepreneurial intention, *Journal of Career Development*, 39(2), 62-185.
MORRIS, M.G., VENKATESH, V. (2000), Age differences in technology adoption decisions: Implications for a changing work force, *Personnel Psychology*, 53(2), 375-403.
NABI, G., LIÑAN, F., FAYOLLE, A., KRUEGER, N., WALMSLEY, A. (2017), The impact of entrepreneurship education in higher education: A systematic review and research agenda, *Academy of Management Learning et Education*, 16(2), 277-299.
NECK, H.M., GREENE, P.G. (2011), Entrepreneurship education: Known worlds and new frontiers, *Journal of Small Business Management*, 49(1), 55-70.
NIESING, C.M., VAN DER MERWE, S., POTGIETER, D.M. (2016), The impact of income-generating projects on stimulating the development of entrepreneurial activities in communities: The holding hands case, *International Journal of Business and Economic Affairs*, 1(1), 36-46.
NOEL, T.W. (2002), Effects of entrepreneurial education on intent to open a business: An exploratory study, *Journal of Entrepreneurship Education*, 5(1), 3-11.

OBSCHONKA, M., SILBEREISEN, R.K., SCHMITT-RODERMUND, E. (2010), Entrepreneurial intention as developmental outcome, *Journal of Vocational Behavior,* 77(1), 63-72.
OKOYE, K.R.E., NWAGU, E.C. (2020), Entrepreneurial Intentions of Business Education Undergraduates in Universities in Anambra State, Nigeria, *The international Journal of Business and Management*, 8(3), 147-153.
POLAS, R.H., IMTIAZ, M., MAHBUB, A., KHAN, A.M. (2019), Antecedent and Consequences of Risk Perception on Tourist Decision Making towards the Sustainable Medical Tourism Development in Bangladesh, *Journal of Tourism Management Research*, 6(1), 93-108.
RAUCH, A., HULSINK, W. (2015), Putting entrepreneurship education where the intention to act lies: An investigation into the impact of entrepreneurship education on entrepreneurial behaviour, *Academy of Management Learning et Education*, 1(2), 187-204.
RUDHUMBU, N., SVOTWA, D., MUNYANYIWA, T., MUTSAU, M. (2016), Attitudes of Students towards Entrepreneurship Education at Two Selected Higher Education Institutions in Botswana: A Critical Analysis and Reflection, *Academic Journal of Interdisciplinary Studies*, 5(2), 83-94.
SAVOIA, A. (2019), *The right It: Why So Many Ideas Fail and How To Make Sure Yours Succeed*, San Francisco, HarperOne.
SCHLAEGEL, C., KOENIG, M. (2014), Determinants of entrepreneurial intent: A meta-analytic test and integration of competing models, *Entrepreneurship Theory and Practice*, 38(2), 291-332.
SCHWARZ, E.J., WDOWIAK, M.A., ALMER-JARZ, D.A., BREITENECKER, R. J. (2009), The effects of attitudes and perceived environment conditions on students' entrepreneurial intent Education et Training, *An Austrian perspective*, 51(4), 272-291
SERVOSS, J., CHANG, C., OLSON, D., WARD, K.R., MULHOLLAND, M.W., COHEN, M.S. (2018), The surgery innovation and entrepreneurship development program (SIEDP): An experiential learning program for surgery faculty to ideate and implement innovations in health care, *Journal of Surgical Education*, 75(4), 935-941.
SHAH, N., SOOMRO, B. (2017), Investigating entrepreneurial intention among public sector university students of Pakistan, *Education and Training*, 59(7-8), 841-855.
SHAPERO, A. (1982), Social dimensions of entrepreneurship, in Kent, C., Sexton, D., Vesper, K. (Eds.), *The encyclopedia of entrepreneurship*, Prentice-Hall, New Jersey, 72-90.
SHINNAR, R.S., GIACOMIN, O., JANSSEN, F. (2012), Entrepreneurial perceptions and intentions: The role of gender and culture, *Entrepreneurship Theory and Practice*, 36(3), 465-493.
SOUITARIS, V., ZERBINATI, S., AL-LAHAM, A. (2007), Do entrepreneurship programmes raise entrepreneurial intention of science and engineering students? The effect of learning, inspiration and resources, *Journal of Business Venturing*, 22(4), 566-591.

SOLOMON, G. (2007), An examination of entrepreneurship education in the United-State, *Journal of Small Business and Enterprise Development*, 14(2), 168-182.
SPSS professional statistics.
TALAS, E., ÇELIK, A.K., ORAL, O.I. (2013), The influence of demographic factors on entrepreneurial intention among undergraduate students as a career choice: The case of Turkey University, *American International Journal of Contemporary Research*, 4(12), 22-31.
THOMPSON, E.R. (2009), Individual entrepreneurial intent: Construct clarification and development of an internationally reliable metric, *Entrepreneurship Theory and Practice*, 33(3), 669-694.
TKACHEV, A., KOLVEREID, L. (1999), Self-employment intentions among Russian students, *Entrepreneurship and Regional Development*, 11(3), 269-280.
VAN GELDEREN, M., BRAND, M., VAN PRAAG, M., BODEWES, W., POUTSMA, E., VAN GILS, A. (2008), Explaining entrepreneurial intentions by means of the theory of planned behaviour, *Career Development International*, 13(6), 538-559.
WALTER, S.G., DOHSE, D. (2012), Why mode and regional context matter for entrepreneurship education, *Entrepreneurship and Regional Development*, 24(9-10), 807-835.
WIKLUND, J., BAKER, T., SHEPHERD, D.A. (2010), The age-effect of financial indicators as buffers against the liability of newness, *Journal of Business Venturing*, 25(4), 423-437.
XAVIER, KELLEY, KEW, HERRINGTON, VORDERWULBECKE, (2012), Global Entrepreneurship Monitor 2012 Global Report.
YANG, Y., DANES, S.M. (2015), Resiliency and resilience process of entrepreneurs in new venture creation, *Entrepreneurship Research Journal*, 5(1), 1-30.
YAP, S.F., OTHMAN, M.N., WEE, Y.G. (2013), The Fallacy of One-dimensional Theory of Planned Behavior Structure, *International Journal of Behavioral and Healthcare Research*, 4(1), 26-44.
YORDANOVA, D., TARRAZON, M.A. (2010), Gender differences in entrepreneurial intentions: Evidence from Bulgaria, *Journal of Developmental Entrepreneurship*, 15(3), 245-261.
ZAHRA, S., NEWEY, L., SHAVER J.M. (2011), Academic advisory boards' contributions to education and learning: Lessons from entrepreneurship centers, *Academy of Management Learning and Education*, 10(1), 113-129.

CE QUE LA FORMATION À L'ENTREPRENEURIAT N'EST PAS : UNE ESQUISSE DES CONTOURS DES FORMATIONS À L'ENTREPRENEURIAT À PARTIR DE LEUR SINGULARITÉ PERÇUE PAR DES ÉTUDIANTS TUNISIENS

Ilia TAKTAK-KALLEL
Ecole Supérieure de Commerce de Tunis
Université de La Manouba
Laboratoire THEMA
Ilia.Taktak@esct.uma.tn

RÉSUMÉ

Le but de cet article est de comprendre la mesure dans laquelle les étudiants perçoivent la singularité de l'enseignement de l'entrepreneuriat par rapport aux autres enseignements, cette singularité perçue étant à même de susciter la motivation à apprendre dans ce domaine. Pour ce faire, nous mobilisons les théories de la catégorisation. L'étude qualitative exploratoire, menée dans le contexte tunisien auprès de treize étudiants ayant suivi une ou plusieurs formations à l'entrepreneuriat, révèle notamment que l'enseignement de l'entrepreneuriat est essentiellement singularisé par la référence à son utilité dans la vie professionnelle et personnelle, que cette singularité perçue provient en grande partie de la singularité du domaine même de l'entrepreneuriat, et qu'elle induit des apprentissages surtout dans le registre des savoir-être et savoir-devenir. Nous en concluons que les représentations et perceptions de la singularité de l'enseignement de l'entrepreneuriat ont un rapport avec les registres d'apprentissage les plus travaillés dans le cadre de cet enseignement.

Mots-clés : formation à l'entrepreneuriat, spécificité formative perçue, théories de la catégorisation, représentations sociales des étudiants, registres d'apprentissage, Tunisie.

ABSTRACT
What Entrepreneurship Education is not: a Sketch of the Contours of Entrepreneurship Courses based on their Singularity as Perceived by Tunisian Students.

The aim of this paper is to understand the extent to which students perceive the uniqueness of entrepreneurship education compared to other education, this perceived singularity being supposed to arouse interest in learning in this field. To this end, we mobilize the theories of categorization. The exploratory qualitative study conducted in Tunisia with thirteen students who had completed one or more entrepreneurship training courses shows that the teaching of entrepreneurship is predominantly characterized by references to its utility in professional and personal life, that this perceived singularity derives mainly from the singularity of the area of entrepreneurship itself, and that it promotes learning, especially in the domain of know-how. We conclude that the representations of entrepreneurship education's singularity are linked to the learning registers that are most affected by this education.

Keywords:. entrepreneurship training, perceived formative specificity, categorization theories, students' social representations, learning registers, Tunisia.
JEL Codes : A220, A230, M130, Y800, Z130, Z190

INTRODUCTION

Si les questions, d'une part de l'importance de promouvoir l'entrepreneuriat en tant que voie privilégiée de résorption du chômage et de développement économique (Fayolle, 2004) et modalité de sortie de crise (Coron, 2013), et d'autre part du caractère enseignable de l'entrepreneuriat (Drucker, 1985 ; Vesper, 1987 ; Gibb, 1996 ; Kuratko 2005 ; Aloulou, Fayolle, 2007…) semblent faire largement consensus, celle de l'effectivité de l'enseignement de l'entrepreneuriat[1], c'est-à-dire sa capacité à produire des effets réels sur les participants, en termes de changements perceptuels et attitudinaux en faveur de l'entrepreneuriat, d'acquisition de compétences entrepreneuriales, de formation d'intentions

[1] Nous préférons parler d'effectivité plutôt que d'efficacité, dans la mesure où les objectifs des programmes d'enseignement de l'entrepreneuriat ne sont pas toujours explicitement ou clairement énoncés.

d'entreprendre et de mise en œuvre de comportements entrepreneuriaux, reste pleinement posée. En effet, cette effectivité est variable d'un contexte (formatif, universitaire, institutionnel et culturel) à l'autre et ses paramètres sont nombreux, enchevêtrés et inscrits sur des temps plus ou moins longs. Aussi ce travail s'inscrit-il dans la grande avenue de l'évaluation des formations à l'entrepreneuriat en vue de dégager des leviers d'amélioration de leur effectivité.

Différents travaux ont souligné la nécessité de faire l'ingénierie d'approches, outils et contenus pédagogiques et de postures d'enseignement spécifiques et adaptés à la nature et à la singularité de l'enseignement de l'entrepreneuriat (Johannisson, 1991 ; Gibb, 1996 ; Solomon *et al.*, 2002…). Or, la généralisation des formations à l'entrepreneuriat a fait rentrer ces formations dans la logique et les contraintes de la massification (standardisation, dépersonnalisation des approches ; verrouillage/formalisation des contenus et des démarches évaluatives…), et dans le moule des rapports traditionnels au savoir. Parallèlement, la multiplication des cadres nationaux et internationaux d'échanges académiques et pédagogiques a permis une large diffusion des « bonnes pratiques » d'enseignement de l'entrepreneuriat. Mais paradoxalement, au lieu de stimuler la réflexivité et l'ingénierie d'approches et méthodes calibrées et contextualisées, ces cadres ont au contraire abouti à la réplication quasi-mécanique dans différents contextes et cadres formatifs des mêmes outils emblématiques d'enseignement de l'entrepreneuriat, ainsi que la mise en place de dispositifs similaires accompagnant ou suivant les formations à l'entrepreneuriat, tels que le Statut d'étudiant-entrepreneur, les Espaces Entreprendre, les incubateurs, les pépinières... Or le projet éducatif entrepreneurial perd tout de suite sa substance à partir du moment où il est dé-singularisé.

La singularisation de l'enseignement de l'entrepreneuriat ne signifie pas l'innovation pédagogique aléatoire, mais une innovation ancrée dans son contexte de mise en œuvre, c'est-à-dire mise en cohérence avec les attentes et besoins des apprenants, les styles d'enseignement et d'apprentissage dominants et le contexte universitaire et institutionnel (Béchard, Gregoire, 2009). C'est à cette condition que l'enseignement peut produire les effets escomptés comme le montrent ces auteurs en analysant finement quatre archétypes d'innovations pédagogiques à succès en entrepreneuriat. En second lieu, il faut que cette singularisation soit perçue par les apprenants pour susciter leur intérêt et leur motivation à apprendre des compétences entrepreneuriales. Or le travail sur le registre attitudinal, préalable nécessaire à l'apprentissage de compétences mobilisables dans l'action, comporte des informations dissonantes qui peuvent générer, chez les apprenants, un conflit cognitif qu'ils seraient souvent tentés de résoudre en évacuant ces éléments dissonants. L'enseignant doit donc œuvrer à faire percevoir ces éléments dissonants comme pertinents (Tardif, 1998) et diminuer les « routines défensives » et les résistances qui freinent les changements perceptuels et attitudinaux chez les apprenants (Legrand, 2012). Par conséquent, la singularisation de l'enseignement est à même de favoriser le passage de la seule assimilation (incorporation – après leur transformation – des nouvelles informations à la structure cognitive sans modification de celle-ci) à l'accommodation (changement de la structure cognitive pour intégrer les nouvelles informations dissonantes) (Piaget, 1969).

L'objectif de cet article est alors de cerner la singularité perçue de la formation à l'entrepreneuriat chez les étudiants. Plus précisément, nous cherchons à répondre à la question suivante : comment les étudiants catégorisent-ils les enseignements d'entrepreneuriat et dans quelle mesure les différencient-ils par rapport aux autres enseignements ? La réponse à cette question nous amènera notamment à comprendre ce qui est à l'œuvre lors de la réception des formations à l'entrepreneuriat, à clarifier les registres d'apprentissage les plus travaillés et/ou activés par ces formations et, in fine, à délimiter les contours de la formation à l'entrepreneuriat.

Ce faisant, nous prenons une certaine distance vis-à-vis de l'idée d'existence d'un ordre totalement spontané en entrepreneuriat (Coron, 2013), qu'il s'agisse de prédéterminations familiales et sociales (Cooper, Dunkelberg, 1986 ; Boutillier, Uzunidis, 1999…) ou dispositionnelles (McClelland, 1961 ; Hornaday, Aboud, 1971…) voire génétiques (Zhang *et al.*, 2009 ; Shane, 2010…). Nous assumons que la formation à l'entrepreneuriat peut jouer un rôle important, à la fois pour compenser un déficit de socialisation entrepreneuriale et/ou de dispositions psychologiques et comportementales innées, amener les participants à valoriser l'entrepreneuriat et à se sentir en mesure de mettre en œuvre des comportements entrepreneuriaux, et professionnaliser les futures générations d'entrepreneurs.

L'article sera articulé comme suit : nous commencerons par établir la singularité de l'entrepreneuriat en tant que champ d'enseignement **(1)**. Nous poserons ensuite notre cadre théorique qui est celui de la catégorisation, fondamentalement ancrée dans la psychologie cognitive de la perception, et réappropriée par la psychologie sociale (Salès-Wuillemin, 2006) **(2)**. La troisième partie, empirique, cherchera à apporter une réponse à la question de recherche dans le contexte tunisien via une étude qualitative exploratoire menée auprès de treize étudiants ayant suivi une ou plusieurs formations à l'entrepreneuriat dans le même établissement universitaire **(3)**.

La Tunisie constitue un terrain particulièrement propice à l'exploration de notre problématique. En effet, la question du développement de l'entrepreneuriat des jeunes s'y pose avec d'autant plus d'acuité que le chômage des diplômés de l'enseignement supérieur est devenu, à partir du milieu des années 1990, une préoccupation politique et sociale majeure. Le développement de la voie entrepreneuriale en tant que perspective d'employabilité des diplômés est une priorité des politiques publiques et l'université s'est vue attribuer un rôle clé dans la stimulation de l'attrait pour cette voie, surtout par le biais de l'enseignement de l'entrepreneuriat. Or, l'éducation entrepreneuriale en Tunisie demeure plus centrée sur le quantitatif que sur le qualitatif et peine à développer l'esprit d'entreprise chez les étudiants, en raison notamment de l'absence de culture entrepreneuriale parmi les universitaires chargés d'enseigner l'entrepreneuriat, de l'accent mis sur les connaissances théoriques plutôt que sur le développement des compétences entrepreneuriales, du manque de suivi des programmes de formation à l'entrepreneuriat et de la préoccupation par le diplôme plutôt que par le changement des attitudes et le développement des opportunités (Organisation internationale du Travail (OIT), 2013).

Outre l'intérêt théorique de délimiter les contours de la formation entrepreneuriale à partir de l'exploration du registre perceptif de cette formation, ce travail pourrait interpeller les enseignants-chercheurs en entrepreneuriat et les responsables institutionnels investis dans la promotion de ce champ, d'une part en apportant un éclairage complémentaire de la modeste effectivité des formations à l'entrepreneuriat dans certains contextes, et d'autre part en invitant à réfléchir les modalités de réorientation des approches et postures pédagogiques mises en œuvre dans ces formations.

1. LA SINGULARITÉ DE L'ENTREPRENEURIAT EN TANT QUE CHAMP D'ENSEIGNEMENT

L'objet « enseignement de l'entrepreneuriat » présente suffisamment de spécificités pour qu'un courant de recherche s'y soit dédié et ait polarisé le débat sur la nécessaire différenciation des méthodes pédagogiques selon les finalités de cet enseignement et les publics concernés et, de façon conséquente, sur la définition du rôle de l'enseignant (Bouslikhane, 2011). Dans ce qui suit, nous allons d'abord définir cet enseignement, ses finalités et ses caractéristiques, puis présenter les approches, postures et méthodes pédagogiques préconisées pour sa mise en œuvre.

1.1. Définition de l'enseignement de l'entrepreneuriat et de ses objectifs

La reconnaissance d'un champ disciplinaire d'enseignement nécessite la constitution de savoirs scientifiques stabilisés (Chevallard, 1985). Dans le champ d'enseignement de l'entrepreneuriat, la diversité des définitions proposées révèle la pluralité des registres expérientiels et des terrains de mise en œuvre, des influences disciplinaires, conceptuelles et paradigmatiques des auteurs, de leurs préférences et centres d'intérêt, aussi bien que la difficulté à cerner les contours d'un enseignement dont l'objet (l'entrepreneuriat) est lui-même complexe, multiforme, élastique et évolutif. Ainsi, l'enseignement de l'entrepreneuriat est « l'une des formes les plus évidentes préparant les individus pour accéder à la création d'entreprise » (Katz, 1990, p. 17). Il fournit les aptitudes entrepreneuriales et nourrit la confiance dont on a besoin pour passer à l'acte (Dyer, 1994) et créer des entreprises viables à l'issue de l'identification d'opportunités et de la réunion et l'engagement des ressources nécessaires en présence de risque (Kourilsky, 1995). Cet enseignement n'est néanmoins pas uniquement centré sur l'objectif de la création immédiate d'entreprises, mais plus largement sur le développement de l'esprit entrepreneurial des étudiants (Léger-Jarniou, 2001), de « perceptions, attitudes et aptitudes entrepreneuriales» (Tounès, 2003, p. 128), de compétences et comportements entrepreneuriaux (Fayolle, Klandt, 2006), d'attributs tels que la vigilance, la reconnaissance des opportunités, la résolution créative de problèmes, l'initiative, la gestion de l'incertitude…, qui correspondent à de grandes attentes exprimées par les grandes organisations vis-à-vis de leurs personnels de direction (Binks *et al.*, 2006) et, à un niveau plus global, la diffusion d'une culture entrepreneuriale dans un pays (Fayolle, 2007) et la préparation des jeunes à des existences productives (Organisation de Coopération et de développement économiques (OCDE), 2001). Que ce soit par la sensibilisation, la spécialisation et/ou l'accompagnement (Tounès, 2003), cet enseignement « informe, forme et éduque toute personne intéressée à participer au développement socio-économique » (Béchard, Toulouse, 1995, p. 2).

Nous retenons que l'enseignement de l'entrepreneuriat est un enseignement qui, quelle qu'en soit l'entrée épistémologique, paradigmatique et/ou conceptuelle, l'approche pédagogique et les contenus privilégiés, vise à :

- informer (sur les entrepreneurs, l'entrepreneuriat, la création de valeur économique, l'écosystème entrepreneurial, les opportunités d'affaires),
- faire acquérir des attitudes et des valeurs pro-entrepreneuriales qui se déclineront dans ou en dehors de l'entreprise,
- sensibiliser et susciter l'intérêt/ l'attrait des apprenants pour la voie entrepreneuriale, et renforcer leur confiance en eux-mêmes et leur sentiment d'auto-efficacité vis-à-vis des comportements entrepreneuriaux,
- former des entrepreneurs potentiels ou établis aux compétences nécessaires à la création et/ ou au développement et à la pérennisation des entreprises crées ou existantes,
- et, éventuellement, identifier les individus présentant les capacités à entreprendre (Saporta, Verstraete, 2000) et accompagner les premiers pas de ceux qui décident de s'engager dans la voie entrepreneuriale.

Ces ambitions se recoupent avec les trois principales finalités de l'éducation entrepreneuriale avancées par Pepin (2011), à savoir l' « entrepreneurship education » (sensibilisation et information) ; la « small business education » (spécialisation de futurs entrepreneurs à la création et gestion de leur propre entreprise) ; l' « enterprise education » (développement de compétences générales mobilisables dans différentes situations de travail et de vie). Ces différentes finalités peuvent coexister dans la même formation, de même qu'elles peuvent avoir des pondérations différentes et des déclinaisons singulières suivant les contextes (éducatifs, universitaires et curriculaires, culturels, institutionnels, économiques) de mise en œuvre.

Quelle qu'en soit la finalité, cet enseignement ambitionne généralement de faire un travail important sur les registres représentationnels et attitudinaux, dans la mesure où il comporte un parti pris idéologique (néolibéral), culturel et identitaire, et même une dimension morale qui consiste à détourner les individus de l'assistanat (Chambard, 2013). Ce travail est encore plus ardu dans les cultures où il existe peu de traditions entrepreneuriales, où il s'agit surtout de changer les mentalités et les valeurs des étudiants et où les enseignants ont du mal à se détacher de la conception traditionnelle de l'enseignement et de leurs représentations de rôle, et n'assument eux-mêmes pas le changement de paradigme véhiculé par cet enseignement.

Il s'ensuit qu'il s'agit d'un enseignement qui relève essentiellement de la socialisation « tardive » pour des publics de jeunes adultes dont la vision du monde s'est largement forgée, et qui doit prendre appui sur les réalités culturelles, économiques et institutionnelles du contexte pour faire sens.

A cela, il faut ajouter que c'est un enseignement dont les paramètres d'effectivité ne sont pas totalement maîtrisés dans le sens où on en sait encore peu sur l'alchimie de facteurs qui s'emboîtent dans le temps pour amener des individus à s'engager dans l'entrepreneuriat, et sur les modalités suivant lesquelles les entrepreneurs apprennent (Aouni, Surlemont, 2007).

Enfin, l'effectivité de l'enseignement de l'entrepreneuriat reste largement tributaire de paramètres qui dépassent son cadre, tels que le nécessaire développement d'une culture entrepreneuriale chez toutes les composantes de la société (Saporta, Verstraete, 2000), la possible maturation de l'apprentissage par les expériences de l'individu, ce que la formation ne peut ni anticiper, ni contraindre (Surlemont, 2011) et l'hypothétique avènement de situations et de circonstances particulières (Fayolle, Verzat, 2009).

Cette singularité intrinsèque de l'enseignement de l'entrepreneuriat nécessite sa traduction en des approches, méthodes et contenus pédagogiques différenciés pour en maximiser l'effectivité.

1.2. Approches pédagogiques, postures et méthodes d'enseignement de l'entrepreneuriat

L'enseignement de l'entrepreneuriat doit en vérité concilier deux impératifs : d'une part, il s'agit de présenter des gages de scienticité et d'académicité pour rassurer les parties prenantes académiques, par la transmission de savoirs et connaissances théoriques stabilisés mais également le travail sur la dimension instrumentale, laquelle correspond à la capacité à savoir choisir et utiliser les outils les plus appropriés selon la situation (Saporta, Verstraete, 2000). D'autre part, il s'agit de travailler en profondeur sur les perceptions, attitudes, motivations et valeurs pour donner du sens à l'apprentissage théorique et instrumental et le canaliser vers l'engagement dans des vocations et comportementaux entrepreneuriaux. C'est pourquoi l'entrepreneuriat devrait être un dispositif pédagogique original (Caudron, Ibert, 2017), privilégiant les approches d'enseignement non conventionnelles, transversales, multidisciplinaires, intégratives, holistiques et processuelles (Gibb, 1996), coopératives et responsabilisantes pour l'apprenant (Kearney, 1999).

Cet enseignement devrait être ancré dans la pratique et l'expérimentation concrète (Caudron, Ibert, 2017), et l'étudiant devrait y jouer un rôle actif et avoir droit à l'erreur (Gibb, 1996). Les pédagogies actives et l'interactivité concrète doivent être privilégiées pour faire acquérir l'esprit d'entreprendre (Toutain, Salgado, 2014) et permettre de développer le « savoir-agir » (Aouni, 2011), tout en favorisant une pratique réflexive collective (Caudron, Ibert, 2017). Quant à l'enseignant, qui devrait être surtout un facilitateur (Gibb, 1996), il doit faire alterner des postures de prescription à partir de savoirs objectivement structurés, et des moments de découverte de réalités émergentes et de constitution de savoirs « chemin faisant » (Caudron, Ibert, 2017), loin de la posture « expert » (Fayolle, Verzat, 2009). En outre, il doit être entreprenant et avoir de bonnes capacités relationnelles pour nouer des contacts avec son environnement externe (Pirnay *et al.*, 2005).

Enfin, pour ce qui est des instruments, le business plan est sans conteste l'outil le plus emblématique et le plus prépondérant dans les formations à l'entrepreneuriat (Rondstat, 1990). Il s'est « démocratisé » (Knoll *et al.*, 2003) et internationalisé. L'engouement pour cet outil semble pouvoir trouver une explication dans la polarisation de la réflexion sur le « comment faire » (dimensions fonctionnelles et opérationnelles) et l'évitement/le contournement de la controverse que susciteraient des réflexions de type « Pour quoi faire » (Starck, 2017). La formation par le business plan présente des atouts en termes d'autonomisation des apprenants (Knoll *et al.*, 2003), d'apprentissage de contenus techniques (Chaabouni *et al.*, 2012), d'orientation de l'apprentissage vers un objectif à atteindre (dimension productive) et d'implication des apprenants dans leur propre apprentissage (dimension constructive) (Starck, 2017).

Il faut cependant souligner que les approches, méthodes et postures préconisées pour enseigner l'entrepreneuriat restent encore très minoritaires voire marginales par rapport aux méthodes dominantes (cours magistraux et études de cas) (Bouslikhane, 2011). L'enseignement de l'entrepreneuriat penche généralement en faveur d'un enseignement passif où c'est l'enseignant qui pilote l'ensemble du processus et fige le cadre de l'apprentissage, ce qui est peu propice au développement d'attitudes favorables à l'entrepreneuriat (Kearney, 1999). Ce problème de renforcement à l'excès de la dimension « académique » de l'apprentissage avec une posture transmissive et prescriptive (Caudron, Ibert, 2017), se pose également dans le cadre de la mobilisation de la démarche d'élaboration du business plan, ce qui en minore nettement la pertinence et l'effectivité.

En conclusion, au regard de sa spécificité, l'enseignement de l'entrepreneuriat devrait être suffisamment différencié en termes d'approches, méthodes et postures pédagogiques et de contextualisation pour faire sens chez les apprenants. Cependant, plusieurs facteurs concourent aujourd'hui à sa dé-singularisation, dont notamment son inscription dans un mouvement transnational unificateur et le conservatisme académique qui empreint sa mise en œuvre. D'où l'intérêt de comprendre, en contexte, la mesure dans laquelle les étudiants différencient cet enseignement.

2. CADRE THÉORIQUE : LES THÉORIES DE LA CATÉGORISATION

A l'origine, les catégories renvoient à un débat philosophique fondamental. En philosophie, les catégories expriment les classes les plus générales auxquelles on peut ramener les conceptions de l'esprit. Elles sont donc étroitement liées à l'épistémologie et aux statut et modalités de production de la connaissance (Fagniez, Gauvry, 2017). Ce débat a été initié depuis l'Antiquité par Aristote, dont l'œuvre *Les Catégories* a probablement été l'une des plus discutées dans l'histoire de la philosophie occidentale. Cette œuvre, ainsi que celle, cruciale, d'Emmanuel Kant au 18ème siècle (la *Critique de la raison pure*) incarnent les deux idéaux-types des systèmes catégoriels. Leurs fondements respectifs sont, pour le premier, indissociablement logico-linguistique et ontologique (Watbled, 2009) et, pour le second, purement logique et à portée uniquement épistémologique (Fagniez, Gauvry, 2017). Ainsi, pour Aristote, les catégories sont les différentes manières de dire l'Etre et ses attributs (Watbled, 2009), alors que chez Kant, elles sont les principes a priori (« les jugements » ou « formes pures de l'entendement ») qui permettent de percevoir le monde, de penser les objets de l'expérience et d'aboutir aux concepts (Vautier, 2011). Ces deux conceptions paradigmatiques des catégories ont donné lieu à de nombreuses relectures et reformulations de la première à la lumière de la seconde au 19ème siècle, et à d'importants prolongements contemporains, dont les plus récents ouvrent un autre grand débat sur la nature du contenu de la perception (Fagniez, Gauvry, 2017). C'est dans cette continuité que se situent les théories de la catégorisation que nous allons développer dans ce qui suit.

Nous définirons d'abord la catégorisation et présenterons les façons dont elle a été appréhendée par la psychologie cognitive puis par la psychologie sociale. Nous montrerons ensuite la pertinence du cadre de la catégorisation pour l'analyse de la singularité perçue de l'enseignement de l'entrepreneuriat.

2.1. Définition et principales approches de la catégorisation

Le concept de catégorisation a été initialement étudié par la psychologie cognitive de la perception, puis réapproprié par la psychologie sociale (Salès-Wuillemin, 2006).

La catégorisation est une activité cognitive fondamentale (Gallen *et al.*, 2018), un processus fondamental de compréhension du monde et de sa maîtrise (Abric, 1987). Elle a pour fonction de produire le jugement ou la pensée qu'une cible ou un objet appartient à telle ou telle classe (Machery, 2004) et de sélectionner un comportement (Gallen *et al.*, 2018). Elle consiste à organiser et ranger les éléments d'information collectés et à les regrouper en des ensembles plus ou moins vastes, sur la base de caractéristiques communes (propriétés) que ces objets partagent (Salès-Wuillemin, 2006). Cette activité mobilise deux processus cognitifs interdépendants : la classification (affectation d'un objet à une catégorie donnée) et l'attribution ou « inférence » (Abric, 1987) (transfert à cet objet d'un certain nombre de traits et propriétés de la catégorie activée) (Rosa *et al.*, 2011). Ce transfert peut s'effectuer de manière holistique, ou de manière analytique (attribut par attribut) lorsque l'objet n'entre pas dans une catégorie existante et/ou possède des attributs uniques (Fiske, Pavelchak, 1986 ; Cohen, Basu, 1987).

La catégorisation peut également déboucher sur la constitution d'une catégorie (Salès-Wuillemin, 2007) ou sur une révision de la catégorisation sur la base d'éléments d'information nouveaux (Salès-Wuillemin, 2006).

En se basant sur Barsalou *et al.* (1998), Rosa *et al.* (2011) retiennent trois principales approches de la catégorisation : l'approche fondée sur les prototypes, l'approche fondée sur les exemplaires et l'approche fondée sur les matrices de traits et de propriétés associées aux catégories.

1/ L'approche fondée sur les prototypes (Rosch, Mervis, 1975) : ici, la catégorisation se fait sur la base d'une comparaison entre l'objet et le prototype (la représentation abstraite) de la catégorie activée (Salès-Wuillemin, 2006). Le prototype d'une catégorie correspond à « la moyenne des formes de la catégorie. Il représente la tendance principale de celle-ci » (Reed, 1999, p. 284) ;

2/ L'approche fondée sur les exemplaires (Medin, Schaffer, 1978) : ici, les propriétés de l'objet sont comparées aux propriétés des exemplaires spécifiques de la catégorie progressivement rencontrés et encodés en mémoire (Machery, 2004), lesquels exemplaires n'aboutissent pas à une représentation « abstraite » (prototype) de la catégorie en question (Salès-Wuillemin, 2006) ;

3/ L'approche fondée sur les matrices de traits et de propriétés associées aux catégories (McClelland, Rumelhart, 1985) : l'objet est comparé aux réseaux spécifiques de traits et propriétés interconnectés (matrices) qui permettent de se représenter en mémoire des catégories et de les différencier les unes par rapport aux autres (Barsalou, 1999).

La ressemblance existe donc dans toutes les théories de la catégorisation (Hahn, Chater, 1997), laquelle repose sur une accentuation de la similarité entre un objet et une catégorie (assimilation) et du contraste entre les catégories (Tajfel, Wilkes, 1963, in Salès-Wuillemin, 2007). Dans cette mesure, la catégorisation est un processus simplificateur de la réalité, la ressemblance des objets ne signifiant pas forcément leur équivalence (Salès-Wuillemin, 2006).

La psychologie sociale a étendu le concept de catégorisation à la catégorisation des « objets sociaux » (thèmes de société, individus), et s'est particulièrement intéressée à l'analyse des biais perceptifs qui impactent les processus de traitement de l'information, et dont la compréhension nécessite la prise en compte d'un grand nombre de facteurs situationnels et contextuels (Salès-Wuillemin, 2006). Parmi ces facteurs, il y a notamment les buts que l'individu attribue à la situation (Salès- Wuillemin, 2006) ; l'expérience, qui permet à l'individu d'affiner son degré d'élaboration des catégories (Alba, Hutchinson, 1987) ; la culture et plus particulièrement les représentations sociales, lesquelles sont des produits culturels (Bergamaschi, 2011) qui s'imposent comme une évidence et fournissent un cadre d'interprétation et de catégorisation pour les nouvelles informations (Abric, 1987).

L'interférence des représentations sociales dans les processus de catégorisation est une question qui a été abondamment étudiée en psychologie sociale. Les représentations sociales influencent notamment les façons dont les individus perçoivent et construisent les catégories dans lesquelles ils vont inclure les nouveaux objets à catégoriser (Rosa *et al.*, 2011), ainsi que les façons dont ils abordent et « lisent » les objets sociaux selon leur appartenance groupale (leur groupe d'appartenance ou de référence), et plus précisément l'appartenance qui est la plus convoquée au moment du recueil de l'information (Salès-Wuillemin, 2007). L'image de l'objet représenté sera constituée ou renforcée par l'évaluation de l'objet à partir d'une catégorie accessible (ancrage), puis l'ajustement de cette évaluation en fonction du degré de cohérence entre l'objet à évaluer et la catégorie activée (objectivation) (Tversky, Kahneman, 1974 ; Salès-Wuillemin, 2007). Dans ces processus, les individus peuvent moduler l'importance accordée à certaines propriétés de la catégorie activée, afin de préserver la cohérence interne de leur représentation (processus de compensation) (Abric, 1987). En outre, l'affect qu'ils associent à la catégorie activée peut servir d'ancrage et influencer l'évaluation de l'objet (Odou, 2005).

Le changement des représentations d'un objet ou d'une catégorie au profit d'autres représentations ne peut être enclenché que par une contradiction entre la réalité et les représentations (Rosa *et al.*, 2011).

2.2. Pertinence du cadre de la catégorisation pour l'analyse de la singularité perçue de l'enseignement de l'entrepreneuriat

Dans cette recherche, nous souhaitons comprendre la mesure dans laquelle les étudiants perçoivent la singularité de l'enseignement de l'entrepreneuriat par rapport aux autres enseignements, car c'est cette singularité qui est à même de produire une rupture propice aux changements attitudinaux et à la motivation d'apprendre des compétences entrepreneuriales.

Dans la perspective psycho-cognitive, une (éventuelle) différenciation de l'enseignement de l'entrepreneuriat par rapport aux autres enseignements se fait sur la base de sa comparaison au prototype d'enseignement universitaire (par exemple, « un cours magistral de type transmission-restitution, avec application dans le cadre de séances de travaux dirigés ») et/ou aux exemplaires d'enseignement mémorisés par l'étudiant au fur et à mesure de son avancement dans le cursus (les différents cours suivis) et/ou par rapport à des matrices de traits et de propriétés explicatifs spécifiques associées à des catégories de cours (par exemple, l'étudiant va concevoir des sous-catégories de type « matières de calcul où il faut maîtriser un minimum de cours et faire un maximum d'exercices d'application et qui requièrent une assiduité soutenue dans les séances de travaux dirigés» ; « matières de réflexion et de synthèse qui nécessitent une grande assiduité, la prise de notes, des lectures soutenues en dehors du cours et l'établissement de fiches de lecture »…). Bien évidemment, l'avancement dans le cursus (l'expérience) permet à l'étudiant d'affiner ses catégories.

Dans la perspective psychosociale de la catégorisation, l'enseignement de l'entrepreneuriat est un objet social pour les étudiants. Dans un contexte culturel donné, ils opéreront une lecture de cet enseignement à partir de leurs représentations de ce qu'est un enseignement universitaire, et en fonction des objectifs qu'ils poursuivent. Ces représentations sont traversées par des attributs culturels tels que le rapport au savoir, le rapport à l'effort, la propension à se projeter... Quant aux objectifs priorisés par les étudiants dans les situations d'apprentissage, différentes pondérations peuvent se décliner en contexte entre les finalités d'acquisition de connaissances, de développement intellectuel, de professionnalisation, d'obtention d'un diplôme... Selon les finalités priorisées, les manières suivant lesquelles les étudiants vont aborder et négocier les cours seront variables d'un contexte à l'autre. Par exemple, dans un contexte marqué par la primauté de l'obtention de diplôme, les étudiants auraient tendance à appréhender leurs enseignements de manière utilitariste et à mettre en œuvre des démarches d'apprentissage instantané. Le critère « facilité ou difficulté d'avoir de bonnes notes » pourrait dans cet exemple être un critère essentiel de catégorisation des enseignements. Dans cette configuration, même si l'enseignement de l'entrepreneuriat se singularisait effectivement dans ses approches et méthodes pédagogiques, il serait perçu indifféremment par les étudiants et sa singularité minorée ou gommée pour maintenir les étudiants dans la cohérence de leurs perceptions. Et, dans la mesure où les objets perçus comme semblables engagent les mêmes actions (Machery, 2004), cet enseignement engagerait les mêmes stratégies d'apprentissage ce qui, à terme, contribuerait à dé-singulariser (davantage) l'enseignement de l'entrepreneuriat. A travers cet exemple, nous voulons étayer l'idée que la singularité perçue de l'enseignement de l'entrepreneuriat ne dépend pas uniquement de la singularisation de ses approches et méthodes pédagogiques, mais également des représentations sociales des étudiants, lesquelles représentations orientent les manières dont ils appréhendent les différents cours en fonction des objectifs qu'ils poursuivent. Cela vaut pour l'influence des représentations sociales de la catégorie « enseignement universitaire » sur la catégorisation de l'objet « enseignement de l'entrepreneuriat ».

Par ailleurs, les modes de catégorisation de l'enseignement de l'entrepreneuriat peuvent être influencés par les façons dont les étudiants se représentent l'entrepreneuriat. L'appartenance catégorielle peut jouer ici dans un sens comme dans l'autre : l'exposition préalable des étudiants à l'entrepreneuriat ou, au contraire, leur méconnaissance de ce phénomène, peuvent avoir développé chez eux des dispositions favorables ou défavorables à l'entrepreneuriat (dramatisation de l'entrepreneuriat ou au contraire tendance à une plus grande réceptivité et sensibilité à la nouveauté et à la singularité de ce champ), suivant les contextes et les registres expérientiels des individus concernés. Ainsi, dans le contexte français, Fayolle et Gailly (2009) ont montré que des étudiants, arrivés dans une formation entrepreneuriale sans avoir été préalablement exposés à l'entrepreneuriat, étaient plus réceptifs à cet enseignement et avaient tendance à exprimer davantage d'intentions entrepreneuriales que les étudiants arrivés avec un background entrepreneurial. Cela vaut pour l'influence des représentations sociales initiales de l'objet « enseignement de l'entrepreneuriat » sur sa catégorisation et, éventuellement, la perception de sa singularité.

3. EXPLORATION DE LA PROBLÉMATIQUE DANS LE CONTEXTE TUNISIEN

Nous commencerons d'abord par donner un aperçu sur les conditions d'avènement et d'évolution de l'enseignement universitaire de l'entrepreneuriat en Tunisie, puis nous décrirons la méthodologie de recherche et enfin, nous présenterons les résultats de l'étude, les analyserons et les discuterons.

3.1. Aperçu sur l'enseignement universitaire de l'entrepreneuriat en Tunisie

La Tunisie est passée d'un système universitaire élitiste, qui a été étroitement associé dans les années 1960 à l'ambition de modernisation et de développement économique du pays après l'Indépendance (Ben Slimane, 1997) et qui a pleinement joué le rôle d'ascenseur social, à une université de masse dans les années 1990 où la première des priorités est devenue l'employabilité des diplômés. Cette massification s'est faite sous l'effet combiné de la généralisation de l'enseignement de base, de l'absence d'attrait pour les filières de formation professionnelle, de la massification conséquente de l'enseignement secondaire et de la démocratisation de l'accès à l'enseignement supérieur (Ben Sedrine, 2009) et a été politiquement voulue par le régime alors en place pour lui permettre de redorer son blason en affichant sa bienveillance à l'égard de la jeunesse (Ben Slimane, 1997 ; Allouch, Akkari, 2020).

La priorisation de l'employabilité des diplômés s'est notamment traduite par l'avènement dans le système universitaire des ISET (Instituts Supérieurs des Études Technologiques) chargés de la formation de techniciens supérieurs, et la professionnalisation de l'enseignement supérieur par la création de filières courtes à forte employabilité, de contenus et de filières centrées sur la préparation à des métiers et le développement de la recherche-développement (Ben Sedrine, 2009).

Cependant, ces réformes n'ont pas empêché le chômage des diplômés du supérieur de devenir structurel à partir du début des années 2000 et ce en l'absence d'accroissement de la demande de l'économie pour une main d'œuvre hautement qualifiée. A l'inverse, les entreprises ne trouvaient pas dans les diplômés les niveaux de qualifications requis correspondant à leurs besoins. Ainsi, l'ajustement de l'université sur les besoins du monde économique ne s'est pas vraiment opéré et la logique dominante dans le système universitaire est restée disciplinaire (Ben Sedrine, 2009). Quant à la recherche scientifique, elle est restée essentiellement fondamentale et académique (Allouch, Akkari, 2020). Cependant, ces tendances globales occultent des réalités plus duales du système d'enseignement supérieur en Tunisie, avec d'une part un secteur d'enseignement conduisant vers des débouchés assurés, intégrateurs, rémunérateurs et dotés de prestige social et, d'autre part, un vaste secteur de relégation sociale, conduisant soit au chômage des diplômés, soit à des emplois de faible qualité (Vermeren, 2002). Il s'agit donc d'un système à deux vitesses qui reproduit les inégalités sociales et où l'ascenseur social n'est plus opérant.

L'évolution du système universitaire en Tunisie ne peut pas être dissociée de l'évolution du système économique du pays : dans les années 1960-1970, la Tunisie a œuvré à poser les bases de l'économie par le développement de l'Administration et des entreprises publiques et le lancement de grands chantiers d'aménagement du territoire. A partir des années 1970, l'investissement privé dans les industries manufacturières a été encouragé, mais l'Etat restait très présent dans les secteurs productifs et exerçait un fort contrôle sur le secteur privé (économie administrée). Les impératifs de libéralisation de l'économie et d'instauration des mécanismes de marché ont amené l'Etat à se désengager du secteur de la production. L'adhésion à l'Accord général sur les tarifs douaniers et le commerce (GATT) puis la mise en œuvre de la zone de Libre-échange euro-méditerranéenne, ainsi que les programmes de réformes économiques engagés depuis la fin des années 1980, ont permis l'émergence d'une économie de marché intégrée à l'économie mondiale. Cependant, malgré la diversification des activités économiques et l'augmentation de la croissance économique au cours de la décennie 1987-1997, l'économie est restée marquée par l'insuffisance du développement des secteurs à haute valeur ajoutée, ce qui a grevé les capacités d'amélioration de la compétitivité du pays par rapport à la concurrence internationale (Ben Sedrine, 2009). Plus récemment, la fuite massive des cerveaux, la détérioration du climat des affaires et l'instabilité socio-politique ont induit un net repli de l'investissement domestique et étranger et davantage hypothéqué la compétitivité économique du pays. La structure du tissu économique reste dominée par des secteurs intensifs en main d'œuvre non qualifiée et fragile car composée en grande majorité d'indépendants et d'auto-entrepreneurs qui ne créent aucun emploi (87,9 % des entreprises privées). Par ailleurs, les Petites et Moyennes Entreprises (PME) tunisiennes sont peu innovantes (Allouch, Akkari, 2020).

Les récents rapports du Global Entrepreneurship Monitor (GEM, 2012 ; 2015/16) confirment que la Tunisie a du mal à dépasser les premiers niveaux de développement entrepreneurial (factor-driven et efficiency-driven) même si l'entrepreneuriat d'opportunité est dominant. Les comportements de rent-seeking, c'est-à-dire de transfert de richesse ou de détournement de ressources socialement coûteux (Dejardin, 2003) peuvent avoir un pouvoir explicatif important dans la difficulté que rencontre le pays à changer de paradigme économique. Dans le domaine entrepreneurial, il s'agit de comportements aussi variés que la corruption, la recherche de compensations abusives, la protection de positions économiques et les limitations pour un bénéfice personnel de la concurrence (Dejardin, 2003). En Tunisie, ces comportements, largement institutionnalisés (mainmise de certaines familles sur des activités économiques, en connivence ou en connexion avec le politique ; abus de position pour faciliter les affaires ; corruption et passe-droits ; détournement de dispositifs règlementaires tels que les avantages fiscaux et financiers, les subventions et autres mécanismes de financement de l'investissement…) peuvent expliquer à la fois les logiques attentistes d'entrée dans l'entrepreneuriat et les démarches entrepreneuriales faiblement créatrices de valeur, le maintien du statu quo par des entrepreneurs établis, ainsi que la réticence d'envisager une carrière entrepreneuriale pour de potentiels nouveaux entrants qui craignent d'être pénalisés par les comportements de rent-seeking des opérateurs établis.

Cette mise en perspective dessine le contexte dans lequel se place l'enseignement de l'entrepreneuriat en Tunisie.

Inscrit dans la batterie de mesures incitatives mises en place par le gouvernement tunisien pour greffer l'esprit entrepreneurial chez les jeunes diplômés et les orienter vers le travail indépendant (Rekik, 2007), l'enseignement universitaire de l'entrepreneuriat a été « officiellement » initié en Tunisie au début des années 2000, avec la visée de réduire l'important chômage des diplômés de l'enseignement supérieur. Mais l'ambition était de taille dans un pays sans solides traditions entrepreneuriales, et dont le modèle éducationnel calqué sur « l'idéal-type rationnel » propre aux sociétés industrielles (Bertrand, Valois, 1976) où il n'est d'ailleurs plus totalement d'actualité, n'est propice ni à l'employabilité des diplômés dans une économie faiblement industrialisée et de plus en plus tertiarisée, ni à la stimulation de la créativité des apprenants, ni même à l'acquisition de compétences disciplinaires pointues avec la massification et le nivellement par le bas du système de formation depuis les années 1990. De surcroît, les jeunes restent faiblement exposés au monde professionnel pendant leurs études et tendent à se focaliser sur l'obtention du diplôme universitaire considéré comme le passeport d'accès et d'évolution dans l'emploi salarié typique, idéalement dans la fonction publique. Malgré la saturation de l'emploi dans l'administration, la pénurie des ressources étatiques et l'accentuation du chômage des diplômés[2], ce schéma de la réussite sociale hérité de la période de l'Après-Indépendance continue à être vivace chez les jeunes, socialisés à l'idée de « faire carrière », pris de court par le désengagement de l'État-providence et qui restent en carence de culture entrepreneuriale (Rekik, 2007).

C'est dire l'ampleur des défis qui se posent dans ce contexte à l'enseignement universitaire de l'entrepreneuriat, et du travail à faire auprès des jeunes pour faire bouger leurs attitudes et perceptions

---

[2] En Tunisie, le chômage des jeunes, estimé à 37.4 % en définition assouplie sur la période de référence de 2013, touche particulièrement les diplômés de l'enseignement supérieur (49.4 %) (ILO, 2015, annexes).

(autonomisation, meilleures dispositions envers l'initiative, le risque et l'effort, renforcement de leur sentiment d'efficacité vis-à-vis des comportements entrepreneuriaux…) et les amener à envisager d'autres possibles professionnels.

Initialement instauré sur la base du volontarisme des établissements et/ou d'une combinaison de cours obligatoires et facultatifs, l'enseignement de l'entrepreneuriat a été progressivement généralisé (Taktak Kallel, 2005). De plus en plus d'enseignants de différentes disciplines et spécialités ont alors été appelés à assurer cet enseignement et beaucoup se sont rapidement reconvertis à l'entrepreneuriat sans y avoir été préparés. L'Université virtuelle de Tunis (UVT), université publique créée en 2002, s'est alors imposée comme un acteur pédagogique et institutionnel incontournable, par la mise à disposition de ressources pédagogiques en ligne (cours, manuels, cas) et la diffusion à large échelle, par le biais des formations de formateurs et de référents, d'approches pédagogiques co-conçues avec des institutions académiques et interlocuteurs internationaux. Cependant,, une analyse fine de la teneur des contenus proposés par l'UVT révèle notamment leur caractère « scolaire », classique (théorique et restitutif), statique, indifférencié de la gestion, peu ancré dans la vie professionnelle et peu propice au développement cognitif, de la créativité et des compétences des étudiants (El Ghoul, Hamrouni, 2017).

Dans la dernière décennie, avec la généralisation affirmée de cet enseignement, rendu obligatoire dans les cursus d'économie et de gestion, dans un contexte de massification et d'orientation du ministère de tutelle vers l'« harmonisation » et à l'« homogénéisation » des formations, plusieurs facteurs ont concouru au renforcement de l'uniformisation des pratiques pédagogiques d'enseignement de l'entrepreneuriat, notamment :

- la profusion d'acteurs des sphères privées, institutionnelles et associatives (y compris les structures d'accompagnement entrepreneurial) travaillant sur la promotion de l'entrepreneuriat, et la multiplication des programmes d'insertion économique et sociale par l'entrepreneuriat, avec une interpénétration et une circulation des approches et des outils pédagogiques entre ces champs d'intervention et le champ académique ;
- l'avènement dans les établissements universitaires des Centres de Carrières et de Certification des Compétences (4C), le réseau des 4C ayant permis la mutualisation des ressources des établissements et des enseignants et la multiplication des formations de formateurs en entrepreneuriat qui ont profité à un grand nombre d'enseignants, lesquels reproduisent leurs apprentissages auprès de leurs étudiants.

Il s'en est suivi une diffusion quasi-mécanique, parfois superficielle et approximative et souvent décontextualisée d'approches et outils pédagogiques (Business-Plan, Business-Model Canvas, approche du Design-Thinking). En outre, l'implication dans l'enseignement universitaire de l'entrepreneuriat d'intervenants pertinents du monde socioéconomique (entrepreneurs, décideurs d'envergure) reste marginale car administrativement contraignante et peu incitative pour les intervenants. Certains de ces constats ont été étayés par El Ghoul et Hamrouni (2017) qui ont relevé, auprès d'enseignants universitaires d'entrepreneuriat, leur méconnaissance de l'importance et de l'utilité de l'éducation entrepreneuriale pour les étudiants, une orientation résolument théorique, un centrage sur les savoirs et une difficulté d'identifier les compétences visées, ainsi que la prévalence de la pédagogie traditionnelle (transmissive). Les enseignants interrogés dans le cadre de cette étude recourent pour la plupart uniquement aux programmes d'enseignement de l'entrepreneuriat proposés par l'UVT. Ils n'ont jamais eu d'expérience professionnelle en entreprise, sont pour la plupart des jeunes contractuels ou vacataires et parfois l'administration de l'établissement leur attribue cette matière pour terminer leur dû horaire. Quant aux étudiants observés dans les cours d'entrepreneuriat, ils sont généralement isolés, passifs et détachés.

De façon conséquente, plusieurs études menées dans le contexte tunisien ont établi le peu d'effectivité de l'enseignement universitaire de l'entrepreneuriat (Boudabbous, 2011 ; Abbès *et al.*, 2016 ; Jemli, 2018) voire son impact négatif sur les attitudes des étudiants vis-à-vis de l'entrepreneuriat (Jemli, 2018).

L'ESC Tunis, contexte spécifique de notre étude, est un établissement pionnier dans le lancement de plusieurs enseignements et formations dédiés à l'entrepreneuriat (des cours facultatifs et obligatoires, un Master professionnel, une Licence appliquée, un Master de recherche) et dans l'encouragement des initiatives estudiantines dans le domaine de l'entrepreneuriat. L'entrepreneuriat est donc fortement présent dans les discours pédagogiques et institutionnels de l'ESC Tunis, sans que cela n'empêche d'y observer globalement les mêmes tendances décrites plus haut.

3.2. Méthodologie

Dans ce travail, nous cherchons à comprendre comment les étudiants reçoivent l'enseignement de l'entrepreneuriat et dans quelle mesure ils perçoivent sa singularité par rapport aux autres enseignements, cette singularité perçue étant censée opérer le déclic nécessaire à la motivation à apprendre. Cette perspective ayant été peu étudiée, elle gagne à être appréhendée avec une méthode qualitative. La recherche est donc qualitative exploratoire. La stratégie de recherche est l'étude de cas exploratoire (Wacheux, 1996) à visée compréhensive (Hlady-Rispal, 2002). Notre posture est inductive, inscrite dans la théorisation ancrée, c'est-à-dire un processus de production d'une compréhension à un moment donné de nouveaux phénomènes inscrits de bout en bout dans les données empiriques recueillies par le travail sur le terrain, la validité de cette théorisation étant totalement liée à ce terrain (Paillé, 1996).

Nous avons mené entre juin 2020 et mars 2021 des entretiens approfondis avec treize étudiants ayant suivi une formation à l'entrepreneuriat à l'ESC Tunis parmi les suivantes : cours obligatoire de sensibilisation en Licence (42 heures de cours et 21 heures de travaux dirigés) ; formation spécialisante de Master professionnel (Master LMD en 3 semestres de cours et un semestre pour le stage et la préparation d'un projet de fin d'études comportant un rapport de stage et un Business-Plan) ; Master de recherche (Master LMD en 3 semestres de cours et un semestre pour la préparation du mémoire de recherche). Certains des étudiants interviewés ont cumulé plusieurs de ces enseignements et formations. Nous les avons approchés avec un guide d'entretien. Ce dernier « comprend une liste de thèmes devant être abordés lors de l'entretien » (Evrard *et al.*, 1997, p. 99). Les thèmes abordés sont : 1/ la singularité perçue des enseignements/formations à l'entrepreneuriat ; 2/ les apprentissages que les étudiants estiment avoir tirés de ces enseignements/formations.

Les réponses ont été entièrement retranscrites et les données traitées manuellement. En effet, l'utilisation de logiciels n'est pas toujours requise, surtout lorsque la visée du chercheur est de comprendre des modes de raisonnement et des logiques sociales (Lejeune, 2010) et lorsque le corpus n'est pas très volumineux.

Notre intérêt étant porté au contenu du message et au sens, au signifié du discours (Legrand, 2012), nous avons eu recours à l'analyse de contenu. Cette dernière consiste à lire un corpus, fragment par fragment, pour en définir le contenu en le codant selon des catégories (Fallery, Rodhain, 2007). La méthode d'analyse de contenu pour laquelle nous avons opté est l'analyse thématique, une analyse essentiellement qualitative qui vise à générer une reformulation du contenu du discours sous une forme condensée et formelle (Negura, 2006) et à l'interpréter (Krief, Zardet, 2013).

Les catégories, créées en lien avec la question de recherche et perfectibles au cours de la lecture (Fallery, Rodhain, 2007), doivent être au plus proche des données tout en montant en généralité (Dumez, 2004). Dans un deuxième temps, elles feront l'objet d'une analyse statistique en termes de fréquence d'apparition, variation selon les locuteurs et les contextes de communication et interdépendance entre les éléments (Fallery, Rodhain, 2007).

Le codage des catégories, étape fondamentale dans cette méthode d'analyse, fait donc intervenir les processus interprétatifs du chercheur dans la construction de la donnée (Fallery, Rodhain, 2007). C'est l'inconvénient majeur de l'utilisation de cette technique (Negura, 2006).

La stratégie de recherche adoptée (l'étude de cas exploratoire à visée compréhensive) et la méthode d'analyse des données recueillies (l'analyse thématique de contenu) sont au cœur du cadre théorique de la catégorisation que nous avons mobilisé. Sur le plan épistémologique, le choix de la stratégie de recherche illustre le positionnement épistémologique du chercheur c'est-à-dire « les hypothèses fondamentales sur lesquelles se fonde le processus d'élaboration et de justification des connaissances » (Avenier, 2011a, p. 41). Il s'agit ici du paradigme épistémologique constructiviste pragmatique (Avenier, 2011b) qui considère que la connaissance ne reflète pas une réalité ontologique « objective », mais concerne exclusivement la mise en ordre d'un monde constitué par l'expérience humaine (von Glasersfeld., 1988). Quant à l'analyse des données, elle repose sur l'organisation des informations collectées par la mobilisation des deux processus cognitifs de la classification et de l'inférence (Abric, 1987). Plus précisément, il s'agit ici de processus de catégorisation sociale (Salès-Wuillemin, 2007) où les répondants mobilisent leurs représentations et leurs expériences pour catégoriser l'enseignement de l'entrepreneuriat et où le chercheur se base également sur ses représentations et expériences, mais également sur une action cognitive intentionnelle de construction d'une représentation du phénomène étudié (Le Moigne, 2001) pour catégoriser les réponses obtenues.

3.3. Présentation et analyse des résultats

Dans un premier temps, nous présentons succinctement les répondant(e)s et les modalités suivant lesquelles ils/elles caractérisent l'enseignement de l'entrepreneuriat. A partir de ces caractérisations, leur récurrence et leur cooccurrence, nous en déduisons les principaux critères de catégorisation des enseignements de l'entrepreneuriat. Dans un deuxième temps, nous dégageons du discours des répondant(e)s les apprentissages qu'ils/elles estiment avoir tirés de cet enseignement, ce qui nous permettra d'identifier les registres les plus travaillés par la formation et finalement, de mettre en rapport ces registres avec la singularité perçue de l'enseignement.

3.3.1. La caractérisation de l'enseignement de l'entrepreneuriat

Le tableau suivant (Tableau 1) donne un aperçu sur le parcours des locuteurs et signale, le cas échéant, la nature de la différence perçue dans la formation à l'entrepreneuriat.

Tableau 1. Les modalités de différenciation de l'enseignement de l'entrepreneuriat par répondant(e)

	Formation, expériences et projets professionnels	**Modalités de différenciation/ Caractérisation de l'enseignement de l'entrepreneuriat**
CAS 1 Cours d'entrepreneuriat en licence	Licence fondamentale en Management.	*Pas de différence perçue entre le cours d'entrepreneuriat et les autres cours suivis.*
CAS 2 Master professionnel en entrepreneuriat	Licence en Génie Biomédical A une importante expérience associative et a participé à plusieurs challenges d'entreprise. Le stage obligatoire pour le Projet de fin d'études (PFE) du Master (étude de projet) effectué dans un laboratoire de recherche en France et a obtenu dans ce cadre le prix de recherche de la meilleure doctorante. Elle a maintenant l'opportunité d'être accueillie et financée pour faire une thèse de doctorat ou pour faire l'étude de son projet et se lancer. Elle hésite entre ces deux opportunités.	Une formation qui n'est pas « purement technologique », qui n'est pas « généraliste » et qui sort de la routine. Une formation dont l'objectif premier est l'apprentissage de la rédaction du plan d'affaires et du Business Model. Une formation utile sur les plans professionnel et personnel.
CAS 3 Master professionnel en entrepreneuriat, puis Master de recherche en entrepreneuriat	Il avait décroché un emploi dans la fonction publique dès le début de ses études supérieures en licence à l'Ecole Supérieure de Commerce (ESC). Son rêve (son « projet de vie ») est d'émigrer au Canada et d'y faire carrière en tant qu'enseignant-chercheur.	*Pas une différence à proprement parler.* Une formation utile sur les plans professionnel et personnel. Un domaine dont on apprend beaucoup. Des formations auxquelles il manque les matières du développement personnel pour pousser les étudiants à penser sérieusement à lancer des projets.
CAS 4 Master professionnel en entrepreneuriat	Licence en administration des affaires Il a eu une expérience associative et une expérience professionnelle en tant que télé-conseiller et commercial. Actuellement ingénieur d'affaires.	Singularités des actions pédagogiques et proximité des enseignants. Une formation utile sur les plans professionnel et personnel.
CAS 5 Master professionnel en entrepreneuriat	Licence en Marketing. Il a une importante expérience associative et a été commercial rattaché à une grande entreprise internationale.	L'entrepreneuriat est une culture. Une matière qui englobe tous les domaines.

	Il s'est bien intégré dans la jeune start up dans laquelle il a effectué son stage, où il s'est vu proposer de faire partie de l'équipe porteuse de ce nouveau projet.	
CAS 6 Master professionnel en entrepreneuriat	Licence en Finance. Elle est actuellement gestionnaire de paie française dans une start-up (c'est sa première expérience professionnelle).	*Pas de différence perçue entre la formation à l'entrepreneuriat et les autres enseignements.* L'entrepreneuriat englobe tous les domaines.
CAS 7 Cours d'entrepreneuriat en licence	Licence fondamentale en Management. Elle a eu une expérience de bénévolat et a occupé plusieurs emplois temporaires parallèlement à ses études (plusieurs fois secrétaire médicale, serveuse…).	*Pas de différence perçue entre le cours d'entrepreneuriat et les autres cours.*
CAS 8 Master de recherche en entrepreneuriat	Elle est actuellement en cours de préparation de son mémoire de Master. Elle a eu une brève expérience associative et a fait deux stages courts en entreprise.	Utilité dans la vie professionnelle et personnelle.
CAS 9 Cours d'entrepreneuriat en licence	Licence fondamentale en Management. Elle veut suivre une formation solide en management pour maximiser ses chances de trouver un emploi de qualité en entreprise. Actuellement inscrite en Master de recherche en Management dans un autre établissement universitaire. Elle a eu deux courtes expériences professionnelles d'été en tant que stagiaire et saisonnière.	*Pas de différence perçue entre le cours d'entrepreneuriat et les autres cours.* Un domaine qui combine entre la science et l'art. Utilité dans la vie professionnelle et personnelle. Un domaine qui sort de la routine.
CAS 10 Master professionnel en entrepreneuriat, puis Master de recherche en entrepreneuriat	Elle est mariée et mère de famille. Elle est active dans un cadre associatif dans sa région et a eu une expérience professionnelle d'assistante universitaire dans un pays arabe et d'institutrice contractuelle dans le cadre d'un programme d'enseignement pour adultes dans sa région.	Nouveauté par rapport aux autres cours. Utilité dans la vie professionnelle et personnelle.

	Elle veut continuer ses études pour avoir le doctorat dans cette discipline, et pense également monter son projet personnel.	
CAS 11 Master professionnel en entrepreneuriat	Licence fondamentale en Finance. Depuis l'obtention du bac, elle a fait chaque année un stage d'été. Elle est actuellement en stage long (6 mois) dans un laboratoire vétérinaire dans le cadre de son PFE. Elle envisage de créer une entreprise après cinq ans d'expérience et après avoir fait les formations nécessaires.	Une formation à qui il manque la pratique et qui n'outille pas suffisamment l'étudiant. Une formation où les enseignements ne sont pas tous des cours de calcul. Un domaine où il faut convaincre les autres.
CAS 12 Master professionnel en entrepreneuriat	Licence appliquée en Administration des affaires. Elle a fait trois stages obligatoires. Elle n'envisage pas de créer une entreprise.	*Pas de différence perçue entre le cours d'entrepreneuriat et les autres cours.* Une formation qui n'outille pas suffisamment l'étudiant et ne le rend pas confiant pour entrer dans le monde du travail.
CAS 13 Master professionnel en entrepreneuriat	Licence fondamentale en Management Elle a une expérience associative de 3 ans. Elle a fait des jobs d'été dans des centres d'appels. Elle envisage de créer une entreprise après avoir eu une bonne expérience en travaillant dans des entreprises. Elle n'a pas encore d'idées de projet.	*Pas de différence perçue entre la formation à l'entrepreneuriat et les autres cours suivis.* Une formation qui ne rend pas l'étudiant plus créatif. Une formation qui n'outille pas suffisamment l'étudiant et ne le rend pas confiant pour entrer dans le monde du travail.

On peut relever que plus de la moitié des répondants (7 sur 13) ne perçoivent pas de différences entre l'enseignement de l'entrepreneuriat et les autres enseignements. C'est le cas de tous les répondants de Licence ayant suivi un cours d'entrepreneuriat (cas 1, 7 et 9), mais également de 4 parmi les 9 étudiants qui ont suivi une formation de Master professionnel spécialisant à l'entrepreneuriat (cas 3, 6, 12 et 13).

Cependant, chez ceux qui ont perçu une différence avec les autres enseignements, et même chez certains de ceux qui n'ont pas perçu de différences (cas 3, 6, 9, 12 et 13), les caractérisations de l'enseignement de l'entrepreneuriat nous ont permis d'identifier quatre grands thèmes autour desquels semble s'organiser la perception de cet enseignement :

THEME 1 : La caractérisation de l'enseignement dans son essence. Ici, 4 sous-thèmes ont été identifiés :

- ✓ Sous-thème 1.1 : une matière inclassable,
- ✓ Sous-thème 1.2 : un enseignement qui englobe les autres,
- ✓ Sous-thème 1.3 : un enseignement nouveau et peu routinier,
- ✓ Sous-thème 1.4 : un enseignement auquel il manque la pratique.

A noter que dans ces caractérisations, certains étudiants (cas 3, 5, 9 et 11) font référence au domaine de l'entrepreneuriat et non à son enseignement. Ainsi, le cas 5 dit : « L'entrepreneuriat c'est une culture avant d'être une matière », le cas 9 dit : « Un domaine qui combine entre la science et l'art », le cas 11 dit : « En entrepreneuriat tu dois convaincre l'autre par tes idées, tes réflexions et ta vision des choses ». Cette référence au domaine de l'entrepreneuriat plutôt qu'à son enseignement se retrouve également dans le Thème 4. Ainsi, le cas 3 dit : « J'ai vu que l'entrepreneuriat peut nous donner un raisonnement logique pour tous les volets de notre vie ». On observe donc une association de l'enseignement avec son objet (l'entrepreneuriat), ce qui peut donner à penser que l'entrepreneuriat porte sa propre singularité en tant que domaine, ce qui le singularise d'emblée, et ce indépendamment des approches et méthodes pédagogiques.

THEME 2 : La caractérisation de l'enseignement par ses objectifs perçus

Ce thème a été déduit de la réponse d'une seule étudiante. En effet, même si les étudiants du Master professionnel en entrepreneuriat ont souvent fait référence au Business-Plan, le cas 2 est le seul à avoir perçu l'apprentissage du Business-Plan comme premier objectif de la formation. Nous reviendrons plus en détail sur le cas 2 qui est le cas le plus déviant.

THEME 3 : La caractérisation de l'enseignement par la singularité perçue de l'action pédagogique.

Il est fait référence ici à la singularité des exercices pédagogiques et au suivi des enseignants (cas 2 et 4).

THEME 4 : La caractérisation de l'enseignement par son utilité dans la vie professionnelle et personnelle.

Cette utilité se conçoit dans les changements attitudinaux et comportementaux et les opportunités ouvertes par la formation (cas 2), l'acquisition d'un raisonnement logique général (cas 3), la capacité de transfert des apprentissages à la vie professionnelle (cas 4), l'autonomisation, l'apprentissage de la patience et la sensibilisation à la créativité pour la résolution des problématiques sociales (cas 8), la singularisation de l'individu (cas 9), l'utilité dans la vie quotidienne (cas 10) et la capacité de mobiliser dans les stages les notions de base acquises (cas 11).

Ces thèmes constituent les principaux critères de catégorisation de la formation à l'entrepreneuriat. Le tableau suivant (Tableau 2) restitue les verbatim des répondants pour chacun des thèmes et sous-thèmes identifiés et montre également la fréquence d'occurrence des thèmes et les cooccurrences des caractérisations.

Tableau 2. Caractérisation de l'enseignement de l'entrepreneuriat (thèmes émergents)

	THEME 1 : Essence de l'enseignement				THEME 2 : Objectifs perçus de la formation	THEME 3 : Singularité de l'action pédagogique (rapport étudiant-enseignant et démarches pédagogiques)	THEME 4 : Utilité dans la vie personnelle et professionnelle
	Sous-Thème 1.1 Un enseignement inclassable	**Sous-Thème 1.2 Une matière englobante**	**Sous-Thème 1.3 Un enseignement non routinier**	**Sous-Thème 1.4 Un enseignement qui manque de pratique**			
Phrases-témoins	« Une formation qui n'est pas purement technologique, qui n'est pas généraliste » **(CAS 2).** « Un domaine qui combine entre la science et l'art » **(CAS 9).** « En licence presque tous les cours sont des cours de calcul 1+1=2 (…). En entrepreneuriat tu dois convaincre l'autre par tes idées, tes réflexions et ta vision des choses » **(CAS 11).**	L'entrepreneuriat c'est une culture avant d'être une matière ; c'est une matière qui englobe tous les domaines : marketing,finance, droit, etc. » **(CAS 5).** Les cours sont complémentaires et l'entrepreneuriat englobe tout et fait appel à tous les domaines : la finance, le juridique, le management, le marketing, etc. **(CAS 6).**	« une formation qui n'est pas ennuyeuse » **(CAS 2).** « Un domaine qui ne se caractérise pas par la routine » **(CAS 9).** « Leur nouveauté par rapport aux autres cours, souvent répétitifs » **(CAS 10).**	« Je trouve que les Masters d'entrepreneuriat ont besoin des matières du développement personnel pour pousser les étudiants à penser sérieusement à lancer des projets » **(CAS 3).** « Un bon cours est un cours simple, compris, nécessaire et qu'on peut pratiquer au futur. (…) Dans la formation à l'entrepreneuriat, il nous manque de la pratique. Par exemple, comment discuter avec un avocat pour les procédures d'ouverture d'une société ? Comment communiquer avec une banque pour le financement ?... Je sens que je ne suis pas suffisamment outillée. On a une matière en 2ème année du Master, " Le challenge d'entreprise", je propose de faire de cette matière un challenge réel (comme fait la SUP'COM) en partenariat avec d'autres universités » (CAS **11).** « Je ne me sens pas suffisamment outillée et confiante pour entrer dans le monde du travail, plusieurs étudiants ne sont même pas arrivés à trouver des stages après la formation » **(CAS 12).** « J'entre dans le monde du travail avec assez de confiance parce que j'ai déjà travaillé pendant les étés donc j'ai une petite expérience » **(CAS 13).**	« J'ai bien-sûr appris la rédaction du BP (Business-Plan), **premier objectif de la formation** et du Business Model dont je ne connaissais même pas l'existence auparavant **(CAS 2).**	« Le challenge d'entreprise, le projet tutoriel et le style de travail dans les cours (les présentations en groupe) » **(CAS 2).** « La différence se situe au niveau de la mise en pratique des connaissances théoriques, tels que les challenges, les compétitions, les visites sur place ». Et surtout le suivi permanent des encadrants et des enseignants universitaires » **(CAS 4).**	« Le master m'a changée sur les plans professionnel et personnel et surtout m'a ouvert la porte à plusieurs opportunités ! » **(CAS 2).** « J'ai vu que l'entrepreneuriat peut nous donner un raisonnement logique pour tous les volets de notre vie, c'est-à-dire qu'on a besoin de l'entrepreneuriat dans notre vie ainsi que dans nos projets futurs » **(CAS 3).** « La différence se situe au niveau de la mise en pratique des connaissances théoriques dans la vie professionnelle/ (…) J'ai ressenti la différence sur le plan professionnel » **(CAS 4).** « Un enseignement utile et autonomisant, qui apprend la patience (…) et souligne l'importance de la créativité pour solutionner des problèmes sociaux » **(CAS 8).** « Un domaine qui vous permet de laisser votre touche et votre personnalité » **(CAS 9).** « La différence des formations à l'entrepreneuriat réside dans leur utilité dans la vie quotidienne » **(CAS 10).** « Dans les stages, on a besoin des notions de base qu'on a déjà étudiées » **(CAS 11).**

Ainsi, le thème de l'utilité de cet enseignement a l'occurrence la plus importante (cas 2, 3, 4, 8, 9, 10 et 11) et semble de ce fait jouer un rôle important dans la catégorisation de cet enseignement. Viennent ensuite le manque d'orientation pratique de l'enseignement (cas 3, 11, 12 et 13), puis le caractère inclassable de l'enseignement [« entre art et science » (cas 9), « ni technologique ni généraliste » (cas 2), « une matière qui n'est pas vraiment de calcul et où l'individu doit convaincre » (cas 11)], et son caractère non routinier (cas 2, 9 et 10).

En analysant les cooccurrences des thèmes, on peut noter que l'utilité de cet enseignement dans la vie personnelle et professionnelle semble jouer un rôle important dans l'organisation des perceptions et de la catégorisation de cet enseignement (il a le plus grand nombre d'associations avec les autres thèmes/sous-thèmes).

Dans la mesure où les exceptions à la règle méritent une attention particulière (Patton, 1999), nous souhaitons nous attarder sur le cas 2. En effet, cette étudiante est celle qui a le plus perçu les spécificités dans l'enseignement de l'entrepreneuriat (le plus grand nombre de cooccurrences des thèmes). Il se trouve que c'est également celle qui vient d'un cursus tout à fait différent (génie biomédical), qui est très versée dans les domaines des nouvelles technologies et de l'e-santé et qui a participé à plusieurs challenges dans ces domaines et qui a été très impliquée dans la vie associative et l'organisation de manifestations. Nous verrons que c'est également celle qui a tiré le plus d'apprentissages de la formation. Il est donc vraisemblable que la formation en entrepreneuriat ait été vue comme très bénéfique à la fois dans le sens de la complémentarité par rapport à ses domaines de compétences initiaux, et en lui permettant de donner du sens à ses expériences entrepreneuriales antérieures.

Résultats 1 : un critère important de catégorisation des cours par les étudiants semble être leur utilité dans la vie professionnelle et personnelle. De ce point de vue, l'enseignement de l'entrepreneuriat semble être perçu comme assez singulier. Cependant, cette singularité perçue n'est pas forcément attribuable à la singularité des approches et méthodes pédagogiques puisque le manque de pratique de l'enseignement est souligné. C'est plutôt le domaine de l'entrepreneuriat (la référence explicite à ce domaine, la conscience de son caractère englobant, inclassable et non routinier) qui génère la perception de sa singularité.

3.3.2. Les apprentissages tirés des formations à l'entrepreneuriat :

Nous souhaitons maintenant mettre en lumière les registres d'apprentissage les plus travaillés par l'enseignement de l'entrepreneuriat. Ensuite, nous mettrons en rapport ces registres avec la singularité perçue de la formation.

Le tableau suivant (Tableau 3) restitue les types d'apprentissages tirés des formations à l'entrepreneuriat. Pour ne pas surcharger la présentation, les verbatim ont parfois été reformulés en idées-clés.

Il y apparaît que les registres les plus travaillés sont par ordre décroissant :

- **REGISTRE 1** : les savoir-être et les savoir-devenir (pour 11 répondants sur les 13) ;
- **REGISTRE 2** : les savoirs/ connaissances (pour 9 répondants sur les 13) et **REGISTRE 3** : l'intérêt suscité pour l'entrepreneuriat et les attitudes (également pour 9 répondants sur les 13) ;
- **REGISTRE 4** : l'acquisition d'outils et de techniques (pour 6 répondants sur les 13) ;
- **REGISTRE 5** : les perceptions de faisabilité du comportement de la création d'entreprise/le sentiment d'efficacité vis-à-vis de ce comportement (pour 3 répondants) et **REGISTRE 6** : la compétence (également pour 3 répondants).

Tableau 3. Apprentissages tirés des formations à l'entrepreneuriat

	Connaissances sur l'entrepreneuriat et les entrepreneurs	Changements attitudinaux/ Intérêt suscité	Perceptions de faisabilité/ Sentiment d'efficacité vis-à-vis de la création d'entreprise	Outils, techniques et savoir-faire acquis	Savoir-être et savoir-devenir	Compétences développées
CAS 1	La prise de risque, l'innovation et l'exploitation des opportunités sont inhérentes à l'entrepreneuriat.	Valorisation de la créativité.			Résolution à saisir les opportunités, prendre des risques si nécessaire, « Toujours chercher à se développer, être tenace et persévérer ».	
CAS 2	La nécessaire compatibilité Entrepreneur-Projet. Les attributs, comportements et compétences de l'entrepreneur	Attitude positive vis-à-vis de l'échec. Valorisation de l'innovation.	« Je me sens plus prête à me lancer dans l'aventure entrepreneuriale et à prendre des risques ».	Rédaction du Business Plan et du Business Model. Faire de la veille. Choisir le projet le mieux adapté aux spécificités d'une région donnée.	Aptitude au travail en équipe (2) *, apprentissage de la confiance dans l'équipe et les partenaires, de la collaboration et de la gestion des conflits. Ouverture d'esprit. Confiance en soi. Propension au réseautage, adaptabilité Sens de la responsabilité, persévérance et engagement.	Compétences en Marketing et en communication.
CAS 3		« Changement radical de ma vision envers la création d'entreprise »			Acquisition d'un raisonnement logique valable dans tous les domaines de la vie.	Accompagnement des primo-créateurs.
CAS 4	Les différentes phases de création d'un projet.	Valorisation de l'innovation et de la créativité.		La maîtrise « complète » de chaque partie du cycle de vie d'un projet.	Bien se lancer dans la vie professionnelle. Capacité d'exploiter les circonstances et d'en tirer profit. Capacité de faire face aux changements et d'adaptation à la réalité. La capacité de piloter une équipe et de l'orienter vers un but et un objectif précis.	La capacité de bien mener les phases de création d'une entreprise, de la faire évoluer et de la pérenniser.
CAS 5		Valorisation de l'innovation et de la prise de risque.		L'étude de marché.	« J'ai appris à prendre l'initiative, ne jamais reculer, ne jamais revenir en arrière ». Propension au réseautage.	
CAS 6		La nécessité de prendre des risques pour atteindre ses objectifs.	« J'ai pu développer ma vision à propos des opportunités de business ».	L'élaboration d'un Business-Plan.	La persévérance et la patience. La capacité de prendre les bonnes décisions au bon moment. Développement de softs-skills (esprit d'entreprendre, créativité, audace, motivation). La confiance en soi : « Je me sens unique ! ».	
CAS 7	La créativité, la création de valeur et le processus entrepreneurial.	Stimulation de l'envie d'entreprendre. Changement d'attitude vis-à-vis du risque	La création d'entreprise ne nécessite pas « autant d'argent qu'on le croit ».		Sens de l'organisation et capacités de planification pour atteindre ses objectifs même en cas d'imprévus.	

CAS 8	Les déterminants individuels de l'intention entrepreneuriale, La personnalité des créateurs, leurs motivations et leurs compétences; La construction d'une vision pragmatique des affaires.				L'autonomie, la patience pour créer une organisation, la créativité pour solutionner des problématiques sociales. Confiance en ses capacités de poursuivre sa carrière professionnelle, même dans des conditions difficiles.	
CAS 9	Le processus entrepreneurial. Les qualités de l'entrepreneur. Les déterminants de l'entrepreneuriat. L'entrepreneuriat comme un état d'esprit.	Vif intérêt suscité et envie d'aller plus loin. La nécessité de prendre des risques. Valorisation de la créativité.			Curiosité. Propension à rechercher les causes des problèmes pour bien les solutionner, esprit de synthèse. Importance de développer en permanence ses compétences avec l'autoformation (apprendre à apprendre).	
CAS 10	Le plan d'affaires, les logiques d'action des entrepreneurs. Les formes d'entrepreneuriat.				« Ne pas perdre l'espoir ». « gérer mes dépenses, agir plus vite, prendre seule les décisions qui me concernent, m'améliorer et être à jour dans tous les domaines ».	
CAS 11	L'opportunité d'affaire. Les avantages fiscaux et financiers offerts par l'Etat.	La nécessité de prendre des risques.		Comment faire un Business Model Canvas. Comment faire un Business Plan (étude de rentabilité, plan de financement…).		
CAS 12					Le travail en équipe, la prise d'initiative (2)* et l'ambition.	
CAS 13	L'importance du Marketing. Le Business Plan.			Comment faire un Business Plan.		

* « (2) » *signifie que l'idée a été énoncée deux fois dans le discours du répondant.*

Les apprentissages les plus prépondérants (REGISTRE 1) portent sur les savoir-être et les savoir-devenir. Le savoir-être comprend des capacités personnelles, cognitives et sociales telles que l'adaptabilité, l'esprit d'initiative et la conduite d'équipe, alors que le savoir-devenir est un savoir-faire cognitif qui va permettre à la personne de concevoir une représentation de son futur en se basant sur ses aspirations professionnelles et personnelles et ses compétences (Legrand, 2012). Dans ce registre, les capacités développées qui été soulignées par les répondants sont :

- Ambition, ténacité, persévérance, patience, résilience (cas 1, 2, 5, 6, 8, 10 et 12) ;
- Raisonnement logique, esprit de synthèse, capacité de prendre les bonnes décisions professionnelles et personnelles, organisation et planification (cas 3, 6, 7, 9, 10) ;
- Ouverture d'esprit, adaptabilité, réactivité (cas 2, 4, 7 et 10) ;
- Confiance en soi, assurance (cas 2, 4, 6, 8) ;
- Travail en équipe/collaboration et gestion des conflits, confiance dans l'équipe/ pilotage d'équipe (cas 2, 4 et 12) ;
- Exploitation des opportunités qui se présentent (cas 1et 4) ;
- Réseautage (cas 2 et 5) ;
- Apprentissage de la prise d'initiative (cas 5 et 12) ;
- Apprendre à apprendre, développer en permanence ses compétences, s'autoformer (cas 9 et 10) ;
- Créativité dans la résolution des problèmes (cas 6 et 8).

On relèvera que ce registre a été travaillé à la fois chez les étudiants de Licence, de Master professionnel et de Master de recherche, ce qui suggère qu'il est intimement lié à celui de l'acquisition de savoirs et de connaissances et non spécifique aux étudiants de la formation spécialisante à l'entrepreneuriat.

Dans les registres des connaissances sur l'entrepreneuriat et les entrepreneurs (REGISTRE 2) et du développement d'attitudes pro-entrepreneuriales (REGISTRE 3) [notamment la valorisation de la créativité et de l'innovation (cas 1, 2, 4, 5 et 9) et la prise de conscience de la nécessité de prendre des risques en vue d'atteindre ses objectifs (cas 5, 6, 7, 9 et 11)], il faut souligner ici qu'il a parfois été difficile d'identifier ce qui relève de l'acquisition d'un savoir (l'entrepreneur innove et prend des risques) et ce qui relève du changement attitudinal (les répondants ont intériorisé ces attributs lesquels vont infléchir leurs actions futures).

En ce qui concerne l'acquisition d'outils et de techniques (REGISTRE 4), on peut relever que l'apprentissage de l'élaboration du Business-Plan, outil pédagogique emblématique du Master professionnel en entrepreneuriat, n'a été évoqué que par 5 répondants parmi les 9 étudiants de ce Master. Donc, même dans une formation spécialisante à l'entrepreneuriat, l'apprentissage de l'outil-phare de la formation (le Business-Plan) n'est pas systématique.

Enfin, le REGISTRE 5 (les perceptions de faisabilité du comportement de la création d'entreprise/le sentiment d'efficacité vis-à-vis de ce comportement) et le REGISTRE 6 (la compétence) semblent être les moins travaillés par la formation. Pour les trois cas concernés par le REGISTRE 5, il s'agit davantage de dédramatisation du comportement de la création d'entreprise et de perceptions de sa faisabilité, que de sentiment d'efficacité vis-à-vis de ce comportement. Ainsi, le cas 6 dit : « J'ai pu développer ma vision à propos des opportunités de business » et semble donc référer à la prise de conscience de l'existence d'opportunités d'affaires ; le cas 7 dit : « J'ai compris que la création d'entreprise ne nécessitait pas autant d'argent qu'on le croit ». Seul le cas 2 a exprimé un sentiment d'auto-efficacité vis-à-vis de la création en disant : « Je me sens plus prête à me lancer dans l'aventure entrepreneuriale et à prendre des risques ». Quant aux trois cas concernés par le registre d'apprentissage de compétences, seul l'un parmi eux (le cas 4) fait référence à des compétences de création/pérennisation d'entreprise.

En termes de cooccurrences, on voit que l'acquisition d'outils et techniques ne va pas de pair avec le développement du sentiment de compétence vis-à-vis de la création d'entreprise, sauf pour le cas 2 qui dit se sentir plus prête à se lancer dans l'aventure entrepreneuriale, et dans une certaine mesure le cas 6, qui estime qu'elle perçoit davantage maintenant les opportunités d'affaires. Le registre des savoir-être et savoir-devenir semble être celui qui est au centre de l'organisation des représentations des apprentissages acquis, si on considère sa fréquence et le nombre de ses cooccurrences avec le registre des connaissances (7 fois) et celui des changements attitudinaux (8 fois). Dit autrement, l'acquisition de connaissances sur les entrepreneurs et l'entrepreneuriat, l'intérêt suscité pour ce domaine et la prise de conscience de l'importance que peut revêtir le changement de certaines attitudes pour maximiser ses chances de bien intégrer le domaine professionnel et réussir, induisent des apprentissages surtout dans le registre des savoir-être et savoir-devenir.

Enfin, il convient de souligner que le cas 2 est celui qui semble avoir tiré le plus d'apprentissages de la formation, dans le sens où l'enseignement a été opérant sur tous les registres.

Résultat 2 : Les registres d'apprentissage les plus travaillés par la formation à l'entrepreneuriat dans ce contexte sont les savoir-être et savoir-devenir (des compétences comportementales/ sociales/ cognitives générales), en lien avec les connaissances acquises sur l'entrepreneuriat, l'intérêt suscité par/ pour ce domaine et la prise de conscience de l'importance de certains attributs tels que la créativité et la prise de risque pour la réussite professionnelle. Une certaine technicité entrepreneuriale est développée parmi les étudiants de Master professionnel en entrepreneuriat, mais les enseignements et formations à l'entrepreneuriat ont peu d'impact sur l'acquisition de compétences entrepreneuriales et sur le développement du sentiment d'efficacité vis-à-vis de la création d'entreprise.

3.3.3. Liens entre la singularité perçue de la formation à l'entrepreneuriat et les registres des apprentissages

Les trois répondants du niveau de Licence n'ont pas perçu de différence entre le cours d'entrepreneuriat et les autres cours. Pourtant, ils ont pu acquérir des savoir-être et savoir-devenir. Cela semble indiquer que le développement de ce registre d'apprentissage n'est pas tant lié à la spécificité de l'action pédagogique qu'à la singularité du domaine de l'entrepreneuriat et sa capacité à susciter l'intérêt et à opérer une certaine prise de conscience chez les étudiants quelque soient les méthodes pédagogiques.

Cependant, on peut noter aussi que c'est le cas 2, c'est-à-dire l'étudiante qui a le plus perçu la singularité de la formation (vraisemblablement parce qu'elle a eu une formation initiale en Génie biomédical), qui a tiré le plus d'apprentissages de la formation. Mais il est possible que l'intérêt suscité pour l'apprentissage chez cette étudiante provienne également des multiples expériences associatives et entrepreneuriales auxquelles la formation entrepreneuriale donne plus de sens et qu'elle complète.

Viennent ensuite les cas 4, 6 et 7 qui ont tiré des apprentissages conséquents de la formation (quatre registres d'apprentissages pour chacun). Le cas 4 (étudiant du Master professionnel) a souligné la proximité/le suivi des enseignants, la singularité des exercices pédagogiques et leur utilité dans la vie professionnelle. Ici, la singularité perçue de l'action pédagogique a suscité l'intérêt et l'ouverture à l'apprentissage. Le cas 6 (étudiante du Master professionnel) n'a pas vu de différence entre les cours d'entrepreneuriat et les autres cours mais a valorisé le caractère complémentaire et englobant de l'enseignement de l'entrepreneuriat, ce qui a manifestement suscité son intérêt et sa motivation à apprendre. Le cas 7 (étudiante en Licence fondamentale de Management) n'a pas perçu de différence entre le cours d'entrepreneuriat et les autres cours mais c'est une étudiante qui a une importante expérience associative et professionnelle comme le cas 2. Il est donc possible que ce soit l'exposition préalable à des expériences associatives et entrepreneuriales qui suscite l'intérêt et la motivation à apprendre et donne du sens à l'apprentissage même si la singularité du cours n'est pas perçue.

Résultats 3 : Même quand la singularité de l'enseignement de l'entrepreneuriat n'a pas été perçue, les étudiants ont développé des apprentissages dans le registre des savoir-être et savoir-devenir, ce qui suggère que c'est la singularité perçue du domaine de l'entrepreneuriat et l'intérêt suscité à son égard par les connaissances qui ont conduit à ces apprentissages. Cependant, lorsque la singularité de l'enseignement a vraiment été perçue et/ou lorsque l'étudiant(e) a été préalablement exposé(e) à des expériences associatives et entrepreneuriales, les apprentissages dans différents registres ont été plus importants.

En définitive, dans un contexte culturel et institutionnel où il existe peu de traditions entrepreneuriales, où persistent le modèle classique de l'université et les méthodes d'enseignement transmissives et où les étudiants ont tendance à développer des styles d'apprentissage « sérialistes » (Pask, 1976) et à prioriser la finalité de l'obtention du diplôme, la singularité de l'enseignement de l'entrepreneuriat n'est pas toujours perçue. Mais quand la différence avec les autres enseignements est perçue, ce qui caractérise et différencie le plus cet enseignement dans les représentations des étudiants, c'est essentiellement son utilité dans la vie professionnelle et personnelle. Cette perception n'est pas tant suscitée par la singularité de l'action pédagogique que par la singularité même du domaine de l'entrepreneuriat. Par ailleurs, il s'avère que les registres d'apprentissage les plus travaillés par cet enseignement sont les savoir-être et savoir-devenir, les connaissances et, dans une certaine mesure, les attitudes. Enfin, les étudiants qui ont tiré le maximum d'apprentissages de la formation sont, soit ceux qui viennent d'un cursus autre que la gestion et ayant acquis une certaine maîtrise technique ou technologique et/ou ayant été préalablement exposés à des expériences associatives et professionnelles (ou les deux), soit ceux qui ont perçu une singularité de l'action pédagogique et/ou le potentiel de transfert et de mobilisation des apprentissages dans la vie professionnelle. Ces résultats étayent largement l'importance de la singularité perçue (et donc de la singularisation) de l'enseignement de l'entrepreneuriat dans l'étendue des apprentissages tirés de la formation entrepreneuriale, mais révèlent également le rôle important que peut jouer l'exposition préalable des jeunes à des expériences associatives et entrepreneuriales dans l'attribution de sens à l'enseignement de l'entrepreneuriat et les motivations à l'apprentissage dans ce domaine.

3.4. Discussion

Pour ce qui est des perceptions de l'enseignement de l'entrepreneuriat, nous avons constaté, de façon récurrente, la similitude des réponses des étudiants des différents niveaux et, plus précisément, l'absence de différence fondamentale entre les étudiants du Master professionnel entrepreneuriat et les autres répondants (sauf pour ce qui est de l'acquisition d'outils et techniques spécifiques en montage de projets). Nous pouvons avancer ici plusieurs explications : la formation spécialisante de Master n'est pas suffisamment singularisée par rapport à l'apprentissage initial en gestion (redondance des matières de gestion, marketing, droit…) ; l'action pédagogique se fait de manière transmissive et se situe de façon prépondérante dans le registre des connaissances théoriques, même lors de la mise en œuvre des outils pédagogiques dédiés (Business-Plan, Business-Model) et des pédagogies « actives » ; les enseignants statutaires (peu roués au monde des affaires) qui interviennent dans les cours de sensibilisation en Licence sont ceux-là mêmes qui interviennent dans le Master professionnel. Par conséquent, la formation de Master professionnel se situe dans la continuité et ne diverge pas fondamentalement par rapport à l'apprentissage habituel.

En ce qui concerne les registres des apprentissages, nos résultats dessinent les contours de la formation entrepreneuriale dans le contexte étudié : l'enseignement de l'entrepreneuriat est un enseignement généralement classique, mais qui arrive quand-même à susciter l'intérêt pour l'entrepreneuriat. Cet enseignement comporte une dimension de découverte de l'entrepreneuriat qui ne laisse pas indifférent. Il se différencie donc en lui-même, par la singularité de ses contenus. Il dote les apprenants de connaissances, enclenche chez eux certains changements attitudinaux mais opère surtout au niveau des savoir-être et savoir-devenir. Par conséquent, ce n'est pas un cadre qui va changer en profondeur les attitudes des étudiants en rapport notamment avec la prise de risque et les ancres et projections professionnelles, développer chez eux une professionnalité entrepreneuriale, renforcer leur sentiment de compétence vis-à-vis de la création d'entreprise ou susciter des intentions entrepreneuriales. D'ailleurs, l'univers discursif des répondants révèle cette absence d'ancrage concret dans le monde entrepreneurial. Même dans le parcours spécialisant, la formation reste surtout un cadre de sensibilisation et de socialisation, non de professionnalisation à l'entrepreneuriat. Pour autant, il ne s'agit pas de minimiser l'effectivité de la formation entrepreneuriale. En effet, en développant essentiellement les soft-skills, elle améliore l'employabilité de qualité et permet l'insertion réussie et la maximisation des chances de succès dans la vie professionnelle, ce que confirment les retours d'information sur les diplômés du Master professionnel entrepreneuriat. En outre, les savoir-être et savoir-devenir acquis (lesquels constituent des attributs importants en entrepreneuriat), pourront être retravaillés, développés, renforcés, mûris et consolidés par les expériences professionnelles et susciter peut-être plus tard l'envie d'entreprendre. Enfin, ces apprentissages permettront probablement aux jeunes de mieux s'adapter aux exigences évolutives du monde du travail et de mettre en œuvre des comportements intrapreneuriaux et productifs dans l'emploi.

CONCLUSION

L'objet de cet article était de comprendre dans quelle mesure les étudiants percevaient la singularité de l'enseignement de l'entrepreneuriat par rapport aux autres enseignements. Pour ce faire, nous avons mobilisé le cadre théorique de la catégorisation, puis mené une étude qualitative exploratoire auprès de 13 étudiants ayant suivi une ou plusieurs formations à l'entrepreneuriat à l'ESC Tunis. Les principales conclusions tirées de cette recherche sont que l'enseignement de l'entrepreneuriat est essentiellement singularisé par la référence à son utilité dans la vie professionnelle et personnelle, que cette singularité perçue provient en grande partie de la singularité du domaine même de l'entrepreneuriat et qu'elle induit surtout des apprentissages dans les registres des savoir-être et savoir-devenir, des connaissances, de l'intérêt suscité pour l'entrepreneuriat et de l'enclenchement de certains changements attitudinaux. En d'autres termes, la singularisation de l'enseignement de l'entrepreneuriat a un rapport avec les apprentissages tirés de la formation. Ou, plus exactement, les représentations de la singularité de l'enseignement ont un rapport avec les registres d'apprentissage les plus travaillés.

En termes d'implications théoriques, la recherche restitue d'une certaine manière les modalités suivant lesquelles les étudiants s'approprient les dispositifs de formation à l'entrepreneuriat et opèrent une certaine sélectivité au niveau des perceptions des finalités de l'enseignement et au niveau des apprentissages, ce qui est assez révélateur de leurs représentations et de leurs attitudes vis-à-vis de l'apprentissage (reproduction des mêmes stratégies d'apprentissage restitutives) et de l'entrepreneuriat (aversion au risque, recherche de sécurité…) (Taktak-Kallel, 2020). Cela plaide pour une certaine prise de distance par rapport à l'universalisme des approches et outils pédagogiques préconisés en entrepreneuriat. En effet, nous avons pu relever dans ce travail que même les outils-phares de la formation de Master professionnel en entrepreneuriat (le Business-Plan et le Business-Model), « universalisés » parce que censés être les plus neutres et les moins polémiques (Starck, 2017) se voyaient attribuer par les étudiants une finalité socialisatrice plutôt que professionnalisante.

Quant aux implications pratiques, trois niveaux d'action interdépendants et solidaires nous paraissent envisageables à l'issue de cette recherche :

- Clarifier les ambitions et les objectifs des formations à l'entrepreneuriat pour qu'il n'y ait pas d'ambigüités pour les acteurs et pour dédier à cet enseignement les ressources, les actions pédagogiques et les modalités d'évaluation les plus appropriées ;
- Singulariser l'action pédagogique suivant les objectifs priorisés. En fonction de ces objectifs, la singularisation peut porter sur les manières d'enseigner en général et en passant d'un cycle d'études à un autre, les profils des intervenants (les enseignants qui sensibilisent ne devraient pas être ceux-là mêmes qui spécialisent), les profils des apprenants au sein de la même formation (recruter des étudiants des spécialités autres que la gestion quand c'est possible) ; les méthodes évaluatives... ;
- Travailler en permanence sur les attitudes et les représentations des étudiants, que ce soit dans le cadre des cours d'entrepreneuriat, des autres cours (professionnalisation et apprentissage de compétences, renforcement du sentiment de compétence des étudiants, autonomisation) ou dans les activités académiques (rapprochement des réalités professionnelles et économiques, renforcement des activités associatives, encouragement de l'expression – artistique, créative, citoyenne... – des étudiants).

Au final, malgré les limites de ce travail qui sont notamment celles liées aux démarches qualitatives exploratoires (étroitesse de l'échantillon, subjectivité interprétative, difficulté de la généralisation), la recherche a permis d'établir les liens entre la singularisation de l'action pédagogique en entrepreneuriat et l'impact de la formation entrepreneuriale. De futurs travaux pourraient tester empiriquement ces liens dans d'autres contextes culturels et formatifs et clarifier davantage le rôle que jouent le curriculum initial et l'exposition entrepreneuriale préalable ou simultanée de l'étudiant dans la réception de l'enseignement de l'entrepreneuriat, la perception de sa singularité et l'étendue des apprentissages qui en sont tirés.

BIBLIOGRAPHIE

ABBES, I., AMARI, F., ALLAYA, A. (2016), Impact de l'enseignement de l'entrepreneuriat sur l'intention d'entreprendre, XXVe Conférence Internationale de Management Stratégique, 30 mai-1er juin, Hammamet.

ABRIC, J.C. (1987), *Coopération, Compétition et Représentations Sociales*, Delval, Cousset.

ALBA, J.W., HUTCHINSON, J.W. (1987), Dimensions of consumer expertise, *Journal of Consumer Research,* 13(4), 411-454.

ALLOUCH, B., AKKARI, A. (2020), L'enseignement supérieur en Tunisie : A-t-on sacrifié la qualité face aux pressions quantitatives ?, *La Revue Marocaine de la Pensée Contemporaine*, 5, Janvier, https://revues.imist.ma/index.php/RMPC/article/view/18824
ALOULOU, W., FAYOLLE, A. (2007), L'enseignement de l'entrepreneuriat à l'université: Enjeux, légitimité et pédagogies, in Zghal, R. (dir.), *L'entrepreneuriat, Théories, acteurs, pratiques,* Chapitre 7, Tunis, Editions Sanabil Med, 197-234.
AOUNI, Z. (2011), Démystification d'une pédagogie émergente : l'approche par les compétences, *Entreprendre* & *Innover*, 11-12(3), 120-126.
AOUNI, Z., SURLEMONT, B., (2007), Les processus d'acquisition des compétences entrepreneuriales ; une approche cognitive, 5ème congrès de l'Académie de l'Entrepreneuriat, 4-5 octobre, Sherbrooke.
AVENIER, M.J. (2011a), Pourquoi jeter le bébé avec l'eau du bain? Méthodologie sans épistémologie n'est que ruine de la réflexion!, *le Libellio d'AEGIS*, 7(1), 39-52.
AVENIER, M. (2011b), Les paradigmes épistémologiques constructivistes : post-modernisme ou pragmatisme ?, *Management* & *Avenir*, 43, 372-391, https://doi.org/10.3917/mav.043.0372
BARSALOU, L.W. (1999), Perceptual symbol system, *Behavioral and Brain Sciences*, 22(4), 577-660.
BARSALOU, L.W., HUTTENLOCHER, J., LAMBERTS, C. (1998), Basing categorization on individuals and events, *Cognitive Psychology*, 36(3), 203-272.
BECHARD, J.P., GREGOIRE, D. (2009), Archétypes d'innovations pédagogiques dans l'enseignement supérieur de l'entrepreneuriat : modèle et illustrations [1], *Revue de l'Entrepreneuriat*, 2(2), 35-56, https://doi.org/10.3917/entre.082.0035
BECHARD, J.P., TOULOUSE, J.M. (1995), Fondements théoriques des programmes de développement en entrepreneurship : une étude exploratoire, *Cahier de recherche*, 304, 95-01, HEC Montréal.
BEN SEDRINE, S. (2009), La Tunisie, in Labaki, B. (ed.), *Enseignement supérieur et marché du travail dans le monde arabe*, Beyrouth, Presses de l'Ifpo, 83-118, https://books.openedition.org/ifpo/771?lang=en#authors
BEN SLIMANE, M. (1997). Discours et parcours des réformes universitaires tunisiennes, in Ben Slimane, M., Dhahri, N. (dir.), *Réformes universitaires et mutations socioculturelles*, Tunis, imp. Eigraph.
BERGAMASCHI, A. (2011), Attitudes et représentations sociales. Les adolescents français et italiens face à la diversité, *Revue européenne des sciences sociales*, 49(2), 93-122, https://doi.org/10.4000/ress.996
BERTRAND, Y., VALOIS, P. (1976), *L'éducation de demain*, Québec, M.E.Q., Direction générale de la planification.
BINKS, M., STARKEY, K., MAHON, C. L. (2006), Entrepreneurship education and the business school, *Technology Analysis* & *Strategic Management*, 18(1), 1-18, doi: 10.1080/09537320500520411.

BOUDABBOUS, S. (2011), L'intention entrepreneuriale des jeunes diplômés, *Revue Libanaise de Gestion et d'Economie*, 4(6), 1-20.
BOUSLIKHANE, A. (2011), *Enseignement de l'entrepreneuriat : pour un regard paradigmatique autour du processus entrepreneurial*, Thèse de Doctorat en Gestion et management, Université de Nancy 2.
BOUTILLIER, S., UZUNIDIS, D. (1999), *La légende de l'entrepreneur*, Paris, Syros.
CAUDRON, F., IBERT, J. (2017), La Formation à l'Entrepreneuriat à l'Épreuve du Réel : Bilan de 5 Années de Licence Professionnelle des Métiers de l'Entrepreneuriat, *Revue ManagementS*, Dossier n°1, Perspectives africaines,1er Juillet,
https://www.revue-managements.com/category/dossiers/perspectives-africaines/
CHAABOUNI, H., FAYOLLE, A., GHORBEL, F., BOUJELBENE, Y. (2012), L'entrepreneur effectual face aux limites du plan d'affaires, *Entreprendre & Innover*, 15(3), 25-32.
CHAMBARD, O. (2013), La promotion de l'entrepreneuriat dans l'enseignement supérieur. Les enjeux d'une création lexicale, *Mots. Les langages du politique*, 102(2), 103-120, http://mots.revues.org/21374
CHEVALLARD, Y. (1985), *La transposition didactique. Du savoir savant au savoir enseigné*, Paris, Éditions La Pensée Sauvage.
COHEN, J.B., BASU, K. (1987), Alternative models of categorization: toward a contingent processing framework, *Journal of Consumer Research*, 13(4), 455-472.
COOPER, A., DUNKELBERG, W. (1986), Entrepreneurship and paths to business ownership, *Strategic Management Journal*, 7(1), 53-68.
CORON, C. (2013), La formation à l'entrepreneuriat dans l'enseignement supérieur au Royaume-Uni, aux États-Unis et en France : un modèle influencé par la crise ?, in Coste J.H. (dir.), *Les sociétés entrepreneuriales et les mondes anglophones*, Paris, Presses Sorbonne Nouvelle, 199-217.
DEJARDIN, M. (2003), Entrepreneuriat et croissance, une conjonction évidemment favorable ?, *Development and Comp Systems*, 0306003, University Library of Munich, Germany, revised 25 Jun 2003.
DRUCKER, P.F. (1985), *Innovation and entrepreneurship*, New-York, Harper Row.
DUMEZ, H. (2004), Élaborer la théorie à partir des données, *Revue Sciences de Gestion*, 44, 139-155.
DYER, W. G. (1994), Toward a Theory of Entrepreneurial Careers, *Entrepreneurship Theory and Practice*, winter, 19(2), 7-21.
EL GHOUL, A., HAMROUNI, A. (2017), L'enseignement de l'entrepreneuriat en Tunisie : université versus hors université : vers la mise en place de l'approche par compétence, *International Conference on Business, Economics, Marketing & Management Research (BEMM-2017)*, November 17, Sousse.

EVRARD, Y., PRAS, B., ROUX, E. (1997), *Market. Etudes et recherches en marketing, Fondements, Méthodes*, Paris, Nathan.
FAGNIEZ, G., GAUVRY, C. (2017), Présentation, *Les Études philosophiques*, 3(3), 319-330, https://doi.org/10.3917/leph.173.0319
FALLERY, B., RODHAIN, F. (2007), Quatre approches pour l'analyse de données textuelles : lexicale, linguistique, cognitive, thématique, *XVIème Conférence Internationale de Management Stratégique*, 6-9 Juin, Montréal.
FAYOLLE, A. (2004), A la recherche du cœur de l'entrepreneuriat : vers une nouvelle vision du domaine, *Revue internationale P.M.E.*, 17(1), 101-121, https://doi.org/10.7202/1008453ar
FAYOLLE, A. (2007), De l'artisanat à la science : modèles d'enseignement et processus d'apprentissage dans les enseignements en entrepreneuriat, *5ème Congrès de l'Académie de l'Entrepreneuriat*, 4-5 octobre, Sherbrooke.
FAYOLLE, A., GAILLY, B. (2009), Évaluation d'une formation en entrepreneuriat : prédispositions et impact sur l'intention d'entreprendre, *M@n@gement*, 12(3), 176-203, doi:10.3917/mana.123.0176.
FAYOLLE, A., KLANDT, H. (eds) (2006), *International Entrepreneurship Education – Issues and Newness*, Cheltenham, Edward Elgar.
FAYOLLE, A., VERZAT, C. (2009), Pédagogies actives et entrepreneuriat : quelle place dans nos enseignements ?, *Revue de l'entrepreneuriat*, 8(2), 1-15.
FISKE, S.T., PAVELCHAK, M.A. (1986), Category-based versus piecemeal-based affective responses: Developments in schema-triggered affect, in Sorrentino, R. M., Higgins, E. T. (eds), *The Handbook of Motivation and Cognition: Foundations of Social Behavior,* New York, Guilford, 167-203.
GALLEN, C., PANTIN-SOHIER, G., PEYRAT-GUILLARD, D. (2018), Les mécanismes cognitifs d'acceptation d'une innovation alimentaire de discontinuité : le cas des insectes en France, *Recherche et Applications en Marketing*, 34(1), 50-77, https://doi.org/10.1177/0767370118782449
GIBB, A.A. (1996), Entrepreneurship and small Business Management: Can we afford to neglect them in the twenty-first century business school?, *British Journal of Management*, 7(4), 309-324.
(von) GLASERSFELD, E. (1988), Introduction à un constructivisme radical, in Watzlawick P. (dir.), *L'invention de la réalité*, Paris, Seuil, 19-43.
HAHN, U., CHATER, N. (1997), Concepts and similarity, in Lamberts, K., Shanks, D. (eds), *Knowledge, concepts, and categories*, Cambridge, MA, MIT Press, 43-92.
HLADY-RISPAL, M. (2002), *La méthode des cas – Application à la recherche en gestion*, Bruxelles, De Boeck Université.
HORNADAY, J.A., ABOUD, J. (1971), Characteristics of successful entrepreneurs, *Personnel Psychology*, 24(2), June, 141-153, https://doi.org/10.1111/j.1744-6570.1971.tb02469.x

INTERNATIONAL LABOUR OFFICE - ILO (2015), *Global Employment Trends for Youth 2015: Scaling up investments in decent jobs for youth*, Geneva.
JEMLI, H. (2018), Effet de l'enseignement de l'entrepreneuriat sur l'intention entrepreneuriale des étudiants inscrits dans les écoles tunisiennes d'ingénieurs, *Revue Marché et Organisations*, 33(3), 145-171.
JOHANNISSON, B. (1991), University Training for entrepreneurship: Swedish Approaches, *Entrepreneurship & Regional Development*, 3(1), 67-82.
KATZ, J.A. (1990), Longitudinal analysis of self-employment follow-through, *Entrepreneurship And Regional Development*, 2(1), 15-26.
KEARNEY, P. (1999), *Enterprising ways to teach and learn,* a series of books: Book 1, *Enterprise Principles*, North Hobart, Tasmania, Australia, Enterprise Design Associates, Pty Ltd.
KNOLL, L., SCHMITT, C., BAYAD, B. (2003), Du plan d'affaires à la formation au plan d'affaires : Le plan d'affaires vu comme un outil d'intermédiation et de structuration dans la conception des organisations, *Colloque « L'entrepreneuriat en action »*, 23-24 octobre, Agadir.
KOURILSKY, M. (1995), Entrepreneurship Education; Opportunity in search of curriculum, *Business Education Forum*, 50(10), 11-15.
KRIEF, N., ZARDET, V. (2013), Analyse de données qualitatives et recherche-intervention, *Recherches en Sciences de Gestion*, 2(2), 211-237. https://doi.org/10.3917/resg.095.0211
KURATKO, D.F. (2005), The emergence of entrepreneurship education: development, trends and challenges, *Entrepreneurship Theory and Practice*, 29(5), September, 577-597, doi: 10.1111/j.1540-6520.2005.00099.x.
LEGER-JARNIOU, C. (2001), A propos de promotion auprès des jeunes, esprit d'entreprise ou esprit d'entreprendre ?, *Forum « L'entrepreneuriat dans la Grande Région »*, 18 mai, Luxembourg.
LEGRAND, E. (2012), *L'apprentissage dans une formation-action à l'entrepreneuriat : le cas du concours universitaire Campus Entrepreneur*, Thèse de doctorat en Sciences de gestion, I.A.E., Université de Limoges.
LEJEUNE, C. (2010), Montrer, calculer, explorer, analyser. Ce que l'informatique fait (faire) à l'analyse qualitative, *Recherches Qualitatives*, Hors Série, 9, 15-32.
LE MOIGNE, J.L. (2001), *Le Constructivisme, Tome 1: Les Enracinements*, Paris, L'Harmattan.
MACHERY, E. (2004), Catégorisation et attribution de propriétés, *Cahiers Philosophiques de Strasbourg*, 17, premier semestre, 119-147.
MCCLELLAND, D.C. (1961), *The Achieving Society*, Princeton, N.J., D. Van Nostrand Company.
MCCLELLAND, J.L., RUMELHART, D.E. (1985), Distributed memory and the representation of general and specific information. *Journal of Experimental Psychology: General*, 114(2), 159-188.
MEDIN, D.L., SCHAFFER, M. (1978), A context theory of classification learning, *Psychological Review*, 85(3), 207-238.

NEGURA, L. (2006), L'analyse de contenu dans l'étude des représentations sociales, *SociologieS* [Online], Theory and research, 22 October, connection on 27 March 2021, http://journals.openedition.org/sociologies/993

ORGANISATION DE COOPERATION ET DE DEVELOPPEMENT ECONOMIQUES - OCDE (2001), *Encourager les jeunes à entreprendre: Les défis politiques,* publié le 22 février, ISBN: 9264288643.

ORGANISATION INTERNATIONALE DU TRAVAIL – OIT (2013), *Analyse du système éducatif Tunisien*, Rapport d'étude.

ODOU, P. (2005), L'heuristique d'ancrage et d'ajustement comme mode d'évaluation d'un produit nouveau, *Recherche et Applications en Marketing*, 20(3), 21-38.

PAILLE, P. (1996), De l'analyse qualitative en général et de l'analyse thématique en particulier, *Recherches qualitatives*,15, 179-194.

PASK, G. (1976), Styles and strategies of learning, *British Journal of Educational Psychology*, 46(2), 128-148.

PATTON, M.Q. (1999), Enhancing the quality and credibility of qualitative analysis, *Health Services Research*, 34(5), 1189-1208.

PEPIN, M. (2011), L'entrepreneuriat en milieu scolaire : de quoi s'agit-il?, *Revue des sciences de l'éducation de McGill*, 46(2), 303-326, https://doi.org/10.7202/1006441ar

PIAGET, J. (1969), *Psychologie et pédagogie*, Paris, Denoël-Gonthier.

PIRNAY, F., AOUNI, Z., LAMBERT, A.F., DONNAY, J., DE POORTER, X., DE COSTER, E. (2005), *Réalisation d'une boîte à outils pédagogiques qui contribuent au développement de l'esprit d'entreprendre à l'attention des enseignants et étudiants de l'enseignement secondaire*, Rapport réalisé pour compte de la fondation FREE, www.freefondation.be

REED, S.K. (1999), *Cognition : théories et applications*, Bruxelles, De Boeck Université.

REKIK, F. (2007), Vers quelle culture entrepreneuriale de l'Université tunisienne ? L'employabilité des diplômés des filières « Lettres et Sciences humaines », in Mazzella, S. (dir.), *L'enseignement supérieur dans la mondialisation libérale*, Tunis, IRMC, 162-179, https://books.openedition.org/irmc/739

RONDSTAT, R. (1990), The educated entrepreneurs: A new era of entrepreneurial education is beginning, in Kent, C.A. (ed.), *Entrepreneurship Education*, New York, Quorum Books, 69-88.

ROSA, E., TAFANI, E., MICHEL, G., ABRIC, J.C. (2011), Rôle du processus de catégorisation dans le fonctionnement des représentations sociales : une application dans le champ du marketing, *Les Cahiers Internationaux de Psychologie Sociale*, 91(3), 253-281, doi : 10.3917/cips.091.0253.

ROSCH, E., MERVIS, C.B. (1975), Family resemblances: Studies in the internal structure of categories, *Cognitive Psychology*, 7(4), 573-605.

SALES-WUILLEMIN, E. (2006), *La catégorisation et les stéréotypes en psychologie sociale*, Paris, Dunod.
SALES-WUILLEMIN, E. (2007), Catégorisation et représentations sociales, in Bromberg M., Trognon A. (dir.), *Cours de psychologie sociale 2*, Presses Universitaires de France, 7-32, https://halshs.archives-ouvertes.fr/halshs-00903240/document
SAPORTA, B., VERSTRAETE, T. (2000), Réflexions sur l'enseignement de l'entrepreneuriat dans les composantes en sciences de gestion des universités françaises, *Gestion 2000*, 17(3), 97-121.
SHANE, S. (2010), *Born Entrepreneurs, Born Leaders: How Your Genes Affect Your Work Life*, Oxford and New York, Oxford University Press.
SOLOMON, G.T., DUFFY, S., TARABISHY, A. (2002), The state of entrepreneurship Education in the United States: A Nationwide survey and analysis, *International Journal of Entrepreneurship Education*, 1(1), 1-22.
STARCK, S. (2017), Formation à l'entrepreneuriat dans le secondaire français : quelles réalités politiques, du supranational au local ?, *Formation emploi*, 140(4), octobre-décembre, 127-145,
http://journals.openedition.org/ formation emploi/5240
SURLEMONT, B. (2011), *Former pour entreprendre ? Réflexions sur l'approche pédagogique en matière d'entrepreneuriat*, document de travail, Belgique, Université de Liège.
TAJFEL, H., WILKES, A.L. (1963), Classification and quantitative judgement, *British Journal of Psychology*, 54(2), 101-114.
TAKTAK KALLEL, I. (2005), Etat des lieux de l'enseignement de l'entrepreneuriat dans les universités tunisiennes : pour une évaluation des couples enseignements/établissements dans leur capacité à créer une dynamique entrepreneuriale, *4ème Congrès de l'Académie de l'Entrepreneuriat*, 24-25 novembre, Paris.
TAKTAK-KALLEL, I. (2020), Reconsidering the entrepreneurial intention-action gap for students trained in entrepreneurship in Tunisia: An analysis from the perspective of Sociology of Uses, *International Journal of Management, Innovation & Entrepreneurial Research*, 6(2), 100-111, https://mgesjournals.com/ijmier/article/view/ijmier.2020.6210/3336
TARDIF, J. (1998), *Intégrer les nouvelles technologies de l'information : quel cadre pédagogique*, Paris, ESF.
TOUNES, A. (2003),*Une recherche comparative entre des étudiants suivant des formations en entrepreneuriat (bac+5) et des étudiants en DESS CAAE*, Thèse de Doctorat en Sciences de Gestion, Université de Rouen, Faculté de Droit, des Sciences Economiques et de Gestion.
TOUTAIN, O., SALAGADO, M. (2014), Quels sont les effets des pédagogies actives dans l'apprentissage de l'entrepreneuriat, *Revue de l'entrepreneuriat*, 13(2), 55-88.
TVERSKY, A., KAHNEMAN, D. (1974), Judgment under Uncertainty: Heuristics and Biases, *Science*, 185(4157), 1124-1131 (JSTOR 1738360).

VAUTIER, J.F. (2011), De l'intérêt des listes de catégories pour appréhender la diversité et aborder la systémique, *8ème Congrès International de l'Union Européenne de Systémique*, 20-22 octobre, Bruxelles, http://aes.ues-eus.eu/aes2011/Diversite_Vautier.pdf
VERMEREN, P. (2002), *La formation des élites marocaines et tunisiennes. Des nationalistes aux islamistes, 1920-2000*, Paris, La Découverte, Collection « Recherches ».
VESPER, K.H. (1987), Entrepreneurship Academics. How can we tell when the field is getting somewhere?, *Journal of Small Business Management*, 25(2), April, 1-7.
WACHEUX, F. (1996), *Méthodes qualitatives et recherche en gestion*, Paris, Economica Gestion.
WATBLED, J.P. (2009), Aristote et les origines de la logique et de la philosophie occidentale du langage, *Travaux & documents*, Université de La Réunion, Faculté des lettres et des sciences humaines, Journées de l'Antiquité, 51-73.
ZHANG, Z., ILIES, R., ARVEY, R. D. (2009), Beyond genetic explanations for leadership: The moderating role of the social environment, *Organizational Behavior and Human Decision Processes*, 110(2), 118-128, https://doi.org/10.1016/j.obhdp.2009.06.004

RÉDUIRE L'AMBIGUÏTE D'UN COURS EN LIGNE DE GLOBAL ENTREPRENEURSHIP : PERTINENCE DU CADRE WEICKIEN

Christine MARSAL
Université de Montpellier - Montpellier Recherche en Management
IAE - Ecole Universitaire de Management
christine.marsal@umontpellier.fr

RÉSUMÉ

Les recherches sur l'enseignement à distance concernent peu l'entrepreneuriat dans un contexte international. Pour répondre à cet état de fait, notre étude propose un cadre d'analyse managérial. Dans le contexte de ce cours, les étudiants sont placés en situation d'ambiguïté. Nous cherchons à savoir comment la combinaison des actions et des interactions permet aux étudiants de surmonter les ambiguïtés d'un cours à distance de *Global Entrepreneurship.* Pour répondre à cette question nous nous appuyons sur une étude de cas présentée sous la forme d'une histoire racontée : retours d'expérience de 47 étudiants participant à la première session du cours (2017-2018), notes de l'enseignant. Les résultats indiquent que les étudiants doivent surmonter plusieurs causes d'ambiguïté, la plupart s'adaptent à ce contexte. Les enseignants font évoluer l'*organizing* du cours afin de favoriser les interactions entre étudiants. Les spécificités d'un tel cours pourraient intéresser des enseignants ou des cadres d'entreprises internationales.

Mots-clés : Entrepreneuriat, Weick, ambiguïté, interactions, enseignement à distance.

ABSTRACT

Reducing Ambiguity of a Global Entrepreneurship Online Course: Relevance of Weick's Framework

Distance education research has little to do with entrepreneurship in an international context. To respond to this, our study suggests a managerial analysis framework. In the context of this course, students are placed in an ambiguous situation. We are investigating how the combination of actions and interactions enables students to overcome the ambiguities of a distance learning course in Global Entrepreneurship. To answer this question, we rely on a case study presented in the form of a told story: feedback from 47 students participating in the first session of the course (2017-2018), teacher's notes. The results indicate that students overcome several causes of ambiguity, adapting to this context. Teachers change the organization of the course in order to promote interactions between students. The specifics of such a course could be interesting to teachers or executives of international companies

Keywords : Global entrepreneurship, Weick-Ambiguity, interactions, distance learning.
JEL Codes: M16, L26, I23

INTRODUCTION

L'impératif d'internationalisation des enseignements entraîne des changements notables dans les cursus universitaires. Lorsque cette internationalisation se déroule dans le cadre d'un cours d'entrepreneuriat, les défis sont nombreux. Le premier d'entre eux consiste à modifier la façon dont les cours sont délivrés, ce qui fait l'objet de débats et controverses (Albertini *et al.*, 2019).

En effet, ce type de cours est essentiellement basé sur le processus de création d'entreprise par des actions (Toutain, Fayolle, 2008). Paturel (2007) souligne le fait qu'il faudrait enseigner les compétences entrepreneuriales plutôt que des connaissances destinées à obtenir un diplôme en entrepreneuriat. Il s'agit d'acquisition de compétences à prescriptions ouvertes, élaborées sur le principe du « savoir agir » selon Le Boterf (2005). Dans ce contexte, l'individu compétent est celui qui : « *met en œuvre une pratique professionnelle pertinente tout en mobilisant une combinatoire appropriée de ressources (savoirs, savoirs faire, comportements, modes de raisonnement* ».[1] Levy-Tadjine et Paturel (2008) insistent : « *sur la nécessité de centrer la formation entrepreneuriale sur le projet et son évaluation* ». Basly (2017), étudiant le processus d'internationalisation des entreprises, a montré que la composante expérientielle était importante pour comprendre les apprentissages générés. L'expérience est aussi la base des enseignements en entrepreneuriat (Rasmussen, Sorheim, 2006 ; Abertini *et al.*, 2019). De leur côté, Al Atabi et Deboer (2014) étudient les perceptions des participants à un MOOC dédié à l'entrepreneuriat. Leurs résultats mettent

[1] Le Boterf (2008), page 22

en lumière la satisfaction des individus à la participation d'activités collaboratives. Qu'en est -il dans un cours d'entrepreneuriat à distance ? Savoir agir mais à distance, combiner des ressources diversifiées en utilisant les technologies disponibles, conduire un projet commun dans des contextes institutionnels hétérogènes, tels sont les défis de ce type de cours.

Dans le contexte de ce cours, les étudiants sont placés en situation d'ambiguïté. L'ambiguïté existe quand un acteur fait face à une information ou un événement, dont la signification est incertaine et ouverte à plus d'une interprétation (Weick, 2015, p 118). En effet, les différences culturelles, la barrière de la langue, la façon dont les consignes sont données dans les différents pays, la diversité des profils, les modalités d'évaluation, contribuent à produire de l'ambiguïté de situation.

Nous choisissons d'appliquer le cadre d'analyse de Weick (1995 ; 2005) pour rendre compte de ce phénomène. L'*organizing* ou acte d'organiser est, par essence, une tentative pour imposer l'ordre dans le désordre créé par les incertitudes. Le cadre créé n'est pas figé et va évoluer au gré des actions et interactions des acteurs. La création de sens qui en découle (objectifs communs et significations partagées) va caractériser une organisation efficace car génératrice de connaissances. Les cadres conceptuels traditionnels, dans l'étude des enseignements en ligne (la théorie du comportement planifié, la théorie de l'apprentissage auto-régulé), sont basés sur les comportements et motivations des étudiants. Le niveau d'analyse reste le niveau individuel. Ces modèles engendrent plus ou moins directement des études qui « surinvestissent » la dimension individuelle des apprentissages : motivation et comportement individuels, achèvement des activités.

L'objectif de notre étude est d'appréhender plus finement le déroulement d'un cours hautement innovant dans le domaine de l'entrepreneuriat, en nous focalisant sur les activités de groupe dans un contexte de collaboration multiculturelle. Ces aspects sont encore peu étudiés dans l'enseignement à distance alors qu'ils sont centraux dans l'enseignement de l'entrepreneuriat.

La problématique que nous avons retenue est alors la suivante : comment la combinaison des actions et des interactions permet-elle aux étudiants de surmonter les ambiguïtés d'une mise en situation d'un cours à distance de *Global Entrepreneurship* ?

1. LE CADRE WEICKIEN POUR L'ANALYSE D'UN COURS EN LIGNE : AMBIGUÏTÉ ET CADRE

Le cadre d'analyse que nous avons retenu est un cadre managérial, encore peu utilisé dans l'enseignement en ligne : le cadre de Weick (1995). Nous souhaitons mettre en lumière deux concepts de son corpus théorique : le concept d'ambiguïté et celui de cadre organisationnel.

1.1. L'ambiguïté des situations et la nécessité de créer du sens

Dans le modèle de Weick (1988, 1995, 2001), les organisations sont des réceptacles qui vont permettre les interactions entre les individus, afin de répondre aux problèmes qui se posent à ces groupes d'individus.

Les organisations évoluent dans des environnements incertains. Il existe des situations, des moments où les individus qui les composent vont être confrontés à des situations ambigües. Il est difficile pour eux de comprendre complètement le phénomène auquel ils sont confrontés. Il n'existe pas de vision claire qui fasse consensus sur le phénomène en question. Il n'y pas une seule cause possible à un phénomène. Cette ambiguïté se manifeste en situation de crise, mais aussi en contexte d'environnement turbulent et de changement organisationnel (Maitlis *et al.*, 2010).

Pour surmonter cette ambiguïté, l'*organisation* d'actions et d'interactions va construire une nouvelle représentation de la situation. La combinaison d'actions et d'interactions permet d'établir un consensus sur les causes d'un phénomène et de trouver des solutions. Les actions jouent un rôle majeur (Weick, 1988), elles clarifient le problème. Weick utilise aussi le concept d'*enactment* ou de mise en acte pour tester, dans les faits, la plausibilité de telle ou telle hypothèse ou interprétation.

L'entreprise propose un cadre qui se matérialise sous la forme de routines, de procédures, d'habitudes, de moyens de communications qui vont permettre les interactions entre les individus. Ces routines représentent non des habitudes figées mais des habitudes de s'interroger, de communiquer, de confronter les idées, d'aller au-delà des apparences et de réduire les ambiguïtés.

Si nous transposons cette analyse dans les cours en ligne, nous nous rendons compte que ces cours génèrent naturellement de l'ambiguïté et que l'on peut réduire cette ambiguïté par la pose d'un cadre.

L'ambiguïté dans les cours en ligne est quasi naturelle, bien que peu étudiée en tant que telle. Il existe trois grandes raisons qui expliquent la persistance de l'ambiguïté dans les cours en ligne.

- Le caractère asynchrone du cours est un premier facteur. En effet, dans tous les processus d'apprentissage, la première étape consiste à la création d'inconfort pour les apprenants ; les nouvelles connaissances génèrent des conflits cognitifs en introduisant du nouveau vocabulaire, de nouvelles façons de penser. Cette ambiguïté est plus forte dans le cas d'enseignement en ligne (Colville *et al.*, 2016). C'est ainsi qu'Anaya *et al.* (2016) proposent un outil destiné à donner du sens au cours en ligne.

- L'interaction avec le professeur n'est pas automatique, n'est pas immédiate. Il n'est pas certain que les interactions réduisent l'ambiguïté. Nous retrouvons d'ailleurs abondamment cette nécessité d'interactions dans la littérature consacrée aux MOOC (Limperos *et al.*, 2015). Les interactions sont un gage de succès et de réussite des étudiants lorsqu'elles sont développées, organisées dans le cadre des cours. Elles servent de support au travail collaboratif. Durand (2009) explique que dans le cadre d'activités intellectuelles, le travail collaboratif à distance, libère les individus de contraintes horaires et hiérarchiques, ce qui renforce leur mobilisation. Ces interactions ne sont pas toujours efficaces (Verstegen *et al.*, 2016).

- L'ambiguïté demeure car, dans le cours en ligne, on tente d'organiser le flot des connaissances avec un cheminement qui est un cheminement parmi d'autres. L'enseignant chercher à expliciter au mieux cette connaissance. Le cours en ligne tente d'expliciter le plus possible les connaissances d'un cours. Cependant, quelles que soient les matières concernées, il existe des connaissances tacites qui ne peuvent se déployer que dans le cadre d'un cours en présentiel : regard, gestuelle, petits schémas, anecdotes. Ils favorisent l'assimilation des données. Le format contraint des capsules rend difficile la transposition de ces éléments, et ce même si l'enseignant est filmé[2]. Limperos *et al.* (2015) évoquent la nécessité de clarté des cours en ligne

1.2. Le cadre comme réceptacle des actions et interactions

Le cadre organisationnel est « perçu » par les acteurs (Weick, 1995) plus qu'il ne représente une réalité objective unique partagée par tous. L'acte d'organiser (le fait de pouvoir se coordonner, d'interagir) permet de donner du sens à un environnement ambigu (Maurel, 2010). Utiliser le modèle weickien dans les organisations, ou dans le cadre d'un cours en ligne, revient à s'intéresser au processus de création de sens via la communication et les interprétations de messages (ou d'informations). Au sein des organisations, la communication et le partage des connaissances sont favorisées lorsque les individus sont proches de leur vécu et de leur cadre conceptuel (Dervin, 1998 ; Savolainen, 2006), la diversité des interprétations rend le processus plus efficace (Colville *et al.*, 2016). Dans le cas d'un enseignement à l'entrepreneuriat, ces interactions vont favoriser la construction des compétences de chaque participant, mais aussi la fabrication d'une compétence collective (Toutain, Fayolle, 2008). Au sein des organisations, le travail collaboratif peut découler de ces interactions. Il met en présence plusieurs individus qui interagissent pour accomplir un travail commun, en fonction de leurs compétences (Boutillier, Fournier, 2009). L'environnement technologique peut favoriser la collaboration, les échanges d'idées, le partage des compétences pour mieux atteindre un objectif commun. Durand (2009) souligne les avantages d'une telle organisation si les participants « *possèdent une autonomie*

[2] Ces aspects sont soulignés dans la revue de littérature établie par Limparos *et al.*(2015).

réelle et des objectifs bien définis»[3]. Gangloff-Ziegler (2009) souligne les obstacles éventuels à la collaboration : freins cognitifs (ne pas avoir des connaissances, ne pas se sentir légitime sur le projet commun) et les freins volitionnels (choisir de s'investir pour saisir une opportunité, répondre à une contrainte forte, limiter son engagement au profit d'autres activités). Les compétences attendues sont des compétences appliquées au sens de Toutain et Fayolle (2008) : « *animée par plusieurs acteurs en vue de résoudre un problème dans une situation donnée* », dont la « *capitalisation, qui participe à la fabrication d'un savoir social, représente un enjeu de croissance et de création de valeur ajoutée* ».[4]

Les recherches actuelles en sciences de l'éducation, sans se référer explicitement au cadre weickien, sont parfois très analogues. Le modèle MAIN proposé par Sundar (2007) montre comment les interactions d'un cours en ligne se développent autour de quatre affordances : modalités, agencement, interactivité et navigabilité. Les modalités concernent les différentes méthodes employées pour présenter les instructions (texte, audio, audiovisuel). L'agencement fait référence à la source d'information : informations données par les enseignants, les contenus générés par les apprenants, les forums de discussion. L'interactivité regroupe tous types de mécanismes qui permettent aux utilisateurs de modifier les contenus en ligne en mode synchrone (cahier de texte en ligne, échanges en direct, annotations). La navigabilité concerne l'aptitude des utilisateurs à trouver l'information et l'utiliser de façon pertinente, au sein du cours.

Sundar (2007), Sundar et Limperos (2013) montrent que les modalités auront un impact important sur la façon dont les informations sont reçues et traitées. Dans ce contexte, la performance d'un cours en ligne provient de la capacité des apprenants à recevoir et traiter les informations délivrées par le cours. L'utilisation de plusieurs modalités (textes, vidéos, images) améliore la qualité des apprentissages générés (Mayer, 2001). Les auteurs n'évoquent pas l'ambiguïté des cours en ligne mais la nécessité de clarifier leur organisation, car les interactions et les apprentissages ne sont pas identiques à ceux des classes traditionnelles (Allen, Seaman, 2014)[5].

1.3. La méthodologie retenue

Pour illustrer cette revue de littérature, nous nous appuyons sur une étude de cas présentée sous la forme d'une histoire racontée. Weick et Browning (1986) mettent en avant cette méthode de collecte de données, dans un contexte de changement organisationnel. Ayant choisi d'utiliser le cadre weickien pour notre étude, nous nous conformons aux préconisations de ces auteurs.

---

[3] Durand, 2009, page 21.

[4] Page 42.

[5] Cité in Limperos *et al.* (2015).

L'histoire racontée va remplir une fonction explicative : comment les problèmes ont été surmontés, analyse de la culture et des comportements, pourquoi certaines décisions ont été prises (Kendall, Kendall, 2012). Rae (2005) souligne par ailleurs l'intérêt de la narration dans l'apprentissage de l'entrepreneuriat.

Notre collecte de données prend appui sur les étapes de la première année d'un cours international de Global Entrepreneurship. L'histoire raconte l'apprentissage par approche projet qui caractérise l'enseignement de l'entrepreneuriat (Levy-Tadjine, Paturel, 2008 ; Rae, 2005). Les interactions entre apprenants, le rôle des enseignants, les écueils rencontrés pendant le projet, sont autant d'espaces de socialisation dont l'histoire pourra rendre compte.

Le narrateur est un enseignant qui a participé à la création du cours et à son animation. Il se réfère à ses souvenirs, à des notes prises pendant le projet, à des comptes-rendus de réunion avec ses collègues, aux documents d'évaluation. Le récit général explicite le contexte du cours.

A ce récit général, nous ajoutons les mini récits recueillis auprès des étudiants français. Ces récits sont recueillis par le biais d'un questionnaire final d'évaluation du cours.

Le questionnaire a deux objectifs affichés : mieux connaître le fonctionnement des groupes en contexte international et à distance, recueillir des suggestions d'amélioration pour les sessions suivantes.

Tableau 1. Recueil des mini-récits : retours d'expérience à l'issue du cours

Questions exploitées dans notre étude	Intérêt pour notre étude
Q1. Which tasks and activities did you accomplish during Hackathon?	Connaître les activités réalisées dans les groupes, mieux appréhender le travail collaboratif (Boutillier, Fournier, 2009)
Q2. How many students were impossible to join?	Mesurer les écarts de motivation entre les participants du cours (existence de freins volitionnels, Gandolf-Ziegler, 2009)
Q3. How did you try to join them?	Connaître les moyens techniques de communication dans une équipe digitale
Q4. Did you face relational difficulties?	Mesurer les difficultés de communication dans une équipe internationale Connaître les éléments d'ambiguïtés qui peuvent engendrer des difficultés dans les échanges, situations d'incertitudes au sens de Weick (1995)
Q5. How can we improve the coordination and organization of Hackathon?	Repérer dans les suggestions d'améliorations ce qui découle de situations ambigües.

Les 47 étudiants de la promotion sont intégrés, seuls ou en binôme, dans les 40 groupes constitués pour le cours. L'enseignant reçoit les retours d'expérience de 23 groupes, soit 57,5 % des groupes.

Les mini récits sont intégrés dans le récit général en suivant les étapes préconisées par Kendall et Kendall (2012)[6]. Le fait d'ajouter les résultats d'un questionnaire à un récit général permet d'obtenir des opinions, des sentiments, des informations sur les processus informels qui vont enrichir l'histoire. Kendall et Kendall (2012) expliquent ainsi que la conjonction de deux méthodes qualitatives de collecte de données est bénéfique.

---

[6] Les différentes étapes préconisées par les auteurs (annexe 1) sont regroupées afin d'en faciliter la lecture.

2. LE COURS DE *GLOBAL ENTREPRENEURSHIP* : FINALISATION D'UN PROJET EUROPÉEN

Le cours de Global Entrepreneurship (désormais GE) est le résultat d'un projet européen de *capacity building* (point 1), dont la mise en œuvre a nécessité de surmonter plusieurs obstacles (point 2). La participation aux activités illustre une motivation variable (point 3). L'analyse des défaillances (point 4) permet d'établir un bilan et des recommandations pour la suite du cours (point 5).

2.1. Un ambitieux projet européen dans le contexte de l'internationalisation des cursus universitaires

Dans un premier temps, nous présentons la dimension internationale de ce cours, dans un deuxième temps, nous présentons les objectifs.

2.1.1. L'internationalisation des formations universitaires

Les établissements universitaires se sont engagés dans un vaste mouvement d'internationalisation de leur formation. Traditionnellement, cette internationalisation se traduit par des cours de langues étrangères et des accords d'échanges d'étudiants et/ou d'enseignants. L'internationalisation des études est de nature à renforcer l'attractivité des formations et l'employabilité des étudiants. Les standards d'excellence internationaux renforcent cette tendance. Le projet européen de *capacity building* IN2IT[7] est une opportunité pour mettre en place une nouvelle dimension à cette internationalisation : un cours international, dispensé dans plusieurs établissements différents, donnant droit à une évaluation reconnue dans les syllabus des établissements participants. Le cours concerné dans notre étude concerne 2 universités britanniques, une université française, 6 collèges israéliens.

---

[7] IN2IT :
https://l.facebook.com/l.php?u=https%3A%2F%2Fin2it.vbulletin.net%2Fin2it-community-of-practice%3Ffbclid%3DIwAR0xPi7vKZ0VVlVwV0P0Ou-cf50t-tXGC09bKY4Hxe9GNklhtxXXZKHTbrY&h=AT0Z88aibnbIxFi5n5ksgaJxxuzQAZTthEOPr58Tx_u3VzURZMSw_5qHlOMO1MH_xDwadtq8aZb9K7qqji3d-2gM2KbYcfAIKXpvRuMfac1yUeQ3oBXVU0aA8Z-EnpuxXSfC7-LqQc2xJ_2maAM58w

Tableau 2. Le cours de GE : aspects quantitatifs

	Nb d'étudiants	Nb d'établissements	Nb d'équipes	Nb d'enseignants	Nb de mentors
Année 2017-2018	166	9	40	16	32

L'équipe pédagogique est internationale. La plupart des enseignants se sont connus à l'occasion du projet européen : ils ont travaillé ensemble et ont participé à la construction du cours.

2.1.2. Les objectifs du cours

Le cours est installé sur une plate-forme Moodle dont l'hébergement et la maintenance sont confiés au collège israélien S. L'équipe enseignante se coordonne à partir de la plateforme, de réunions Skype/Zoom et d'un groupe WhatsApp. Il s'agit d'un cours en ligne : les contenus du cours (activités et contenus multimédia à consulter) sont disponibles sur la plateforme. Dans chaque établissement participant, il existe des animations traditionnelles pour expliquer en quoi consiste ce cours : animation en classe traditionnelle pour le démarrage, la phase d'idéation et le retour d'expérience (modèle de l'université F).

L'élément central du cours est l'organisation d'un Hackathon qui se concentre sur 3 jours. Cela consiste à proposer un défi aux étudiants regroupés en équipes multinationales. Les équipes comportent 4 à 5 étudiants maximum.

Le défi doit concerner le développement durable et l'avenir des cités. C'est un thème imposé par le projet européen et il renvoie à l'objectif 11 du programme de développement durable des Nations Unies. A l'issue du Hackathon, les étudiants produisent une mini vidéo présentant leur projet, selon des normes qui leur sont communiquées. Les *vidéos (ou diaporamas animés)* seront évalués par des binômes de professionnels (cadres d'entreprises internationales, consultants...).

Les efforts des étudiants sont orientés vers le travail de groupe et la réalisation du Hackathon. Il s'agit de favoriser le travail collaboratif en recourant aux Technologies de l'information et de la communication (TIC) (contraintes de temps et de lieux différentes entre le groupe et les individus le composant).

2.2. La mise en œuvre du cours révèle des multiples contraintes

2.2.1. Hétérogénéité des parties prenantes

L'équipe pédagogique est composée de trois catégories d'enseignants. Les premiers ont déjà assuré des cours d'entreprenariat. Ils connaissent bien cette discipline, ils ont été force de proposition dans la création du cours.

Les seconds connaissent les bases de l'entrepreneuriat, n'ont jamais enseigné cette thématique, mais ils ont contribué à la construction du cours.

Le troisième groupe est totalement novice sur cette matière et n'a pas participé à l'élaboration du cours. Certains découvrent le cours quelques semaines avant le démarrage. Les supports de cours proposés sont essentiellement des ressources (PPT (PowerPoint) animés, liens vers des vidéos, mini-quiz) à destination des étudiants qui ne connaissent rien au management.

En appui de l'équipe pédagogique, des professionnels (entrepreneurs, cadres dirigeants) ont accepté d'évaluer les projets finalisés présentés en fin de cours par les étudiants. Originellement, ils devaient aussi conseiller les étudiants pendant le cours mais, les emplois du temps et le manque de temps ont rendu cette possibilité inopérante.

Ils ont été recrutés par chaque enseignant. Pour la première session, il y a 32 professionnels (20 Israéliens, 8 Anglais, 4 Français), ils sont coordonnés par trois enseignants israéliens.

Les professionnels ont pour mission d'évaluer les productions des étudiants à partir d'une grille qui leur a été donnée et commentée (Annexe 2). Outre le remplissage de la grille, ils ont pour mission de commenter le projet en donnant des pistes d'amélioration (Annexe 3). Les évaluations des professionnels sont utilisées dans la notation finale des étudiants.

Le planning des semaines et les délais à respecter sont affichés sur la plateforme et sont communiqués par les enseignants. Dans chaque établissement, les enseignants lancent le projet en présentiel, suivent leur progression. Ils s'assurent que tout est bien compris, puis laissent les étudiants s'auto-organiser autour des activités à réaliser en ligne et du projet à finaliser en équipe. Ils restent disponibles et répondent à toute demande des étudiants.

Les étudiants viennent d'horizons complètement différents. Pour les collèges israéliens, ce sont des étudiants qui reprennent leurs études après un service militaire qui a duré 3 ou parfois 4 ans. Au sein des collèges, ils vont se tourner vers des métiers d'agronomie, d'ingénieurs informatiques, de productique, ou des études littéraires (pour un collège participant). Ils ont peu de connaissances en management ou en finance (à l'exception du collège Y).

Du côté des universités anglaises et françaises, les étudiants sont familiarisés avec le marketing, le concept de business model et ont déjà eu des cours en anglais (pour les Français). La plupart d'entre eux évoluent déjà dans des classes multiculturelles et internationales[8]. Le cours est un vrai défi de communication en langue anglaise pour les étudiants israéliens. Les enseignants ont conscience que cette contrainte va poser des problèmes, mais cela fait partie de l'apprentissage.

2.2.2. Le système d'information du cours et la synchronisation du cours

La majorité des enseignants ne maîtrise pas la plateforme, ils comptent sur la personne ressource du collège S (en charge de gérer la plateforme pendant cette première année) pour les aider. Dans le même temps, il n'existe qu'un seul enseignant qui connaisse très bien Moodle (Université F).

Dans la mise en œuvre du cours, de longues discussions sont nécessaires pour trouver le créneau commun minimum. La seule fenêtre possible est début novembre-début décembre. A cette période, les semestres se terminent en France et en Angleterre. Pour les étudiants israéliens, il s'agit du début de l'année universitaire, ils prennent connaissance de leur environnement et, dans certains collèges, les inscriptions se terminent à peine.

2.3. Une participation à géométrie variable

2.3.1. L'auto-organisation des étudiants en question

Certains étudiants entrent en contact au début du cours puis ne donnent plus de nouvelles et se remanifestent lors du dernier jour du défi. 15 équipes fonctionnent sans encombre mais 25 équipes rencontrent des problèmes plus ou moins aigus d'implication. Ces problèmes font l'objet d'échanges entre étudiants, entre étudiants et enseignants mais aussi entre enseignants.

La flexibilité de l'emploi du temps donne l'impression aux étudiants qu'ils peuvent s'organiser comme ils l'entendent (ce qui est vrai) et qu'ils auront le temps de tout faire en une seule fois, dans les derniers jours du cours (ce qui est faux).

Cela aboutit à de nombreux projets qui ne sont pas finalisés : ébauche d'idées, pas de considération de la valeur créée par le projet, le financement et sa durabilité. Il existe une focalisation sur des innovations de services

[8] Le niveau d'anglais n'est cependant pas homogène, y compris pour les étudiants étrangers installés en Angleterre.

autour d'applications mobiles (tout est sujet à inventer une nouvelle application mobile).

Les étudiants s'approprient peu les activités proposées sur la plateforme. Les plages horaires disponibles pour mettre en œuvre le projet, le préparer sont parfois utilisées pour d'autres cours.

La temporalité des étudiants n'est pas la même d'un établissement à l'autre. Certains étudiants rechignent ou ont du mal à communiquer en anglais (ce qui réduit les interactions). Certains étudiants ne peuvent travailler les jours où les membres de leur équipe sont disponibles. *"No difficulties, but my opinion is that only one weekends for hackathon is not enough" (Student 23)."2 people no able to work Saturday" (Student 20) "I think the main issue is time. This type of project requires a lot of coordination specially if people live apart and have different time zones, classes, schedules and exams. As an Erasmus student, I've had many problems with my course scheduling. All my courses were left to the end and packed at the same time of exams and other classes." (Student 6).*

Alors que la phase test montrait un besoin de mentorat, la mise en œuvre du cours montre que les plages horaires de disponibilité des enseignants ne sont pas du tout utilisées par les étudiants.

Malgré les ressources en ligne, les explications données en cours, le concept d'innovation, d'invention n'est pas compris de la même manière par tous les étudiants. Dans certains groupes, la créativité et l'imagination ont du mal à s'exprimer.

2.3.2. Des facteurs de motivation divers

Pour certains étudiants, la collaboration est indispensable car il y a une note qui est délivrée à l'issue de l'expérience, cette note compte pour l'obtention du semestre de master. Ces étudiants sont plus stressés et plus exigeants. Ils interagissent régulièrement avec l'équipe enseignante.

Certains groupes fonctionnent très bien et les projets démarrent très vite mais d'autres groupes ont du mal à démarrer. Des étudiants ne répondent pas aux mails envoyés par leurs camarades étrangers. Les étudiants français de ces groupes se sentent abandonnés et sont frustrés de ne pas pouvoir démarrer les phases du projet en même temps que les autres groupes. *"Bad organization and group composition with student without any business background". (Student 10).*

Les étudiants se plaignent du manque d'esprit d'équipe qu'ils rencontrent. … *"He was not able to work. He decided to start working on Sunday afternoon, when everything was already finished. A. and T., the two other girls of the group, did not even know that he was part of the group until Sunday evening" (Student 13)."People took ages to answer and were not focused on answering or participating" (Student 14). "I think it was a really interesting theme and class, where you can have a lot of ideas, but if the group cohesion is not here, you are eaten by the amount of work you need to provide in a short time" (Student 5).*

Les étudiants découvrent qu'il ne s'agit pas seulement d'appliquer des techniques, il faut convaincre, discuter, argumenter. Il faut prendre des décisions quand les discussions sont trop longues. Il est important d'avoir du *leadership* dans une équipe. *"It was a bit difficult to explain the idea to the third student (B. college) as she did not come from business or technologic background. She critized a lot the project without bringing a lot of ideas" (Student 3). "Yes, it was very difficult to exchange with everyone" (Student 11).,"differences of culture, how to present (design and organization of the PowerPoint presentation) organization of the ideas, concepts, it was difficult at the beginning to make everyone agreed on the project" (Student 22).*

Les étudiants tentent de contourner le problème du manque d'engagement de leurs camarades : ils recyclent des idées innovantes dont ils ont entendu parler (sans que ce soit en lien avec le cours), ils recyclent des idées d'entreprises innovantes qui existent déjà.

2.4. L'analyse des défaillances et les premières solutions trouvées

2.4.1. Les ambiguïtés dans l'organisation du cours

L'organisation des cours en présentiel est très différente d'un établissement à l'autre : volume horaire, rôle de l'enseignant, connaissances et disponibilités de l'enseignant, travail demandé en marge du cours etc. Lorsque les étudiants échangent à ce sujet au sein de leur équipe, certains ont l'impression d'être moins bien lotis. *"More information could be given earlier" (Student 7).*

Le statut des contenus mis à disposition des étudiants n'est pas clair. Pour l'enseignant français, ils forment une documentation utile pour répondre au défi du Hackathon, que les étudiants vont consulter pour réussir ce dernier. Cependant le statut de ce défi n'est pas identique pour tous les participants : élément central du cours de GE pour l'université française et le collège Y, il n'est qu'une activité illustrative d'un cours de responsabilité sociale des entreprises au sein de l'université anglaise, un cours optionnel et exotique pour certains collèges.

Parmi les étudiants, ces supports ne sont pas forcément utiles, ils pensent s'appuyer sur les connaissances émanant de leur groupe pour atteindre les objectifs demandés. *"When we found one (idea), just one of us (me) had the skills to develop it, that is why I almost did everything. Not because my team wasn't involved, but because they didn't know the subject and don't have time to find things to know more about it. It was easier to let me do everything then" (Student 15).*

"Some people didn't read the in2it website and didn't understand anything "(Student 14) ; "Moreover, it's very interesting to make teams from different backgrounds, BUT it's difficult to work on a subject that only one knows. The others don't get involved because they don't know the subject, get shy and trust the person who knows it" (Student 15).

Le fait de devoir inclure le projet dans le cadre du programme des Nations Unies n'est pas toujours accueilli avec enthousiasme. La documentation à disposition des étudiants est très abondante et ils ne lisent pas tout. Certains étudiants ont du mal à comprendre exactement de quoi il s'agit. *"Everyone had a different idea on the subject, and a different comprehension of the subject. So, it was difficult to find a great idea" (Student 11). "As I was the only foreigner, sometimes they didn't take into consideration what I was saying ... And I'm not sure they read the topic 6 and I think we didn't reply to the problematic with "our idea" unfortunately..." (Student 18) "Finally, I felt like there was a lack of information from their side: they did not know what we had to do exactly, how we were going to be evaluated, how to work (coordination)" (Student 20).*

2.4.2. Les déceptions observées

Du côté de l'équipe enseignante, la déception vient des projets présentés, même si formellement, les étudiants font preuve de beaucoup de créativité et de goût, le contenu des présentations est parfois très éloigné des attentes. Le faible contenu entrepreneurial est souligné.

"Expected students to lead on Business models, but they were not clear about how to do so. Lots of social ideas with the government as client. Also, innovation not very strong. Adam: he had suggested to students that they try to make something work that hadn't worked in another context or time, and that seemed to work" (Teacher).

Certains étudiants sont frustrés du manque de collaboration et d'engagement des autres membres de leur équipe. *"I think the fundamental key to the success of a Hackathon is motivation from the participants. If the participants don't feel motivated or committed to work together on this subject, if they don't care or feel responsible, it is not going to work out" (Student 4). "I think the organization did a great job about trying to get the participants motivated for example with the launch, the importance of the subject, the certificate, the reward for the winning team. So, I think nothing is to blame to the organization. I don't know why my team showed that lack of motivation and participation" (Student 4). "I joined them, they send me an "hi!", but they didn't respond right after the first contact" (Student 1).*

Le partage des activités dans les équipes n'est pas équitable et les étudiants notent de nombreux comportements de *free riding*. Des étudiants ne se manifestent que pour rédiger une ou deux phrases dans le pitch ou seulement pour inscrire leur nom au début du diaporama. *"In a general way, I feel like I have not been able to give my best in this project, which was very interesting. If I had knew before that I would have had to do everything by myself, I think I would have been able to make something better" (Student 20).*

Les étudiants français sont frustrés que le cours de *Global Entrepreneurship* ne soit pas un cours obligatoire pour tout le monde. *"For me another factor of motivation was the fact that the hackathon counted for my grades. Maybe if you link the outcome of the hackathon to an official result for everyone (not only us), this will result in more motivation?" (Student 4). "First all the students who participate should have the same requirements and should be graded, otherwise it's very difficult to have the same motivation from everyone" (Student 11)*. Les évaluations sont faites par des professionnels, ils ont une grille d'analyse assez sommaire. Ils donnent un commentaire sur les projets qui leur sont soumis, mais parfois les commentaires sont lapidaires et peu en rapport avec la note attribuée.

2.4.3. Les solutions trouvées par les étudiants

Les étudiants qui ne parviennent pas à communiquer et à faire participer leurs camarades, décident de conduire le projet mais en équipe réduite. Ils « agissent » sur leur environnement, utilisent leur interprétation des consignes pour parvenir à une solution satisfaisante.

Dans ces équipes, les projets sont rendus dans les temps mais avec seulement deux participants actifs au lieu des 4 à 5 étudiants prévus. *"I did almost everything, except the business model. A. tried her best, but I felt like she did not have any business background, and T. did the business model and was present during the whole process. M. did nothing" (Student 13); "I basically develop the entire work, from the idea to the business model. it was a good challenge for me" (Student 8).*

Au terme de la première session, toutes les équipes ont rendu le travail dans les temps, même si certains projets ne correspondent pas toujours aux attentes. Une équipe, pour laquelle le cours est optionnel, ne remet pas de projet.

2.5. Le bilan de l'expérience et les modifications à venir

2.5.1. Le cadre du cours GE

Le cadre du cours de GE dans un contexte hybride et international est intrinsèquement source d'ambiguïté :

- Le statut du cours (obligatoire ou non) n'est pas le même pour tous les participants,
- La conduite du cours, en mode hybride, est aussi différente d'un établissement à l'autre (plus d'autonomie pour l'université F, plus de coaching dans le collège I), lorsque les étudiants comparent leur situation, il y a des incompréhensions,
- Le statut des activités à réaliser sur la plateforme n'est pas toujours clairement compris par les étudiants, c'est notamment le cas des sections dédiées à l'entrepreneuriat,
- Les objectifs du cours sont ambigus, le discours de chaque enseignant peut être différent d'un établissement à l'autre,
- La plateforme Moodle constitue la première étape des échanges entre étudiants (ils obtiennent les mails les uns des autres par le biais de la plateforme) mais ensuite, les étudiants constituent des groupes

en utilisant les réseaux sociaux et d'autres applications en ligne. Rien ne « garantit » que la collaboration soit fructueuse,

- Ambiguïté sur le statut des cours en ligne, les contenus sont disponibles, il n'existe pas de pointage du parcours des étudiants. Certains étudiants parcourent rapidement les contenus (les titres) puis se disent qu'ils connaissent et qu'ils n'ont pas besoin d'en savoir plus, parce qu'ils n'ont pas le temps. Les étudiants focalisent leur attention sur les activités qui sont visibles (mini-quizz, activités de présentation).

Les consignes données aux professionnels manquent de clarté et les évaluations sont très disparates et parfois peu clémentes pour les étudiants (Annexe 3) Ces derniers ne comprennent pas les écarts d'évaluation (pour un même projet il peut y avoir deux évaluations complétement opposées). Ce problème est d'autant plus mal vécu, que pour certains étudiants, le cours donne droit à des crédit européens. Il s'agit d'un cours obligatoire présenté dans le syllabus de leur master.

2.5.2. Une modification du cadre

Toutes les modifications se font après concertation pour répondre à tel problème rencontré lors de la session précédente. Il y a une volonté d'harmoniser les pratiques. L'équipe procède à une série de modifications.

- Le statut des évaluations est revu : dans l'organisation du cours pour l'année 2018-2019, les évaluations du Hackathon entrent explicitement dans les notations du semestre[9]. Le cours n'est plus optionnel et son évaluation permet d'acquérir des crédits européens dans tous les établissements partenaires.
- Les professionnels participent à l'évaluation finale mais en binôme avec des enseignants. La grille de notation est revue.
- La première partie du cours en ligne est modifiée : activités ludiques destinées à créer un esprit d'équipe parmi les étudiants (une bannière, des valeurs, une devise…). Ces activités permettent à chacun d'exprimer sa créativité et de mieux se connaître. Ces modifications font écho aux retours d'expérience que nous avons reçus *"Providing students more time to communicate and working" (Student 2).*
- Le choix de faire travailler les étudiants sur un week-end est abandonné pour la deuxième session durant laquelle les étudiants disposent de 4 jours pour réaliser leur défi. Lors de la 3° session le défi se déroulera sur une semaine: *"Working online requires more energy and more time, and it slows down the pace in which task are completed". "In order to coordinate with other people in other universities and work properly in a group, the course needs to take considerations to this, by either assigning the project*

[9] Avec des coefficients variables d'un établissement à l'autre toutefois.

with more time in advance or making sure the students got time to work on the project" (Student 6).

- Dans chaque établissement, il est décidé d'organiser une demi-journée de restitution sous la forme d'un événement convivial (à l'image de ce que l'université F réalise depuis le début de l'expérience). Chaque étudiant en profite pour présenter le travail de son groupe et les difficultés et succès rencontrés. Les étudiants se rendent compte qu'ils ont tous traversé les mêmes épreuves et ont rencontré les mêmes difficultés. Ils aiment découvrir les idées des autres équipes et apprécient de pouvoir partager leur projet.

Pour parfaire les rendus des futurs projets, il est prévu de créer un parcours de compétences (via des badges) sur la plateforme. Les étudiants visualiseront leur progression sur la plateforme. Les enseignants espèrent mieux le sensibiliser à l'utilisation de Canvas.

2.5.3. Epilogue

A la fin du cours, malgré les difficultés rencontrées dans certains groupes, les étudiants reconnaissent qu'ils ont vécu une expérience unique dont ils se souviendront. Ils réalisent aussi, qu'ils ont appris plus de choses qu'ils ne l'avaient imaginé au départ.

Lors de la session 3, les ambiguïtés sur le défi à relever sont moins nombreuses, les étudiants sont mieux préparés à ce travail, même si les idées innovantes et les aspects économiques des projets ne sont pas toujours développés.

Aujourd'hui l'équipe noyau dur est toujours active, elle vient d'achever la quatrième saison…

3. DISCUSSION

Notre discussion permet d'éclairer les comportements observés à l'aune du cadre weickien. La synthèse des causes d'ambiguïtés du cours de GE permet de souligner quelles ont été les causes d'ambiguïtés dans le déroulement du cours de GE (point 1). Dans les groupes dysfonctionnels, les étudiants ont construit leur cadre (point 2), les modifications introduites par l'équipe enseignante illustrent la dynamique de l'*organizing* de Weick *et al.* (2005), (point 3).

3.1. Les causes d'ambiguïtés du cours du GE

D'un point de vue académique, ce cours illustre les situations d'ambiguïté pouvant exister dans un cours international dispensé en ligne (tableau 3).

Tableau 3. Synthèse des causes d'ambiguïté et d'incertitude dans le cours de GE

Le changement ou discontinuité	Les causes d'ambiguïté
Le cours de GE est international Il est délivré sur la même période dans plusieurs établissements différents	Animation plurielle et diverse du cours Le statut du cours (pérenne versus non pérenne) La forme du Hackathon Le thème du Hackathon
Il demande une forte dose d'autonomie et d'initiative	La communication en langue anglaise Le statut des activités à réaliser sur la plateforme n'est pas clair La pression temporelle est différente selon les établissements
L'engagement très inégal des étudiants	Les étudiants ne comprennent pas le comportement de certains de leurs coéquipiers

Limperos *et al.* (2015) font l'hypothèse que la combinaison du texte et de la vidéo permet une meilleure perception que les seules instructions écrites. Les scores aux quizz sont meilleurs, les performances des étudiants sont meilleures lorsqu'ils bénéficient d'une grande clarté d'information (instructions claires et concises, utilisation simultanée de plusieurs médias). L'animation plurielle du cours ne permet pas d'atteindre cette concision. En effet, pour les étudiants, la principale ambiguïté réside dans la façon dont le cours est délivré. Certains enseignants ont l'habitude de donner des cours d'entrepreneuriat. Ils savent animer une classe autour de ce projet particulier. Ce n'est pas le cas d'autres enseignants qui ont rejoint le projet par injonction de leur hiérarchie, pour lesquels l'enseignement de l'entrepreneuriat est nouveau. Les instructions données aux étudiants et le suivi des étudiants s'en ressentent fortement.

3.2. L'*enactement* des étudiants dans les groupes

L'*enactment* ou mise en acte fait partie des sept propriétés qui permettent aux acteurs de donner du sens aux situations inhabituelles qu'ils rencontrent (Weick, 2010). D'une certaine façon, il s'agit pour les acteurs de s'adapter à la situation, en reconstruisant une logique interne au groupe et, en recréant un environnement compréhensible qui permette aussi d'atteindre les objectifs assignés. Cette mise en acte est aussi évoquée par Rae (2005) dans le cadre de l'entrepreneuriat. L'auteur évoque un processus inter-relié qui consiste à créer, reconnaître ou saisir des opportunités en combinant les innovations, les prises de décisions et la mise en acte de ces décisions. L'entrepreneur met en acte les possibilités qu'il imagine[10], et cette mise en acte est collective. Dans notre étude, les groupes qui ont du mal à remplir les objectifs du projet sont précisément ceux pour lesquels les interactions ont été difficiles. Il y a beaucoup de temps perdu dans le démarrage des activités. Ensuite, les étudiants sélectionnent des projets les plus faciles à réaliser et sortent du cadre des consignes pour rendre leur projet dans les temps.

Tableau 4. La mise en acte des groupes face aux ambiguïtés du cadre

Les interactions dans les équipes sont réduites	Quand les interactions ne fonctionnent pas, changement du cadre : le projet est accompli avec un nombre réduit d'étudiants, le projet est rendu mais sans les dimensions économiques. Le choix de l'innovation ne fait pas l'objet de discussions, il est « imposé » par les étudiants les plus dynamiques.
Les consignes ne font pas sens pour l'équipe	Les instructions ne sont pas comprises de la même façon : recherche de consensus sur la stratégie à suivre, émergence de leaders, interactions avec les enseignants. Les enseignants sont sollicités pour valider des choix.
Les connaissances de certains membres sont insuffisantes	Certains étudiants sont ignorants du projet et ou n'ont pas de connaissances en gestion, ils s'appuient sur leurs camarades (division, répartition et planification des tâches).
Difficulté de communication	Les barrières de la langue sont surmontées par l'utilisation de plusieurs modes de communication (groupes de discussion sur WhatsApp, Facebook, courriels personnels et/ou institutionnels).

L'activité créatrice de sens est logée dans les actions et conversations des acteurs (Weick *et al.*, 2005). La mise en acte des groupes d'étudiants illustre l'importance de la communication pour donner du sens à l'environnement du cours GE (consignes, projet à rendre). Cette mise en acte illustre aussi un autre aspect du cadre Weickien, le sens est créé par la cohabitation de connaissances et d'ignorance. Ces interactions se déroulent au sein de groupes ayant des objectifs bien définis. Le travail de

[10] Rae (2005) page 328

groupe peut conduire à une spécialisation des tâches en fonction des aptitudes des participants, ce qu'illustre le concept de travail coopératif (Blanquet, 2007). Dans ce contexte, la moindre efficacité d'un participant a des effets sur la performance du groupe en entier, le collectif peut choisir de l'exclure (Durand, 2009).

3.3. Spécificités d'un cours international d'entrepreneuriat en ligne

Le cours de GE est un cours utilisant une pédagogie basée sur l'expérience des étudiants. Dans ce contexte, il doit permettre de développer de nouvelles aptitudes et compétences (Albertini *et al.*, 2019). Notre discussion nous permet de mettre en lumière les compétences critiques dans un environnement international et à distance. Coordination accrue, communication et adaptation à un environnement complexe « réel » sont les trois grands thèmes que nous avons identifiés. Le besoin de coordination est particulièrement mis en avant par l'ensemble des équipes. *"This type of project requires a lot of coordination specially if people live apart and have different time zones, classes, schedules and exams… Working online requires more energy and more time, and it slows down the pace in which task are completed" (Student 5).* Pour le cours de GE, ce besoin de coordination est exacerbé par la temporalité différente de chaque participant : facteurs culturels (travail du samedi, du dimanche), période de l'année universitaire différente. Les étudiants ont renforcé leur aptitude à se coordonner en combinant les modes synchrones et asynchrones. Ces observations sont conformes aux conclusions de Verstegen *et al.* (2018) indiquant que la coordination des équipes virtuelles nécessite des compétences additionnelles en termes de technologies et de communication. La barrière de la langue rajoute un défi supplémentaire, les échanges sont rendus plus difficiles. Plusieurs étudiants s'expriment dans ce sens. *"First of all it was hard to understand clearly all of them because their level in English was not optimal… so it was hard for them to clearly understand the aim on the project" (Student 20).* Ceci est conforme aux recherches existantes : De Jong *et al.* (2018) identifient précisément l'absence de langage non verbal comme un frein à la coordination d'équipes en ligne, dans le cas d'un cours basé sur la résolution de problème.

Les étudiants ont dû faire face à un environnement complexe en mode « réel » : motivation différente des participants, poids de l'évaluation différent d'une école à l'autre, évaluations parfois contrastées des professionnels. Cette expérience permet aux étudiants d'appréhender la réalité d'un environnement incertain.

3.4. Une illustration de la dynamique d'*organizing,* après la première session

Les évolutions initiées par les étudiants au sein de leur groupe, les évolutions engagées par les enseignants, illustrent la dynamique de l'*organizing* présenté par Weick *et al.* (2005). Ces évolutions sont destinées à améliorer la motivation des étudiants en redonnant du sens au projet.

Tableau 5. Les évolutions du cadre destinées à renforcer les interactions au sein des groupes

Les causes identifiées du manque d'interactions	Les modifications engendrées	Les variables comportementales concernées
Le statut du cours et de l'évaluation finale	Le cours devient obligatoire pour tous et fait l'objet d'une évaluation (depuis la session 3). La pondération de cette évaluation est toujours en question.	Rationalité des apprenants, motivation extrinsèque.
Manque d'esprit d'équipe	Activités ludiques destinées à se faire connaître auprès de son équipe, Manifesto de l'équipe (depuis la session 2).	Motivation intrinsèque et extrinsèque.
Manque de temps	Le défi se déroule sur une semaine (depuis la session 3).	Aide pour que les étudiants s'auto-organisent en fonction des contraintes académiques, culturelles de chacun.
Manque de participation sur les activités de la plateforme	Création d'un parcours de compétences (pour la session 4) avec des badges.	Motivation intrinsèque et extrinsèque. Visualisation du parcours par les étudiants.

CONCLUSION

L'engouement des universités pour le déploiement de cours d'entrepreneuriat conduit ces dernières à se lancer dans des pratiques innovantes : modalités de cours, compétences visées plus que connaissances, gamification etc.

L'histoire que nous avons racontée concerne un cours international d'entrepreneuriat, délivré au sein de plusieurs établissements différents mais selon le même calendrier.

La première année sert de base à l'histoire racontée, les obstacles et contraintes ont été nombreux et ont conduit au mauvais fonctionnement de certains groupes d'étudiants. Ce qui se traduit par des résultats pas toujours à la hauteur des attentes de l'équipe enseignante.

Le caractère innovant de ce cours (en ligne, international, en animation plurielle, délivré uniquement en anglais) est de nature à bouleverser les habitudes des enseignants et des étudiants. Ces bouleversements induisent de l'ambiguïté au sens de Weick (1995, 2005).

Nos résultats montrent que cette ambiguïté résulte essentiellement du cadre qui est pluriel : animation du cours, consignes, statut du cours, statut des évaluations, barrières de la langue. Les étudiants parviennent à surmonter cette ambiguïté par des efforts de communication ou par des actions qui modifient parfois le cadre auquel ils sont soumis. Ils déploient des compétences d'organisation (gestion des temporalités différentes), de *leadership*, maîtrisent parfaitement les outils de communication et sont très créatifs dans les projets rendus.

De leur côté, les enseignants font évoluer l'*organizing* du cours (parcours d'activités, activités ludiques, renforcement des attentes) dans le but d'améliorer les résultats futurs.

Cette première recherche sera complétée par une étude approfondie des projets soumis depuis trois ans afin de mieux cerner les conséquences de l'ambiguïté du cours sur la réalisation des projets de création d'entreprise. Dans ce contexte, c'est la version positive de l'ambiguïté qui peut être mise en avant, car source de créativité et d'innovations (Weick, 2015).

BIBLIOGRAPHIE

AL ATABI, M., DEBOER, J. (2014), Teaching entrepreneurship using massive open online course (MOOC), *Technovation,* 34(4), 261-264.

ALBERTINI T., FABIANI, T., LAMETA, N., LIMA, M. (2019), A framework for evaluating the effectiveness of entrepreneurial teaching in higher education, *Marché et Organisations*, 1, 34, 159-186.

ALLEN, I.E., SEAMAN, J (2014), *Grade change: tracking online education in the United States*, Newburyport, MA: Sloan Consortium.

ANAYA ANTONIO, R., LUQUE, M., PEINADO, M. (2016), A visual recommander tool in a collaborative learning experience, *Expert Systems With Applications*, 45, 248-259.

BLANQUET, M.F. (2007), Web collaboratif, web coopératif, web 2.0. Quelles interrogations pour l'enseignant documentaliste ? *Formation des personnes ressources en documentation,* CRDP d'Aix-Marseille, http://eprofsdocs.crdp-aixmarseille.fr/- Web-collaboratif- Web-coopératif-html].
BOUTILLIER, S., FOURNIER, C. (2009), Travail collaboratif, réseau et communautés. Essai d'analyse à partir d'expériences singulières, *Marché et Organisations*, 3, 10, 29-57.
COLVILLE, I., PYE, A., BROWN, A.D. (2016), Sensemaking processes and Weickarious learning, *Management Learning*, 47 (1), 3-13.
DE JONG, N, VERSTEGEN, D.M.L, KÖNINGS, K.D. (2018), The role of the e-tutor in synchronous online problem-based learning: A study in a Master Public Health Programme, *British Journal of Educational Technology*, 49(3), 385-397.
DERVIN, B. (1998), Sensemaking theory and practice: an overview of users interests in knowledge seeking and use, *Journal of Knowledge Management*, 2, 2, 36-46.
DURAND, J.P. (2009), Le travail collaboratif : des illusions à d'éventuels possibles, *Marché et Organisations*, 3, 10, 15-28.
GANGLOFF-ZIEGLER, C. (2009), Les freins au travail collaboratif, *Marché et Organisations*, 3, 10, 95-112.
KENDALL, J.E., KENDALL, K.E. (2012), Storytelling as a Qualitative Method for IS Research: Heralding the Heroic and Echoing the Mythic, *Australasian Journal of Information Systems*, 17(2), https://doi.org/10.3127/ajis.v17i2.697
LE BOTERF, G. (2005), *Construire les compétences individuelles et collectives*, éditions d'Organisation, Paris.
LE BOTERF, G. (2008*), Repenser la compétence. Pour dépasser les idées reçues, 15 propositions*, Eyrolles, Paris.
LEVY-TADJINE, T., PATUREL, R. (2008), Quelques réflexions succinctes sur l'enseignement de l'entrepreneuriat, *Marché et Organisations*, 1, 6, 147-162.
LIMPEROS, A.M., BUCKNER, M.M., KAUFMANN, R., FRISBY, B.N. (2015), Online teaching and technological affordances: an experimental investigation into the impact of modality and clarity on perceived and actual learning, *Computer and Education*, 83, 1-9.
MAITLIS, S., SONENSHEIN, S. (2010), Sensemaking in crisis and change: Inspiration and Insights from Weick (1988), *Journal of Management Studies,* 47, 3, 551-580.
MAUREL, D. (2010), Sense-making : un modèle de construction de la réalité et d'appréhension de l'information par les individus et les groupes, *Études de communication*, 35, Pratiques informationnelles : Questions de modèles et de méthodes.

MAYER, R.E., HEISER, J., LOON, S. (2001), Cognitive constraints on multimedia learning: When presenting more material results in less understanding, *Journal of Educational Psychology*, 93(1), 187-198.
PATUREL, R. (2007a), Grandeurs et servitudes de l'entrepreneuriat, *Revue Internationale de Psychosociologie,* éditorial du numéro spécial consacré aux représentations entrepreneuriales, Direction Paturel, R., Schmitt, C., Bourrion, C., XIII, 31, 27-43.
RAE, D. (2005), Entrepreneurial learning: a narrative-based conceptual model, *Journal of Small Business and Enterprise Development,* 12.
RASMUSSEN, E.A., SORHEIM, R. (2006), Action-based entrepreneurship education, *Technovation*, 26, 185-194.
SAVOLAINEN, R. (2006), Information use as gap-bridging: the viewpoint of sense making methodology, *Journal of the American Society for Information Science and Technology*, 57, 8, 1116-1125.
SUNDAR, S.S. (2007), Social psychology of interactivity in human website interaction? in Joinson, A.N., Mckenna, K.Y.A., Postmes, T., Reips, U.D., (Eds), *The Oxford handbook of internet psychology*, Oxford, UK, Oxford University Press, 89-104.
SUNDAR, S.S., LIMPEROS, A.M. (2013), Uses and grats 2.0: new gratification for new media, *Journal of Broadcasting and Electronic Media*, 57, 504-525, http://dx.doi.org/10.1080/08838151.2013.845827
TOUTAIN, O., FAYOLLE, A. (2008), Compétences entrepreneuriales et pratiques d'accompagnement : approche exploratoire et modélisation, *Marché et Organisations,* 1, 6, 31-72.
VERSTEGEN, D.M.L., DAILEY-HEBERT, A., FONTEIJN, H.T.H., CLAREBOUT, G., SPRUIJT, A. (2018), How do Virtual Teams Collaborate in Online Learning Tasks in a MOOC? *International Review of Research in Open and Distributed Learning*, 19, 4, September.
VERSTEGEN, D.M.L., DE JONG, N., VAN BERLO, J., CAMP, A., KÔNINGS, K.D., VAN MERRIENBOER, J.J.G, DONKERS, J. (2016), How e-Learning Can Support PBL Groups: A Literature Review, in Bridges, S., Chan, L., Hmelo-Silver, C. (eds), Educational Technologies in Medical and Health Sciences Education. *Advances in Medical Education,* 5, Springer, Cham. https://doi.org/10.1007/978-3-319-08275-2_2
WEICK, K.E., BROWNING, L.D. (1986), Argument and Narration in Organizational Communication, *Journal of Management*, 12, 2, 243-259.
WEICK, K.E. (1988), Enacted sensemaking in crisis situation, *Journal of Management Studies*, 25, 305-317.
WEICK, K.E. (1995), *Sensemaking in organization*, Thousand Oaks, CA, sage Publications.
WEICK, K.E. (2001), *Making Sense of the Organisation*, MA: Blackwell, 483 p.
WEICK, K.E., SUTCLIFFE, K.M., OBSFELD, D. (2005), Organizing and the process of Sensemaking, *Organization Science*, 16, 409-421.

WEICK, K.E. (2010), Reflections on Enacted Sensemaking in the Bhopal Disaster, *Journal of Management Studies*, 47, 3, 537-550.
WEICK, K.E. (2015), Ambiguity as graps: The reworking of sense, *Journal of Contingencies and Crisis Management*, 23(2), 117-123.

ANNEXES

Annexe 1 . Les étapes d'un storytelling réussi proposées par Kendal *et al.* (2012)

1. Mythical Quality.
2. Call to adventure.
3. The hero.
4. The goal is revealed.
5. Hero's inner problem surfaces. A complex story reveals both a hero's outer and inner problems.
6. A new situation arises. A complex story will describe the hero leaving their normal world and entering a new world that may have different rules, expectations, and timetables.
7. The hero is tested. Along the way, the hero will be challenged.
8. Enemies or forces of nature intervene. The hero may encounter enemies or forces of nature that need to be overcome.
9. Hero encounters new obstacles. In addition, certain obstacles may need to be overcome as well.
10. Hero experiences a transformation. The hero may experience an ordeal, may receive a brilliant idea, and may even experience a change along the way.
11. Hero experiences a setback. The story may detail a series of failures along the way.
12. Hero may be deceived. The hero may experience deception on their journey.
13. The situation is resolved. At some point there is a resolution. Either the hero fails (and metaphorically dies), or the hero succeed
14. Lessons are learned. In either case, there are lessons learned.
15. Better problem understanding. The hero or someone else now understands the problem better and will hopefully succeed (especially if the hero experiences failure).
16. Quest is easier next time. In the future, the hero or someone else might encounter a similar problem but will have an easier time succeeding.
17. Celebration time. Often the story ends with recognition and joy.

16\. Epilogue. Sometimes a story ends with an epilogue where the storyteller will explain what has happened since the problem was resolved.

Annexe 2. Grille d'analyse servant de supports aux évaluations des professionnels

Dear All,
All pitches were reviewed by at least 2 reviewers.
We used a scale of "poor"| "fair" | "Good"| | "very good pr excellent"

I translated this scale into 1,2,3,4 grades respectively, in order to allow some statistics.
Overall average is somewhere between "Fair" and "good" as follows:

Response to brief | extent to which the team has successfully addressed the challenge	Novelty /outcome | extent to which the team has produced a novel solution or a novel application of a solution to address the problem	Potential impact | extent to which the team has delivered a starting point for an investible idea	Business Model | is it clear how this is going to work as an enterprise?	The Pitch | clarity, creativity, strength of presentation	Overall impression
2.8	**2.5**	**2.5**	**2.2**	**2.6**	**2.5**

Annexe 3. Exemple d'évaluation contrastée d'un groupe

Rev1	**2,2**	Being a consulting service company leaves a lot of questions unanswered and is not an innovative solution but rather an enabler or connector to the market, it requires consulting characteristics', connection and some knowledge. Its success depends on the people, and it will be difficult to sell these services without an experienced expert....
Rev2	**1,8**	We know from research that changing culture and habits is very very difficult. Hence, the nudging effort is a good intention, but it needs a more innovative approach. And the business model seems unclear.
Rev3	**3,3**	Innovative, good starting point. On the other hand, a monitoring tool, not realy eliminating the problem root

ENTREPRENEURIAL PROFESSIONAL COMPETENCES AND RESEARCH SKILL AS RESPONSE TO THE NEEDS OF MEXICAN LABORAL MARKET[1]

Yashiro Danahi CISNEROS-REYES
ycisneros@ugto.mx

Diana del Consuelo CALDERA-GONZALEZ
dccaldera@ugto.mx

Maria Guadalupe ARREDONDO-HIDALGO
lupita@grupocrea.com.mx

Art and Enterprise Department,
Organizational Studies Department,
Management and Direction of Enterprises,
University of Guanajuato

ABSTRACT

The purpose of this study is to explore the Entrepreneurial Professional Competences (EPC) and Research Skills (RS) acquired by a group of graduates and graduate students of the Management Masters Program at Guanajuato University, in response to the Laboral Market Needs (LMN) of Mexico. This paper presents the evolution of the program curriculum by using an Importance-Performance Analysis (IPA). The responses to the developed survey observes the differences between courses within two versions of the program by a paired-sample *t* test that was analyzed through IPA. Additional elements of the Masters program were evaluated by the means of literacy, numeracy, technological problem solving and research skills in both versions of the program. The research analysis showed a difference in curricular preferences of students from both versions. The results of this study suggested academic and practical implications according to the quadrants of IPA where the courses were graphed.

---

[1] *This work was supported by the Council of Science and Technology CONACyT.*

Keywords: Entrepreneurial professional competences, labor market, graduated program.
JEL Codes: A23, I23, J44

RÉSUMÉ

L'objectif de cette étude est d'explorer les compétences professionnelles entrepreneuriales (EPC) et la compétence de recherche (RS) acquises par un groupe de diplômés et d'étudiants d'un programme de Master en gestion, en réponse aux besoins du marché du travail (LMN) du Mexique. Cet article présente l'évolution du programme de maîtrise en gestion des programmes d'études de l'Université de Guanajuato à l'aide de l'analyse de l'importance et des performances (IPA). Des éléments supplémentaires du programme de maîtrise ont été évalués au moyen de la littératie, de la numératie, de la résolution de problèmes technologiques et des compétences en recherche dans les deux versions du programme. L'analyse de la recherche a montré une différence dans les préférences scolaires des étudiants des deux versions. Les résultats de cette étude ont suggéré des implications académiques et pratiques selon les quadrants de l'API où les cours ont été représentés graphiquement.

Mots-clés : compétences professionnelles entrepreneuriales, marché du travail, Master program.

INTRODUCTION

This study is based on the Survey of Adult Skills' pillars, as a part of the Programme for the International Assessment of Adult Competencies (PIAAC), which assesses the proficiency of adults from age 16 onwards in literacy, numeracy and problem solving in technology-rich environments (OECD[2], 2019a). Since graduate programs are more detail oriented than undergraduate programs in developing the research skills of the students, the present work is also considered a key factor in this research.

OECD (2017) supports the idea that building the right professional skills can help countries improve economic prosperity and social cohesion. Entrepreneurial Professional Competences (EPC) refer to the body of knowledge and skills that can be developed, allowing individuals to systematically perform activities or tasks, which can be acquired and

[2] Organisation for Economic Cooperation and development

expanded through studies. This definition includes the full range of cognitive skills (e.g. literacy, numeracy) (OECD, 2012).

Proficiency in literacy, numeracy and problem solving in technological environments reflects aspects of an individual's human capital that are identified and valued in the labor market separately from other aspects related to their education or personal attributes and characteristics (OECD, 2016). According to the PIAAC 2018, the proportion of Mexican adults achieving high proficiency in these areas is one of the lowest among the OECD countries participating in the survey (OECD, 2019a).

This paper is structured in the following sections: First, a review of literature presenting the competences and skills in the world, the definition of entrepreneurial professional competences and research skill, and the Programme for the International Assessment of Adult Competencies of Mexico, followed by descriptions of related works. Then, a methodology focused on Importance – Performance Analysis and its classification. Later, a summary of the results from the collected data. Lastly, the conclusions drawn from this study.

The hypotheses are as follows: (1) Each course of the 2006 program and 2018 program contribute differently to the building of EPC in response to the needs of LMN of Mexico; (2) Importance-Performance Analysis (IPA) shows the change between students' curricular perceptions, and (3) In addition to courses, there are other elements that the students consider important for the building of EPC and their future professional performance.

1. REVIEW OF LITERATURE

1.1. Competences and skills in the world

In a world in which millions of people are unemployed, while many employers complain that they cannot find qualified workers, it is apparent that something is off balance. One of those issues is the imbalance between the supply and demand of professional skills. Governments need a clearer picture, not only of how labor markets are changing, but also of how well they are equipping their citizens to participate in, and benefit from, increasingly knowledge-based economies (OECD, 2016).

Professional skills have become the key driver of individual well-being and economic success in the 21st century. Without proper investment in skills, people languish on the margins of society, where technological progress does not translate into growth, and countries are unable to compete in increasingly knowledgeable global economies (OECD, 2017).

Building the right skills can help countries improving economic prosperity and social cohesion by (1) contributing to social outcomes such as health, civil and social engagements, (2) supporting improvement in productivity and growth, and (3) supporting high levels of employment in good quality jobs. That is achieved by (1) strengthening developmental programs, (2) funding education through public and private sources (3) designing effective incentives for employers and individuals to expand their knowledge and (4) providing resourceful information for the public, businesses, and policy makers to succeed. That way, (1) supplying the opportunity to develop professional skills, (2) activating the supply of eligible workers and (3) effectively applying skills, developmental systems are strengthened (OECD, 2017).

OECD is working with governments to develop national skills strategies that ensure that their citizens are equipped with the right skills for 21st-century economies and utilize them productively (OECD, 2016).

As an organization of the United Nations specialized in education, UNESCO has received the charge of directing and coordinating the 2030 Agenda Education. This program is part of a worldwide movement aimed at eradicating poverty through achievement, from now to 2030, accross 17 Sustainable Development Goals (SDGs). Education, essential to reach all of these goals, has its own specific goal, SDG 4, which has been proposed to "guarantee inclusive, equitable and quality education and promote learning opportunities throughout life for all". The Education Framework for Action 2030 provides guidance for the accomplishment of this ambitious goal and its commitments (UNESCO, 2020).

Improving the performance of all students is the second mega trend in the evolution of priorities in matters of public policy, only after closing performance gaps due to socioeconomic origin (OECD, 2019b). As stated by Stefania Giannini, Deputy Director General Education of UNESCO, in reference to scope priority action 2, related to educational settings and training: "We wonder more and more if what people learn is really relevant to their lives" (UNESCO, 2020). As a consequence of previous considerations, acquiring relevant skills is certainly key but may not be enough to integrate successfully in the labor market. Skills must be used productively, not only to keep them from atrophying, but also to reap some of the intangible benefits of skill proficiency that contribute to adults' general well-being. For example, the intensity in which workers use their information-processing skills in their jobs is related to the likelihood of being satisfied at work (OECD, 2016).

1.2. Definition of entrepreneurial professional competence (EPC) and research skill (RS)

The concepts of *skill* and *competence* are used interchangeably in this work. Since competence refers to the quality of action taken by entrepreneurs, it is directly related to short term venture. That is the entrepreneur's competence results in decisions and relationships which help the entrepreneurial process to organize resources and meet opportunities. In addition to short term value, competencies have a compounded or synergized future value and are importantly related to longer term outcomes (Bird, 1995). Entrepreneurial competencies are defined as underlying characteristics such as generic and specific knowledge, motives, traits, self-images, social roles, and skills which result in venture birth, survival and/or growth. Entrepreneurial competencies are carried by individuals – the entrepreneurs who begin or transform organizations and who add value through their organizing of resources and opportunities (Bird, 1995).

In this paper, *Entrepreneurial Professional Competences (EPC)* refer to the body of knowledge, skills and abilities that can be learned, allow individuals to perform an activity or task of appropriate and systematic way, and that can be acquired and expanded through learning. This definition includes a full range of cognitive skills (e.g. literacy, numeracy), techniques (specific to a sector or occupation) and socio-emotional mentalities such as teamwork, and communication (OECD, 2012).

This study is based on the Survey of Adult Skills' pillars, part of the Programme for the International Assessment of Adult Competencies (PIAAC) which assesses the proficiency of adults from age 16 onwards in literacy, numeracy and problem solving in technology-rich environments. These skills are key information-processing competencies, relevant to adults in many social contexts and work situations, and necessary for fully integrating and participating in the labor market, education and training, and social and civic life (OECD, 2019a).

PIAAC is designed by the Organisation for Cooperation and Economic Development to provide a picture of adults' proficiency in three key information-processing skills (OECD, 2019a):

(1) Literacy.- the ability of understanding and responding appropriately to written texts.
(2) Numeracy.- the ability to use numerical and mathematical concepts.
(3) Problem solving in technology-rich environments.- the capacity to access, interpret and analyze information found, transformed and communicated in digital environments.

Since Graduate programs are more oriented than undergraduate programs to develop the research skills of the students, the present work also considered:

(4) Research Skill (RS).- the ability to collect, analyze and create new knowledge to academic and entrepreneurial purposes.

In nearly all countries, adults with low proficiency and low levels of education show the lowest probability of reporting positively on all the social outcomes considered. Conversely, adults with higher proficiency and high levels of education have the greatest probability of reporting positive social outcomes (OECD, 2016). The capacity to manage information and solve problems using computers is becoming a necessity as ICT (Information and Communications) Technology applications permeate the workplace, the classroom and lecture hall, the home, and social interaction more generally (OECD, 2016).

Adults with higher proficiency in literacy, numeracy and problem solving in technology-rich environments tend to have better outcomes in the labor market than their less-proficient peers. They have somewhat greater chances of being employed and, if employed, of earning higher wages. This holds true also when accounting for other factors commonly associated with better outcomes in the labor market, such as educational attainment, work experience, occupation, and field of study (OECD, 2016).

Proficiency in literacy, numeracy and problem solving in technology-rich environments is positively and independently associated with the probability of being employed, and with higher wages in many countries and economies. On average, as an individual's proficiency increases, his or her chances of being employed increase too, as do his/her wages. Proficiency in literacy, numeracy and problem solving in technology-rich environments reflects aspects of individuals' human capital that are identified and valued in the labor market separately from other aspects related to education or personal attributes and characteristics (OECD, 2016).

Overall, the results suggest that investments in improving adults' proficiency in literacy, numeracy and problem solving in technology-rich environments may have significant benefits to their laboral opportunities (OECD, 2016).

1.3. Programme for the International Assessment of Adult Competencies (PIAAC) of Mexico

In recent decades, Mexico has undergone profound economic and social transformation. Since the 1980s, Mexico's economy has evolved from an import substitution to an export-oriented economic model. In the space of only a few years, Mexico has become a global leader in exporting activities of major industries (such as auto parts, engines, electronic and medical equipment, televisions), and one of the major recipients in the Latin American region of foreign direct investment, due to structural reforms that have made the Mexican economy more open and attractive (OECD, 2017).

However, many Mexicans still lack good quality basic services in education, health and housing, and many works in the informal economy where employment conditions are more precarious. Within this context, women and youth are especially vulnerable to poor working and living conditions (OECD, 2017).

Mexico's goal for the future is to ensure that the benefits of structural reforms and of opening the economy translate into better living conditions for Mexicans. Boosting the development, activation and use of skills will be key to achieving these objectives. As demonstrated by the Survey of Adult Skills (PIAAC), which Mexico is currently deploying, higher skill levels are not only associated with higher productivity and earnings, but also with other important outcomes, such as better health, higher levels of trust, and greater propensity to contribute to society through volunteering. To this end, the aim of current educational reform in Mexico is in line with OECD recommendations to create a more inclusive society through giving equal opportunities to everyone and reducing poverty while providing quality education to all Mexicans (OECD, 2017).

Despite recent progress, Mexico still has a comparatively low-skilled workforce. As a result, Mexico tends to specialize in low value-added activities that contribute to the prevalence of informal employment arrangements, which are estimated to account for 52.5 % of all employment. Workers in the informal economy are, on average, less likely to: receive training, participate in high performance workplace practices that make more effective use of their skills, and find themselves employed in precarious and low-quality jobs. Firms operating in the informal sector tend to be less capital intensive and invest less in training their workers or modernizing production, which translates into low productivity and growth. Society having a large share of the workforce employed informally implies higher social costs and foregone tax revenues that could have been invested in expanding the provision of education and training (OECD, 2017).

By providing opportunities for all Mexicans to develop high quality and relevant skills, and by supporting employers to improve their human resources management, Mexico can raise productivity levels and, extend the incentives for employers to hire individuals in the formal sector. Skills are central to Mexico's future prosperity and the well-being of its people. Fostering better and more equitable skills outcomes, especially for women and youth, will provide the foundation for building a healthier, more equitable, and more cohesive society (OECD, 2017).

Mexico recognizes the need for a whole of government approach to skills. The importance of skills and human capital has been recognized as a priority for the Mexican Government. Therefore, the National Productivity Committee, an advisory public-private council capable of making binding recommendations to increase productivity, agreed to work on a lifelong skills strategy with a long-term vision. Mexico is the second OECD member country, after Norway, to be undertaking the complete process of a National Skills Strategy project with the OECD that encompasses diagnostic and action phases (OECD, 2017).

The eight skills challenges for Mexico following presented are described under each of the OECD Skills Strategy's main pillars. The first six challenges refer to specific outcomes across the three pillars of developing, activating, and using skills. The next two challenges refer to the enabling conditions that strengthen the overall skills system. Success in tackling these skills challenges will boost performance across the whole skills system (OECD, 2017).

Figure 1. Challenges of Mexico's skills system

Challenges of Mexico's Skills System			
Pillar 1: Developing relevant skills	**Pillar 2: Activating skills supply**	**Pillar 3: Using skills effectively**	**Strengthening Mexico's skills system**
Challenge 1. Improving the skills performance of students in compulsory education. *Challenge 2.* Increasing access to tertiary education while improving the quality and relevance of the skills developed in tertiary education.	*Challenge 3.* Removing supply and demand-side barriers to activating skills in (formal) employment. *Challenge 4.* Boosting the skills activation of vulnerable groups.	*Challenge 5.* Improving the use of skills at work. *Challenge 6.* Supporting the demand for higher skills to boost innovation and productivity.	*Challenge 7.* Supporting collaboration across government and stakeholders to achieve better skills outcomes. *Challenge 8.* Improving public and private skills funding.

Source: Author's creation based on OECD, 2017

This study relates to Challenge 2 which is crucial because tertiary education provides significant benefits to individuals and society. In Mexico, a small share of students completes tertiary education. Only 16 % of the population aged 25-64 years old in 2015 attained tertiary education, which is significantly below the OECD average of 36 %. Access varies greatly across regions, with participation rates high in Mexico City, and significantly lower in most other regions. While tertiary education participation rates are similar for men and women, there are some differences by field of study (OECD, 2017).

Mexico also needs to improve the quality and relevance of skills developed in tertiary education to fully realize their benefits. Rapid expansion and limited oversight may mean that many graduates are not developing skills of the quality and relevance demanded by the labor market. Employer surveys suggest that many tertiary graduates do not have the skills required for their jobs. Furthermore, one out of two tertiary graduates work in an occupation unrelated to their field of study, which may suggest that some tertiary students are completing studies are being deprived of sufficient knowledge applicable to roels in the highest demand. Incentives to adapt course offerings to labor market needs could be strengthened in both private and public tertiary education institutions, which are responsible for about 33 % and 67 % of tertiary graduates, respectively (OECD, 2017).

Mexico has the opportunity to improve access to tertiary education, while bolstering the quality and relevance of skills developed in tertiary education. Better regulation and quality assurance systems could ensure that universities are accountable for increasing accessibility and raising quality and relevance. The quality of teaching could be further improved through the increased use of evaluations and better working conditions. The tertiary curriculum could be made more relevant to the labor market through partnerships between universities and industry, and through the increased use of work-integrated learning. Better information about current and future skills needs and outcomes of tertiary institutions could also support increased quality and relevance. The effective financing of tertiary education could be an important lever to improve it and its outcomes, particularly when public funding is contingent on outcomes of measurable quality and relevance indicators of tertiary education (OECD, 2017).

According to the PIAAC 2018 the proportion of adults achieving high proficiency in literacy, numeracy or problem solving in technology-rich environments is one of the lowest among the OECD countries participating in the survey. Large proportions of the adult population in Mexico have poor literacy, numeracy and proficiency in problem solving in technology-rich environments (OECD, 2019a).

Also, it was found that the relationship between socio-demographic characteristics and proficiency is similar to that observed in other countries. The average Mexican youth is 10 to 15% less proficient in literacy than the average OECD person in the same age and education category. For the average Mexican, numeracy engagement in everyday life or at work is lower than the OECD average, but higher than in Ecuador, Kazakhstan or Peru. Mexican adults with higher proficiency in numeracy and higher educational attainment enjoy higher wages but not a higher probability of being employed, other personal and job-related features held constant (OECD, 2019a).

1.4. Related works

This study is related to other works in the same field, for instance, the study of Chung-Gyu *et al.* (2018) focus on the effectiveness of the entrepreneurship curriculum and the educational program recognized by students and graduates. That study was conducted on students and graduates who attended entrepreneurship graduate schools designated by the Ministry of SMEs and Startups (MSS) in Korea. According to the research analysis, there was a difference in the preference of the curriculum and the educational program recognized by graduate students and graduates. It suggests the following implications for the reorganization and improvement of the entrepreneurship curriculum and programs.

(1) The entrepreneurship curriculum requires development of personalities and development of skills such as high self-efficacy, emotional intelligence and well-developed interpersonal.
(2) It may be helpful to understand and learn the actual field experience through courses such as business start-up and case studies.
(3) Entrepreneurship education needs to focus on areas related to industry and economic growth.
(4) It is necessary to activate an educational program to support it and to emphasize it as a key factor in entrepreneurial programs. Also, the creation of social networking websites can be effective in building and maintaining relationships.
(5) Entrepreneurs need professionals who can solve their challenges from an international perspective.
(6) The recruitment of professional instructors and the development of various subjects should be prioritized for the development of entrepreneurship education.

In addition, Chavan and Carter (2018) explored the expectations and reality perspectives accrued in preliminary management course and understand if they impart and embed real-world skills and develop work readiness. The study found that at the commencement of university studies, the expectations were simple like, making new friends, getting around the campus and settling well into the university culture, allowing opportunity to obtain part-time jobs, securing internships, memberships of associations, desire to participate in exchange programs and get work-ready by the close of the first year. The research outcomes show that those, who held a part-time job while studying, demonstrated a better understanding of the preliminary management subject matter taught in class and obtained better grades. Primarily, the preliminary management course did not specifically impart work-ready skills and it would be fitting to embed employability skills in the management curriculum from the commencement of their programs in the first year.

They concluded that a systematic approach needs to be adopted. (1) The gap between the knowledge provided by the universities and the skills required by the employers need to be reduced, (2) The employers and the universities should keep a watch on the labor market and develop strategies to meet the dynamic requirements of the labor market collaboratively, and (3) Career guidance will help inform students make a career choice to match the labor market opportunities. This should be a part of the policy agenda for responding to the lack of work-ready graduates in the labor market.

In the same line research even though different area of knowledge, Anastasiu, *et al.* (2017) found that there is a need for cooperation between universities and the business environment in order to align the university teaching with the on-the-job needs. The companies will stay close to the academic field, since they are involved in business and have little time for research. The universities may take advantage of the cooperation with the companies because every notion they deliver must be linked with practice, therefore the teachers can update the courses and applications accordingly. At the end of the chain are the students, who will acquire both theoretical and practical knowledge, which will result in better career planning: either choosing research or practice.

Another author, Akhmetshin *et al.* (2019) stablished that entrepreneurship higher education is aimed both at providing the students with knowledge bases and stimulating their entrepreneurial thinking. Therefore, in order to develop the education programs that fit actual economic requirements, the feedback needs to be obtained that includes the students' self-evaluation of their entrepreneurial thinking level basing on the results of higher learning. The main purpose of his questionnaire was to compare the formation level of the qualities that were needed for entrepreneurial thinking among the students with/without practical experience. At universities where this research was carried out, participants expressed that educational programs do not meet the students' needs to build entrepreneurial thinking skills as offered. This indicates the necessity to structure new courses that would serve as proper coaching for future entrepreneurs.

Finally, to build this study it was considered the Mitchlemore & Rowley's work (2010) which mention that entrepreneurial competencies are seen as important to business growth and success. The purpose of their research was to undertake a literature review of research on entrepreneurial competence in order to: provide an integrated account of contributions relating to entrepreneurial competencies by different authors working in different countries and different industry sectors and at different points in time; and develop an agenda for future research, and practice in relation to entrepreneurial competencies. They concluded that although the concept of entrepreneurial competencies is used widely by government agencies and others in their drive for economic development and business success, the core concept of entrepreneurial competencies, its measurement and its relationship to entrepreneurial performance and business success needs further rigorous research and development in practice.

2. METHODOLOGY

The methodology was quantitative, descriptive, and non-experimental design. Data collected for this study was obtained by a self-administered survey sent via email to students and graduated of Management Master program during April-May 2021 getting a total of 45 answers.

The total number of questions was 23 (for 2006 version), 8 items based on a 5-point Likert scale (from 1 lowest to 5 highest) and 17 questions (for 2018 version) with 8 items based on a 5-point Likert scale (from 1 lowest to 5 highest).

Importance – Performance analysis was performed as well as some descriptive statistics analysis.

2.1. Importance – Performance Analysis

The importance-performance analysis (IPA) is a method of classifying high and low by sorting the scores of importance and satisfaction using a central tendency such as mean value (Clegg, Birch, 2007). It is divided into four quadrants with high and low importance and satisfaction, and each quadrant can present an effective strategy. The first quadrant represents a high degree of importance and satisfaction, and it can provide a strategy for the maintenance necessity of strength items with 'keep up the good work'. The second quadrant represents a high degree of importance and low satisfaction, which means that the 'concentrate here' needs to be corrected for low satisfaction. The third quadrant implies the use of resources limited to 'low priority' with low importance and low satisfaction, and the fourth quadrant is of low importance and high satisfaction, indicating that there is a need to avoid unnecessary strengths with 'do not overwork'. This IPA analysis method is widely used in e-business, banking industry, tourism management, education, and service quality (Chung *et al.*, 2018).

Daud *et al.* (2011) proposed the development of curriculum by analyzing the gap between the important characteristics and actuality of knowledge, skills, abilities and personality of business school graduates through IPA analysis. Moreover, to reduce the gap between educators and students in entrepreneurial education, it is necessary to analyze the importance and satisfaction of the entrepreneurship curricula and the programs perceived by the students; thus IPA analysis is appropriate for this study which aims to review the quality of entrepreneurship education by analyzing the importance and satisfaction of entrepreneurial education programs and the curriculum.

2.2. Classification for IPA

In this study, based on the review of the related research, we extracted items for analyzing the importance and satisfaction of the (1) curriculum and (2) extra components of Management Master program of University of Guanajuato. The courses used in this analysis were the totality of the 2018 version and 2006 version of the program; they were classified into three groups, (1) theory/research (TR), (2) practice (P), and (3) advanced courses (AC).

TR group includes courses such as theory and analysis of the organization, economic environment, methods for scientific and applied research, strategic thinking, strategic human resources management, innovation and technology management, financial administration, strategic marketing and law and business from 2018 version, and organizational systems design, methodology for the resolution of business cases, corporate law, financial administration, human capital leadership, strategic marketing, quality management, strategic management and international business from 2006 version.

P group includes courses such as costs and countability, data analysis for decision making, project evaluation and entrepreneurship, projects management and management skills development from 2018 version and management accounting, statistics applied to business, economic engineering, corporate finance, simulation and evaluation of projects written work to form a strategic business plan from 2006 version.

Finally, the AC group includes deepening course i, professional course i, deepening course ii and professional course ii from 2018 version and seminar on complex models of business management from 2006 version. The importance-satisfaction level for each course was measured by a 5-point Likert scale (very unlikely to very likely) for a total of 34 courses.

The degree of importance and satisfaction for the entrepreneurship graduate school program was divided into 4 parts: (1) network support and partnership, (2) coaching and mentoring/consulting, (3) student support activities, and (4) post-graduate management based on the research of Jung (2008) and Jung and Min (2008).

Network support and partnership represent networks relationship between alumni, partnership with external institutions and attracting funds and investment. Coaching and mentoring/consulting includes distinguished professor coaching/mentoring and expert/institution specialized consulting. Student support activities include 'start-up camp/training', 'start-up contest', 'forum/seminar', 'academic conference', and post-graduation management includes systematic support programs after graduation such as education and consulting, communication, and linkage between related projects. These were also measured by 5-point Likert scale for 12 items. The items of the questionnaires were selected and evaluated according to the purpose of the study through the evaluation and discussion of the entrepreneurs and start-up experts. Prior to this survey, a pilot test was conducted for the graduate students in entrepreneurial graduate schools. The final questionnaire was completed by modifying questions according to their opinion.

3. RESULTS

Data collected was analyzed using SPSS (Statistical Package for the Social Science) program version 21 and the following results were obtained:

Table 1. Results of differences between curriculum courses

Notation	Course	Mean		Std. Deviation	*t*-Value
		Performance	Importance		
TR1b	Theory and Analysis of the Organization	3.5	4.29	1.051	2.797***
TR2b	Economic Environment	4.5	4.43	0.73	-0.366***
TR3b	Methods for Scientific and Applied Research	2.5	4.57	1.269	6.109***
TR4b	Strategic Thinking	4.29	4.57	1.437	0.744***
TR5b	Strategic Human Resources Management	2.5	3.93	2.027	2.637***
TR6b	Innovation and Technology Management	3.5	4.21	1.729	1.546***
TR7b	Financial Administration	2.29	4.5	2.517	3.292***
TR8b	Strategic Marketing	3.57	4.14	1.284	1.665***
TR9b	Law and Business	3.64	4.07	1.697	0.945***
PR1b	Costs and Countability	4.29	4.36	0.997	0.268***
PR2b	Data Analysis for Decision Making	4.14	4.64	1.743	1.073***
PR3b	Project Evaluation and Entrepreneurship	3.43	4.36	1.207	2.879***
PR4b	Projects Management	1.71	4.29	2.311	4.163***
PR5b	Management Skills Development	1.57	4.14	2.623	3.668***
AC1b	Deepening Course I	2.21	4.14	2.495	2.892***
AC2b	Professional Course I	1.29	4.14	2.033	5.259***
AC3b	Deepening Course II	1.43	4	2.472	3.892***
AC4b	Professional Course II	1.79	4.21	2.311	0.618***
TR1a	Organizational Systems Design	3.52	4.29	1.175	3.669***

TR2a	Methodology for the Resolution of Business Cases	3.97	4.58	0.989	3.45***
TR3a	Corporate Law	3.77	4.23	1.502	1.674***
TR4a	Financial Administration	4.03	4.61	1.025	3.153***
TR5a	Human Capital Leadership	4.29	4.58	1.16	1.393***
TR6a	Strategic Marketing	3.94	4.23	1.296	1.247***
TR7a	Quality Management	3.74	4.32	1.311	2.466***
TR8a	Strategic Management	4.48	4.71	1.023	1.229***
TR9a	International Business	3.81	4.29	1.061	2.54***
PR1a	Management Accounting	3.42	4.29	1.258	3.855***
PR2a	Statistics Applied to Business	3.29	4.48	1.4	4.745***
PR3a	Economic Engineering	3.32	4.16	1.267	3.684***
PR4a	Corporate Finance	3.68	4.42	1.237	3.338***
PR5a	Simulation and Evaluation of Projects	4.29	4.65	0.915	2.16***
PR6a	Written Work to Form a Strategic Business Plan	4.29	4.55	1.032	1.393***
AC1a	Seminar on Complex Models of Business Management	3.97	4.32	0.839	2.356***

*** $p<0.001$

Source: Authors' elaboration

Figure 2. Importance - performance analysis of Master Management program

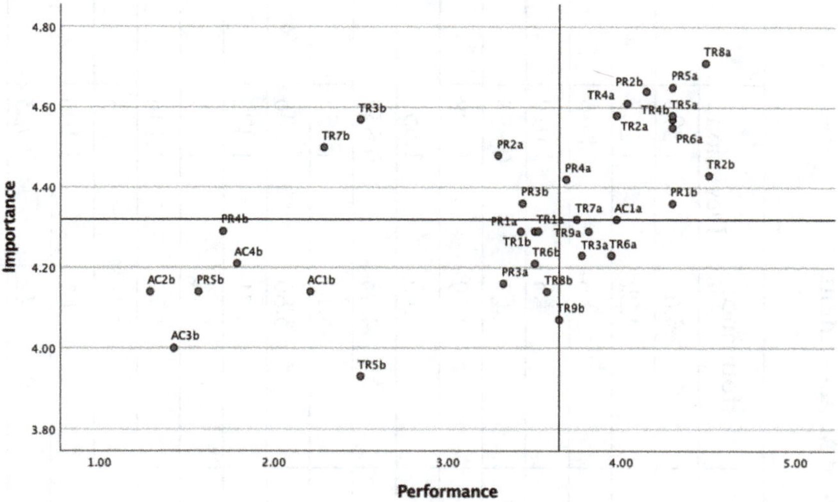

Source: Authors' elaboration

Table 2. Results of additional elements of Management Master program

		Performance	Std. Deviation	*t*-Value
EC1b	Networking with alumni	3.64	1.393	9.787
EC2b	Partnership with external institution	4.29	1.267	12.66
EC3b	Attracting funds and investment	3.86	1.46	9.884
EC4b	Distinguished professor coaching/mentoring	4.5	1.019	16.523
EC5b	Expert/institution specialized consulting	4.5	0.855	19.696
EC6b	Start-up camp/training	3.79	1.528	9.269
EC7b	Start-up contest	3.5	1.557	8.413
EC8b	Forum/seminar	4.43	0.852	19.457
EC9b	Academic conference	4.14	1.352	11.477
EC10b	Education and consulting after graduation	3.86	1.46	9.884
EC11b	Communication after graduation	3.71	1.473	9.669
EC12b	Linkage between related projects after graduation	4	1.519	9.852
EC1a	Networking with alumni	3.77	1.146	18.332
EC2a	Partnership with external institution	4.45	0.85	29.158
EC3a	Attracting funds and investment	4.1	1.106	20.62
EC4a	Distinguished professor coaching/mentoring	4.42	0.923	26.664
EC5a	Expert/institution specialized consulting	4.29	1.006	23.735

EC6a	Start-up camp/training	4.03	1.169	19.212
EC7a	Start-up contest	3.84	1.157	18.465
EC8a	Forum/seminar	4.45	0.81	30.604
EC9a	Academic conference	4.29	1.006	23.375
EC10a	Education and consulting after graduation	4.06	1.153	19.63
EC11a	Communication after graduation	3.87	1.284	16.781
EC12a	Linkage between related projects after graduation	4.13	1.088	21.139

Source: Authors' elaboration

Table 3. Result of Entrepreneurial Professional Competences and Research Skills for Management Master program

Notation	Course	Literacy		Numeracy		Problem Solving		Research Skill	
		Mean	Std. Deviation	Mean	Std. Deviation	Mean	Std. Deviation	Mean	Std. Deviation
TR1b	Theory and Analysis of the Organization	3.64	0.929	2.14	1.167	2.86	1.167	3	1.519
TR2b	Economic Environment	4	0.784	4.79	0.426	4.14	0.949	4.43	0.756
TR3b	Methods for Scientific and Applied Research	3.5	1.092	2.71	1.437	2.79	1.188	3.93	1.269
TR4b	Strategic Thinking	4.5	0.65	3.07	1.592	3.5	1.225	4.29	1.139
TR5b	Costs and Countability	3.29	0.994	4.21	1.369	3.21	1.251	2.71	1.383
TR6b	Strategic Human Resources Management	3.36	1.393	2.5	1.653	2.5	1.345	2.86	1.61
TR7b	Strategic Marketing	3.64	1.008	2.36	1.447	2.93	1.328	3.07	1.492
TR8b	Data Analysis for Decision Making	3.57	0.938	4.86	0.363	4.29	0.914	4.71	0.611
TR9b	Innovation and Technology Management	4.14	1.027	2.79	1.528	3.93	1.385	3.86	1.562
PR1b	Financial Administration	2	2.148	2.5	2.594	2.64	2.098	2	2.32
PR2b	Law and Business	3.93	1.072	2.43	1.453	2.5	1.225	3.43	1.453
PR3b	Project Evaluation and Entrepreneurship	3.43	1.016	3.57	1.284	3.5	1.092	2.79	1.626
PR4b	Projects Management	1.43	1.828	1.71	2.199	1.64	1.865	1.21	1.718
PR5b	Deepening Course I	2.36	2.205	1.57	1.91	1.86	1.916	2.21	2.293

AC1b	Professional Course I	1.5	1.912	1.36	1.985	1.79	2.007	1.36	1.946
AC2b	Management Skills Development	1.79	2.19	1.43	1.989	1.57	2.027	1.14	1.791
AC3b	Deepening Course II	1.93	2.369	1.57	2.102	1.86	2.143	1.86	2.349
AC4b	Professional Course II	1.79	2.19	1.36	1.985	1.64	1.946	1.71	2.268
TR1a	Organizational Systems Design	3.84	1.128	2.42	1.205	3.23	1.283	3.71	1.039
TR2a	Management Accounting	3.23	1.23	3.94	0.892	2.97	1.11	2.87	1.088
TR3a	Statistics Applied to Business	3.26	1.237	3.87	1.088	3.1	1.274	3.13	1.231
TR4a	Methodology for the Resolution of Business Cases	4.06	1.031	3.45	0.995	3.55	1.261	4.16	0.82
TR5a	Corporate Law	3.87	1.056	2.48	1.235	2.74	1.094	3.13	1.258
TR6a	Financial Administration	3.55	1.234	4.1	0.978	3.23	1.055	3.19	1.138
TR7a	Economic Engineering	3.65	1.305	3.84	1.186	3.03	1.197	3.26	1.125
TR8a	Human Capital Leadership	4.13	0.991	2.9	1.274	3.19	1.352	3.48	1.313
TR9a	Strategic Marketing	3.81	1.167	2.81	1.223	3.16	1.293	3.52	1.151
PR1a	Quality Management	3.94	1.124	2.94	1.063	3.1	1.193	3.45	1.091
PR2a	Strategic Management	4.48	0.962	3	1.238	3.61	1.23	4	1.095
PR3a	Corporate Finance	3.55	1.234	3.97	0.948	3.13	1.231	3.13	1.231
PR4a	International Business	3.77	1.257	3.29	1.296	3.29	1.27	3.58	1.119
PR5a	Seminar on Complex Models of Business Management	4.16	1.128	3.23	1.23	3.45	1.207	3.74	1.154

PR6a	Simulation and Evaluation of Projects	4	1.125	3.68	1.107	3.61	1.116	3.87	0.991
AC1a	Written Work to Form a Strategic Business Plan	4.26	1.064	3.65	1.253	3.71	1.101	4.16	0.86

Source: Authors' elaboration

According to the results the 3 hypotheses are accepted: (1) Each course of 2006 version and 2018 version contribute differently to the building of EPC in response to the needs of LMN of Mexico; (2) Importance-Performance Analysis (IPA) shows the change between curricula students' perceptions, and (3) There are some other elements additional to courses that the students consider important for the building of EPC and their future professional performance.

4. DISCUSSION

Data collected allowed the analysis of the importance and satisfaction of the curriculum for the 2006 and 2018 versions of Management Masters program. The courses of the 2018 and 2006 versions were broken down into three groups: (1) theory/research, (2) practice, and (3) advanced courses showed different means of importance and performance as well as various standard deviations and *t*-value.

Regarding the importance perceived by the students of version 2018, Data Analysis for Decision Making (PR2b), Methods for Scientific and Applied Research (TR3b), and Strategic Thinking (TR4b) were considered the most important courses.

Graduates of the 2006 version considered Simulation and Evaluation of Projects (PR5a), Financial Administration (TR4a), Methodology for the Resolution of Business Cases (TR2a) and Human Capital Leadership (TR5a) the most relevant courses.

It is clear that theory/research group has more presence among these courses confirming the importance for the students who attended the Master program.

In the graphic representation of IPA Analysis, it was possible to notice the distribution among the "keep up the good work", "concentrate here", "low priority" and "do not overwork" quadrants and the shift from the 2006 to 2018 versions of the program. It is particularly important to notice that for 2018 version, several courses are in the "low priority" quadrant which can be due to the novelty of the program but also to the different interests of students and University board.

In this field, it was noticed that Financial Administration (TR7b), Methods for Scientific and Applied Research (TR3b) and Project Evaluation and Entrepreneurship (PR3b) are courses to be concentrated on, to increase the students' satisfaction.

Regarding the additional elements of the Master program, Distinguished professor coaching/mentoring (EC4b), and Expert/institution specialized consulting (EC5b) were the most important for 2018 version while Partnership with external institution (EC2a), and Forum/seminar (EC8a) were qualified the highest for 2006 version showing a shift in the students' interest through the time.

Finally, the Table 3 present the evolution of EPC (*Literacy, Numeracy, Problem Solving and Research skills)* and its contribution to the development of required skills according to the need of the Mexican laboral market as presented in the literature review. In general terms, it is possible to compare the contribution of each of these elements to the building of a high professional profile within each program but also comparing them with the other version of the program. For the 2018 version, the mean ranking of EPC is as follows from highest to lowest: (1) *Literacy* (2.9888), (2) *Research skills* (2.8094), (3) *Problem Solving* (2.7305) and (4) *Numeracy* (2.6072) for a total average of 2.7840; while for the 2006 version the ranking of EPC registered as follows: (1) *Literacy* (3.8475), (2) *Research skills* (3. 5237), (3) *Numeracy* (3.3481), *and* (4) *Problem Solving* (3.2565) for a total average of 3.4939.

CONCLUSIONS

All around the world it is necessary to assure that professionals acquire the required competences and skills that the labor market demands. This becomes even more important when a developing country, like Mexico, uses public funding for Education policies in the aim to form graduated professionals, which is the case of Guanajuato University analyzed in this study.

As referred in the literature review, international institutions, as OECD, state that building the proper skills contributes to the improvement of economic prosperity and social cohesion specially supporting high levels of employment in good quality positions. This can be achieved by strengthening skills systems, and funding skills through public sources, as mentioned previously.

This research contributes to the study of relevant skills development which eventually could lead to strengthening skills systems.

However, it is important to highlight that even acquiring relevant skills is key, may not be enough to successfully integrate an undergraduate/graduate student in the labor market. That is because skills must be used productively; that focus could be the following step for this research.

The theory proposed by OECD gives the clue that investments in improving adults' proficiency in literacy, numeracy and problem solving in technology-rich environments may have significant benefits. In the same sense, research skills could promote a complimentary ability that enables the professionals of Masters program to achieve better results in their labor performance.

As OECD records show, Mexican adults with higher proficiency in numeracy and higher educational attainment usually have higher wages even not a higher probability of being employed. This make it extremely important to track not only indicators of the Graduated programs related to general aspects but to measure the specific perception of the immediate beneficiaries of those programs, said the students, to ensure that they have developed the skills required for the labor market. In this regard, this study contributes to build a panorama of how the Superior Education in Mexico is evolving and how it matches with the evolution of labor at a national level.

Also, considering the global trends, guidance of international organizations is important for the development of high education institutions and this study contributes to the characterization of specific scenarios, present and future for a Mexican Graduate Program.

BIBLIOGRAPHY

AKHMETSHIN, E., MUELLER, J.E., YUMASHEV, A.V., KOZACHEK, A.V., PRIKHODKO, A N., SAFONOVA, E.E. (2019), Acquisition of entrepreneurial skills and competences: Curriculum development and evaluation for higher education, *Journal of Entrepreneurship Education,* 22(1), 1-13.

ANASTASIU, L., ANASTASIU, A., DUMITRAN, M., CRIZBOI, C., HOLMAGHI, A., ROMAN, M.N. (2017), How to Align the University Curricula with the Market Demands by Developing Employability Skills in the Civil Engineering Sector, *Education Sciences*, 7(74), 1-23. doi:10.3390/educsci7030074

BIRD, B. (1995), Toward a Theory of Entrepreneurial Competency, *Seminal Ideas for the Next Twenty-Five Years of Advances in Entrepreneurship, Firm Emergence and Growth*, 21, 51-72, doi:10.1108/S1074-754020190000021011

CHAVAN, M., CARTER, L. (2018), Management Students – Expectations and Perceptions on Work Readiness, *International Journal of Educational Management*, 32(5), 825-850, https://doi.org/10.1108/IJEM-10- 2016-0219

CHUNG-GYU, B., CHANG SOO, S., JOO, Y.P., DAE SOO, C. (2018), A Study on the Effectiveness of Entrepreneurship Education Programs in Higher Education Institutions: A Case Study of Korean Graduate Programs, *Journal of Open Innovation: Technology, Market, and Complexity,* 4(26), 1-14.

CLEGG, B., BIRCH, P. (2007), *Instant Creativity: Simple Techniques to Ignite Innovation and Problem Solving*, Kogan Page.

DAUD, S., ABIDIN, N., SAPUAN, N.M., RAJADURAI, J. (2011), Enhancing University Business Curriculum Using an Importance-Performance Approach: A Case Study of the Business Management Faculty of a University in Malaysia, *International Journal of Education Management*, 25, 545-569, doi: 10.1108/09513541111159059

JUNG, H.B. (2008), A study on the educational program improvement of graduate school of entrepreneurial management, *Korea Business Review*, 12, 109-128.
JUNG, J.S., MIN, K.S. (2008), The present conditions and improvement of entrepreneurship education program: Focused on educational course in graduate school of entrepreneurshipm, *Asia-Pacific Journal Business Venture Entrepreneurship*, 3, 1-29.
MITCHELMORE, S., ROWLEY, J. (2010), Entrepreneurial Competencies: a Literature Review and Development Agenda, *International Journal of Entrepreneurial Behavior & Research,* 16(2), 92-111, doi:10.1108/13552551011026995
ORGANISATION FOR ECONOMIC COOPERATION AND DEVELOPMENT (2012), Better Skills, Better Jobs, Better Lives: A Strategic Approach to Skills Policies, OECD Publishing, http://dx.doi.org/10.1787/9789264177338-en.
ORGANISATION FOR ECONOMIC COOPERATION AND DEVELOPMENT (2016), *Skills Matter: Further Results from the Survey of Adult Skills*, OECD Skills Studies, OECD Publishing, http://dx.doi.org/10.1787/9789264258051-en
ORGANISATION FOR ECONOMIC COOPERATION AND DEVELOPMENT (2017), *OECD Skills Strategy Diagnostic Report Executive Summary Mexico*, Directorate for Education and Skills, 1-16.
ORGANISATION FOR ECONOMIC COOPERATION AND DEVELOPMENT (2019a), Mexico – Country Note – Survey of Adult Skills Results, *Skill Matters: Additional Results from the Survey of Adult Skills*, Dirección de Educación y Competencias OECD, 1-15.
ORGANISATION FOR ECONOMIC COOPERATION AND DEVELOPMENT (2019b), *El Trabajo de la OECD sobre Educación y Competencias*, Dirección de Educación y Competencias OECD, 1-28.
ORGANIZACIÓN DE LAS NACIONES UNIDAS PARA LA EDUCACIÓN, LA CIENCIA Y LA CULTURA (2020), *Educación para el Desarrollo Sostenible: Hoja de ruta,* Organización de las Naciones Unidas para la Educación, la Ciencia y la Cultura Sector de Educación, 2-64.

L'INNOVATION DANS LA PROCÉDURE D'ÉVALUATION DES CONNAISSANCES À L'AUNE DE LA MONTÉE DANS LA CHAÎNE DE VALEUR DES CONNAISSANCES : ÉTUDE DE CAS DANS LE DOMAINE DES SCIENCES ET TECHNIQUES DES DONNÉES

Pierre SAULAIS
Institut Mines Télécom Business School
Université Paris-Saclay
pierre.saulais@imt-bs.eu

RÉSUMÉ

Une exploration de l'application des principes fondamentaux du Knowledge Management pour les organisations à une application d'ingénierie pédagogique innovante concernant l'évaluation des connaissances a été menée dans une double expérimentation de recherche-action, en parallèle du déroulement de l'enseignement d'un cours de Sciences et Techniques des Données. Le chercheur (en sciences humaines) prend alors son propre enseignement (de sciences de l'ingénieur en tant qu'expert technique) comme objet de recherche (en sciences de gestion des connaissances) : de façon complémentaire à la transmission de connaissances, l'enseignant-chercheur doit devenir un acteur de la connaissance en évaluation de connaissances, au sens profond de la possibilité d'activation de ces connaissances par ses étudiants dans un futur contexte professionnel de type résolution de problème technique. En s'auto-appliquant sa méthode de stimulation de la créativité, l'auteur-chercheur permet à l'auteur-enseignant d'élaborer un énoncé d'examen propre à évaluer, en sortie de cours, les capacités constituant formellement les pré-requis des cours des années suivantes.

Mots-clés : ingénierie pédagogique innovante, évaluation des capacités, analyse des connaissances critiques, stimulation de la réflexivité, stimulation de la créativité.

ABSTRACT

Innovation in the knowledge assessment procedure in the light of the rise in the knowledge value chain: case study in Data Science and Techniques field

An exploration of the application of the fundamental principles of Knowledge Management for organizations to an innovative educational engineering application concerning the evaluation was carried out in a double action research experiment, in parallel with the teaching of a course in Data Science and Technology. The researcher (in human sciences) then takes his own teaching (in engineering sciences as a technical expert) as his own research object (in knowledge management sciences): in addition to the transmission of knowledge, The teacher-researcher must become a knowledge actor in knowledge assessment, in the deepest sense of the possibility of activation of this knowledge by his students in a future professional context such as solving a technical problem. By self-applying his method of creativity stimulation, the author-researcher allows the author-teacher to develop an examination statement suitable for evaluating, at the end of the course, the capacities formally constituting the prerequisites of the course of the following years.

Keywords: innovative educational engineering, capacity assessment, critical knowledge analysis, reflexivity stimulation, creativity stimulation.
JEL Codes: C9, I230

INTRODUCTION

L'innovation est désormais un enjeu compétitif majeur dans les entreprises, qui cherchent donc à piloter et à accélérer les processus qui la sous-tendent. La relation entre gestion des connaissances et innovation a été étudiée depuis longtemps et elle fait l'objet d'une analyse détaillée dans (Ermine, 2019) en introduction au domaine de l'innovation fondée sur les connaissances (en anglais *Knowledge-based Innovation* ou *KBI*). Jean-Pierre Bouchez s'est également interrogé sur l'articulation entre savoir et innovation (Bouchez, 2012) : il relève que Dominique Foray a observé que la formation d'activités intensives en connaissances dans un secteur donné ne doit rien au hasard, mais qu'elle est essentiellement dictée par les impératifs de l'innovation (Foray, 2000). Mais, l'appétence à la connaissance, à la créativité, à l'innovation et, plus généralement, à la dynamique d'ouverture au changement et à l'esprit d'entreprise peut-elle être enseignée ?

Dans le cadre de la *KBI*, nous avons établi un lien fort entre l'analyse approfondie des connaissances d'expert et la capacité à stimuler la créativité de l'ingénieur expert, constituant la clé de voûte de l'activité d'invention et d'innovation : ce lien se traduit par une expertise "augmentée", par le truchement d'un dispositif social de stimulation de la créativité (Saulais, Ermine, 2019). A l'origine, ce dispositif de stimulation de la créativité, constituant notre méthode *ICAROS*®, a vocation à prospérer en milieu industriel à haute technologie. Fondée sur l'activation d'un modèle théorique de la création de connaissances inventives, aptes à nourrir la procédure d'innovation, la méthode *ICAROS*® a suggéré que les créateurs de connaissances inventives devraient être considérés comme le pivot de la méthode, après l'inventaire préalable de l'activité inventive et la structuration du patrimoine intellectuel inventif porté par les acteurs de la connaissance (Saulais, 2013). Nous avons montré que l'analyse de la structure de la connaissance inventive d'experts déposée dans le patrimoine intellectuel inventif de l'organisation va permettre de stimuler la créativité et l'inventivité des ingénieurs inventeurs et innovateurs et va leur permettre de créer de nouvelles connaissances inventives qui vont venir enrichir et faire évoluer le patrimoine intellectuel inventif.

Notre interrogation, aujourd'hui, concerne l'extension de notre approche au milieu académique dans sa vocation d'enseignement, plus particulièrement dans le cadre de la formation d'ingénieurs : la stimulation de la créativité par les connaissances pourrait-elle constituer une contribution à l'enseignement de l'appétence à la création de connaissances, à l'innovation, à la dynamique d'esprit d'entreprise ? Si des travaux récents ont été menés sur l'apport des pratiques de gestion des connaissances dans l'enseignement pour un développement durable (Raudeliuniene, Tvaronaviciene *et al.*, 2020), la recherche en Knowledge Management n'accorde qu'une portion congrue à des applications à l'ingénierie pédagogique telles que l'évaluation des connaissances et celles du curriculum (Ermine, Lièvre *et al.*, 2014). De fait, l'étude de l'ingénierie pédagogique est plutôt limitée à l'activité de transfert de connaissances et d'apprentissage (Ermine, 2019).

Et pourtant, il ne fait nul doute que, de façon complémentaire à la transmission de connaissances, l'enseignant-chercheur doit devenir un expert de l'évaluation de connaissances, au sens profond de la possibilité d'activation de ces connaissances par ses étudiants dans un futur contexte professionnel. Plus encore, l'intervenant doit déterminer la criticité des connaissances transmises au regard de la future utilisation qui sera exigée des futurs ingénieurs par le milieu professionnel, dans le domaine métier considéré.

Dans ce papier, nous souhaitons mener, d'un côté, une analyse exploratoire de cette transformation de l'enseignant-chercheur en expert de l'évaluation des connaissances à transmettre, via le cycle vertueux du *Knowledge Management* (Ermine, 2019) et, d'un autre côté, une analyse prospective de l'applicabilité éventuelle de notre dispositif social de stimulation, en l'occurrence de réflexivité, aux étudiants en contexte d'examen.

Pour ce faire, nous avons mené une recherche-action, en double qualité de chercheur associé (en gestion des connaissances inventives et innovation fondée sur les connaissances) et d'enseignant vacataire depuis onze ans dans un module du socle fondamental du domaine des Sciences des Données, qui regroupe la théorie des probabilités, celle des statistiques et l'introduction au traitement des données. Ce domaine possède donc de profondes racines scientifiques profondes à fort raisonnement et introduit à un monde phénoménal d'applications extrêmement actuelles de technologies numériques (traitement de données de masse, algorithmes, intelligence artificielle). La maîtrise de ce domaine de Sciences des données constitue donc un des puissants leviers du curriculum « Entrepreneuriat et innovation », surtout s'il est adossé à l'approche extrêmement structurante du *Knowledge Management*, tout particulièrement dans son périmètre de la *KBI*. Notre recherche va ainsi porter sur la valorisation des connaissances de l'enseignant-chercheur en évaluation de connaissances scientifiques transmises aux élèves visant une double optimisation : d'une part concernant les connaissances critiques du module au regard d'une démarche efficiente de résolution de problème technique (qui constitue le rôle fondamental de l'ingénieur) et d'autre part concernant l'optimisation du lien, au sens du curriculum, entre les acquis apportés par le module concerné et les prérequis des modules spécialisés des années ultérieures, exploitant les fondamentaux du module concerné.

Ainsi allons-nous explorer la démarche mentale à appliquer à la détermination et à l'évaluation des connaissances critiques du module.

Au regard de l'optimisation au sens du curriculum, nous voulons mettre au jour que la clé consiste à adosser, à la notion de flux de connaissances, une approche d'analyse systémique, entre les différentes composantes du curriculum, à axer selon la recherche d'une expertise "augmentée".

A l'évidence, le produit des recherches sur la détermination des connaissances critiques et sur leur évaluation n'est autre que l'énoncé de(s) épreuve(s) auxquels les étudiants auront été soumis, au cours de ce qui est pour eux un jalon de leur cursus et de ce qui prend pour nous, en plus de l'organisation de ce jalon, une dimension supplémentaire d'expérimentation.

Le plan de notre article en découle :

Dans un premier temps, nous rappelons les principes fondamentaux du *Knowledge Management* pour les organisations : le cercle vertueux du *Knowledge Management* support d'une démarche globale adossée au patrimoine des connaissances, puis la montée dans la chaîne de valeur des connaissances propre à tout apprentissage vers la création et l'activation de connaissances fécondes. Ensuite, nous rappelons les éléments constituant le socle du dispositif social de stimulation de la réflexivité, le processus de créativité et son instanciation par notre méthode *ICAROS*®.

Nous présentons alors notre positionnement épistémologique de recherche-action, fondée essentiellement sur une praxis enchaînant de façon itérative ancrage théorique et déroulement expérimental.

Nous explorons ensuite la transposition, au domaine visé de l'évaluation des connaissances, des fondements du domaine beaucoup plus générique du *Knowledge Management.* Nous nous attachons d'abord à décrire les principes fondateurs du passage de l'évaluation des connaissances à celle des capacités. L'étape que nous décrivons ensuite explique comment notre méthode *ICAROS*® a permis l'élaboration de la forme de l'énoncé susceptible de stimuler la réflexivité de tous les étudiants. Une opportunité tout à fait imprévue est née de la nécessité de réaliser deux sessions différentes mais équivalentes d'un même examen partiel, engendrant la possibilité d'une étude comparative de résultats entre une population témoin (celle de la première session ou groupe témoin) et une population testée (celle de la seconde session ou groupe stimulé). Nous décrivons alors comment l'application du concept de l'expertise "augmentée" fondée sur un dispositif social de stimulation de la créativité (Saulais, Ermine, 2019) s'est traduite pour la population testée.

Puis, nous déroulons une analyse statistique comparative des résultats des deux sessions de la même épreuve, celle avec un groupe témoin et celle avec un groupe stimulé, en montrant les limites de validité dues aux conditions matérielles réelles de l'expérimentation (l'épreuve restant un jalon conventionnel du cursus, dont il ne s'agit pas de fausser la portée au sens administratif du contrôle). Nous montrons également quelles précautions ont dû être prises afin que les étudiants ne soient pas pénalisés dans l'exercice de ce jalon de contrôle par une expérimentation d'ingénierie pédagogique innovante se déroulant en parallèle de (et constituée par) leur épreuve sous une forme inhabituelle dans un contexte de première année de cycle de formation d'élèves ingénieurs juste après deux ans de filière sélective.

L'étape suivante est consacrée à dresser le contenu des leçons apprises par la recherche-action, aussi bien pour les étudiants que pour nous.

Nous concluons d'une part sur l'apport du cycle vertueux du *Knowledge Management* et du dispositif social de stimulation de la créativité et de la réflexivité à la conception raisonnée du support de l'évaluation des connaissances et à une contribution optimale au curriculum des sciences de l'ingénieur et d'autre part sur l'apport de cette conception raisonnée à l'enseignement du curriculum sur l'entrepreneuriat et l'innovation.

1. PRINCIPES FONDAMENTAUX DE LA GESTION DES CONNAISSANCES

Nous souhaitons rappeler les principes fondamentaux issus du *Knowledge Management* pour les organisations : le cercle vertueux du *Knowledge Management* support d'une démarche globale adossée au patrimoine des connaissances, puis la montée dans la chaîne de valeur des connaissances propre à tout apprentissage vers la création et l'activation de connaissances fécondes.

1.1 Le cercle vertueux du *Knowledge Management* et la notion de connaissances critiques

Il convient d'abord de préciser quelques points de vocabulaire en fournissant les acceptions des termes employés dans la suite de l'article.

Connaissance, connaissances et compétences

Les distinctions suivantes sont opérées entre connaissance, connaissances et compétences (Ermine, 2019) :

La connaissance (au singulier) ou faculté de connaître procède d'une double capacité, cognitive (pour trier et exploiter l'information) et d'apprentissage (pour garantir l'interprétation qui va donner sens).

Les connaissances (au pluriel) ont la nature d'éléments de savoir. Elles émergent des informations élémentaires par interprétation, analogie, contextualisation, conceptualisation, abstraction, généralisation, inférence, induction et déduction, …, à l'aide de codes mentaux élaborés.

Les compétences constituent des capacités individuelles particulières de mise en œuvre de connaissances de façon organisée afin d'atteindre des objectifs, exploitées dans des actions finalisées et intentionnelles où elles se construisent et s'enrichissent par apprentissage.

Le cercle vertueux du Knowledge Management

L'approche globale du *Knowledge Management* fondée sur les connaissances est implantée dans un cycle de quatre étapes, appelé cycle vertueux du *Knowledge Management* (*KM*) et décrit dans (Ermine, 2019)

Figure 1. Le cycle vertueux du Knowledge Management

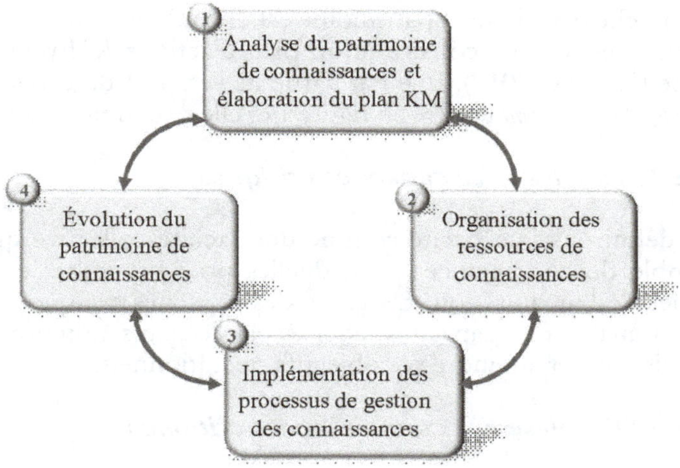

Etape 1

L'analyse stratégique du patrimoine de connaissances d'une organisation vise à déterminer les domaines de connaissances critiques pour l'organisation, les principales menaces et risques encourus par ces domaines, les détenteurs de ces connaissances et les actions opérationnelles possibles et pertinentes pour gérer ces connaissances ?

Etape 2

Pour les domaines stratégiques mis au jour dans la première étape, il s'agit de codifier, structurer, indexer, organiser et référencer les ressources de connaissances critiques correspondantes.

Etape 3

L'étape suivante consiste à organiser l'utilisation des ressources de connaissances dans le travail quotidien des acteurs : comment partager, transférer, acquérir, etc. leurs connaissances afin d'être efficaces dans leurs tâches opérationnelles ou décisionnelles ?

Etape 4

L'objectif final du *KM* est de transformer l'organisation en une entité opérationnelle créative en favorisant l'innovation, par le développement de la capacité de l'organisation à faire évoluer de manière stratégique l'ensemble de ses ressources de connaissances.

Notion de connaissances critiques

La démarche d'analyse du patrimoine est un audit des connaissances de l'organisation en vue de construire un plan d'actions *KM* pour gérer ce patrimoine (Ermine, 2019). Elle fait partie de l'étape 1 du cercle vertueux du *Knowledge Management* illustré en figure 1 et elle se compose comme suit :

Phase 1 : l'analyse des capacités critiques

Nous définirons la capacité comme une faculté collective qui intègre un ensemble de compétences individuelles pour atteindre les objectifs stratégiques de l'organisation. L'analyse des capacités critiques consiste à identifier et qualifier les capacités requises par l'organisation pour mener à bien ses missions et atteindre ses objectifs opérationnels.

Phase 2 : l'analyse des connaissances critiques

L'analyse des connaissances critiques consiste à identifier et qualifier les différents domaines de connaissances présents dans l'organisation.

Phase 3 : l'alignement stratégique

L'objectif est de comparer les visions stratégiques élaborées en termes de capacités requises et les visions métier de terrain élaborées en termes de connaissances nécessaires aux métiers.

Phase 4 : l'élaboration du plan d'actions

Les axes de réflexion concernant les actions de gestion des connaissances à mettre en place sont définis pour chaque domaine de connaissances et pour chaque capacité, à partir des argumentaires recueillis lors des analyses de criticité des capacités et des connaissances.

1.2. La montée dans la chaîne de valeur des connaissances

La chaîne de valeur des connaissances est usuellement appelée *DIKW*, acronyme anglais pour *Data, Information, Knowledge, Wisdom* (Figure 2). Une présentation détaillée est faite dans (Ermine, 2019).

Figure 2. La chaîne DIKW

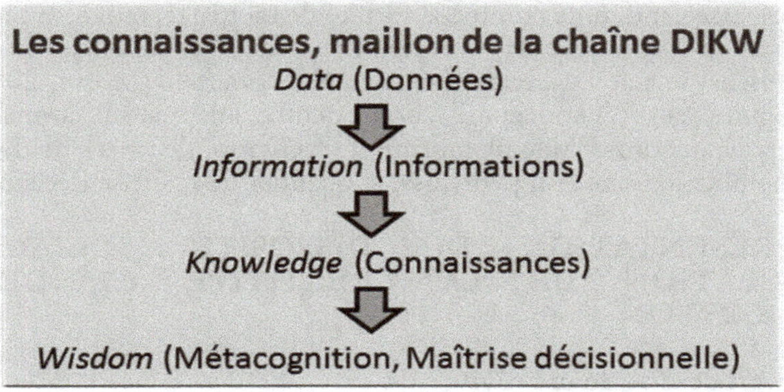

Niveau 1 de la chaîne DIKW : les Données (Signes simples sans intention)

Pour Jean-Noël Lhuillier (Lhuillier, 2005), les données sont des messages binaires, dont traite la théorie de l'information (Shannon, 1949). Les données sont par nature très simples, encore assez objectives, mais déjà interprétées cognitivement.

Niveau 2 de la chaîne DIKW : les Informations (Collection de données organisées)

Selon Moradi, Brunel et al. (2008), l'information est une collection de données organisées de telle sorte à réduire une incertitude et transmettre quelque chose qui déclenche une action.

Niveau 3 de la chaîne DIKW : les Connaissances (Représentations construites à base d'informations et traduisant des réalités du monde)

Pour Edgar Morin (2005, p. 146-147), « Connaître, c'est produire une traduction des réalités du monde extérieur. Nous sommes coproducteurs de l'objet que nous connaissons en coopérant avec le monde extérieur et c'est cette coproduction qui donne l'objectivité de l'objet ».

Niveau 4 de la chaîne DIKW : la sagesse ou métacognition

Selon Moradi, Brunel *et al.* (2008), la métacognition est définie comme la faculté de mettre en œuvre la meilleure utilisation possible des connaissances, de l'expérience et de la compréhension par l'exercice du jugement cohérent, comme une habileté à la meilleure utilisation de la connaissance pour établir et atteindre des buts désirés.

La sagesse est définie comme la faculté de mettre en œuvre la meilleure utilisation possible de la connaissance, de l'expérience et de la compréhension par l'exercice du jugement cohérent (Morin, 2008). La métacognition est un concept d'action orientée, adaptée à la connaissance structurelle au cours d'une planification d'activités, de prises de décisions et leurs implantations : on peut aussi la qualifier de maîtrise décisionnelle.

2. PRÉSENTATION DU DISPOSITIF SOCIAL DE STIMULATION DE LA CREATIVITÉ ET DE LA RÉFLEXIVITÉ

2.1. Le processus de créativité

Le processus de créativité, détaillé dans (Saulais, 2013) est analogue à un processus appelé « chaotique », comme une grande partie des phénomènes présents dans la nature, qu'ils soient physiques, chimiques, biologiques, voire psychologiques.

Cependant, dans ces phénomènes, l'introduction d'une boucle de régulation permet de faire émerger une structure stable par filtrage des sorties. Cette structure est une solution nouvelle et adaptée au problème posé.

L'évolution a étudié ce phénomène d'émergence chaotique et en a déduit un modèle général d'évolution (Heudin, 1998). Un système est bâti sur des structures qui peuvent subir une variation sous l'effet d'un apport d'énergie. Ces structures ont une finalité qui s'exprime par des propriétés. En se transformant, ces structures acquièrent des propriétés nouvelles. Dans le processus d'évolution, ne sont conservées que les propriétés qui sont conformes à la finalité du système, c'est la boucle de stabilisation (Figure 3) :

Figure 3. Le modèle de l'évolution « chaotique » par émergence des systèmes

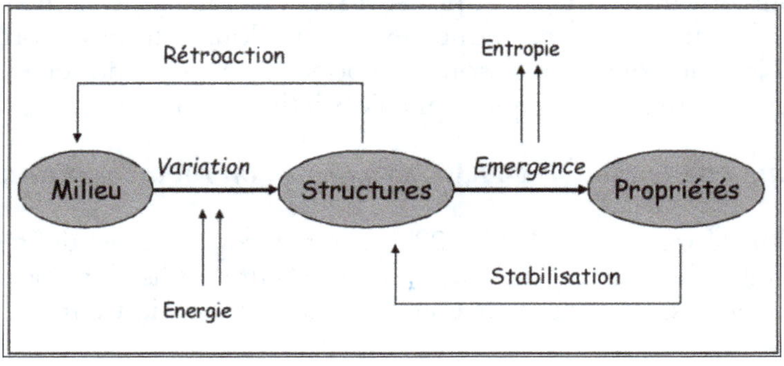

Cette vision est très générale et abstraite. Mais si l'on considère que la créativité est un processus de génération d'idées et que ce processus lui-même est un processus d'évolution du patrimoine des connaissances d'une entreprise, cette théorie de l'évolution « chaotique » par émergence peut s'adapter (Ermine, 2019).

Les structures évolutives dans le modèle général sont, dans notre cas, les connaissances organisées. Celles-ci vont être enrichies sous l'effet d'un stimulus cognitif (l'équivalent de l'énergie du modèle général), qui résulte, dans notre méthode, d'une analyse structurée du patrimoine de connaissances existantes. Ce stimulus consiste à confronter cette analyse avec le patrimoine cognitif d'acteurs des connaissances, qui correspond au rôle que joue le milieu dans le modèle général. Le résultat de la confrontation va créer des variations dans les structures de connaissance sous forme d'idées nouvelles susceptibles de faire évoluer les connaissances, pour lesquelles une itération raisonnée élimine les variations non actionnables. L'activité de l'organisation correspondant à une finalité productive, les compétences nouvelles doivent engendrer des capacités productives. L'alignement stratégique joue le rôle de stabilisation du modèle (Figure 4).

Figure 4. Le modèle « chaotique » d'évolution des connaissances par émergence

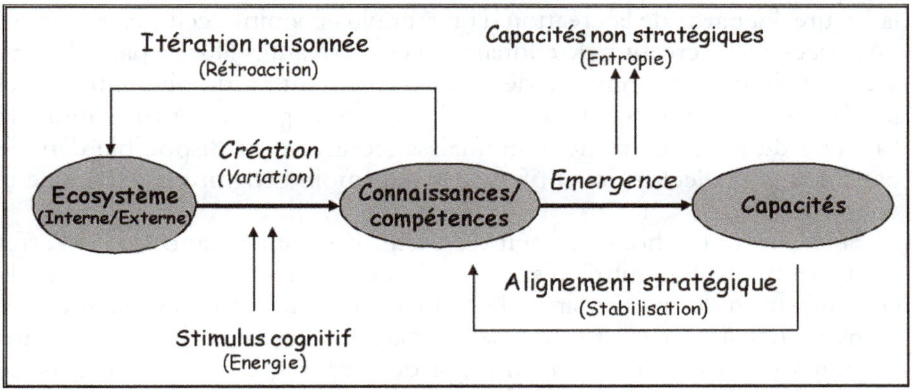

2.2. Instanciation du processus de créativité : la méthode *ICAROS®*

Le processus général de *KBI* (Knowledge Based Innovation) repose sur la représentation des éléments explicites du patrimoine de connaissances (Ermine, 2019).

La Figure 5 montre le concept de création de connaissances proposé par Jean-Louis Ermine (Ermine, 2003), selon deux étapes (analyse du patrimoine des connaissances et découverte des lois d'innovation).

Figure 5. Principe de l'Innovation fondée sur les connaissances

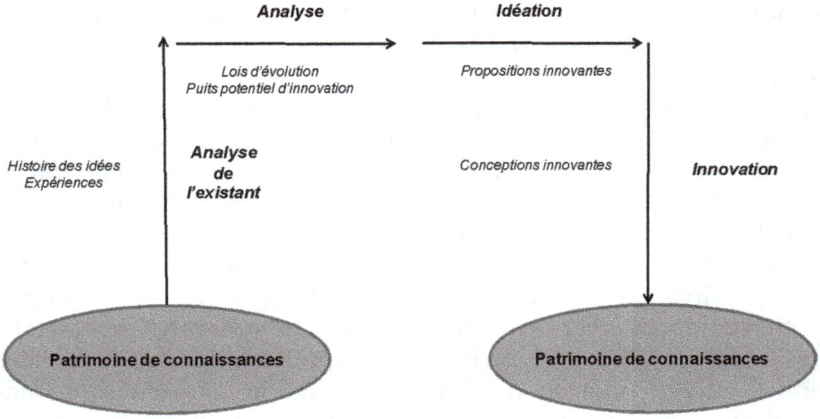

La méthode de créativité stimulée proposée (Analyse du patrimoine intellectuel pour une stimulation raisonnée de la créativité ou méthode *ICAROS®* validée expérimentalement dans une grande entreprise internationale du domaine de la défense*)*, vise à activer le modèle d'inspiration Chaotique d'évolution des connaissances par émergence de la Figure 4 à partir de la création d'un stimulus cognitif : celui-ci est déduit du processus de création de connaissances innovantes illustré par la Figure 5 en réduisant ce patrimoine de connaissances au patrimoine intellectuel inventif et en remplaçant l'analyse de l'existant par la confrontation de l'analyse de la structure de la connaissance inventive disponible dans le patrimoine intellectuel inventif avec le patrimoine cognitif d'acteurs de la connaissance.

Selon notre méthode, il s'agit d'enrichir ces connaissances sous l'effet d'un stimulus cognitif résultant d'une analyse structurée de la concaténation des patrimoines de connaissances inventives existantes. Ce stimulus consiste à confronter cette analyse avec le patrimoine cognitif d'acteurs de la connaissance. Il s'agit des experts, qui sont porteurs de savoirs de référence à la fois sur leur environnement externe (marchés, état de l'art etc.) et sur l'environnement interne (ressources propres tangibles et intangibles de l'entreprise). Ce patrimoine cognitif est donc une représentation de l'écosystème d'innovation interne et externe de l'entreprise relatif au domaine considéré. Ce patrimoine cognitif des acteurs correspond au rôle que joue le milieu dans le modèle général. Le résultat de la confrontation va créer des variations dans les structures de connaissance sous forme d'idées nouvelles susceptibles de faire évoluer les connaissances. Cette créativité est soumise à une boucle d'évolution où apparaissent des connaissances nouvelles et dans laquelle une itération raisonnée élimine les variations qui sont trop éloignées ou trop proches des savoirs de référence et qui sont filtrées dans l'organisation par la possibilité de les mettre en action (compétences). L'activité de l'organisation correspondant à une finalité productive, les compétences nouvelles doivent engendrer des capacités productives. L'alignement stratégique joue le rôle de stabilisation dans le modèle général et permet de contrôler la conformité des compétences émergentes avec les objectifs de l'organisation. Celles qui sont considérées comme capacités non stratégiques ne sont pas retenues et correspondent à l'entropie dissipée par le système (figure 4).

C'est donc l'analyse de la structure de la connaissance inventive d'experts déposée dans le patrimoine intellectuel inventif de l'organisation qui va stimuler la créativité et l'inventivité des ingénieurs inventeurs et innovateurs et qui va leur permettre de créer de nouvelles connaissances inventives. C'est bien également de son statut dûment légitimé de référence pour le savoir actionnable que découle pour l'expert sa capacité à être stimulé par cette même analyse. La dimension sociale de l'expert est donc bien ce qui va permettre d'engendrer l'œuvre inventive de l'esprit, indissociable de la création de connaissances inventives. Convenablement stimulé par un cogniticien (dimension sociale), l'expert voit ainsi sa dimension cognitive « augmentée » pour le transformer en auteur (dimension sociale « augmentée ») d'une œuvre de l'esprit susceptible d'obtention de droits de propriété intellectuelle.

Les différents principes et méthodes associées développés ci-dessus sont soutenus par un certain nombre de publications récentes (Jacquier-Roux, Nohara, *et al.*, 2020), (Alkhaffaf, Moflih *et al.*, 2018).

3. MÉTHODOLOGIE

Voici notre positionnement épistémologique de Recherche-Action, fondée essentiellement sur une praxis enchaînant de façon itérative ancrage théorique et déroulement expérimental.

La Recherche-Action est une méthode qualitative visant à résoudre un problème concret d'entreprise par le biais de l'action volontaire d'un chercheur dans une organisation ayant accepté son intervention (Jouison, 2007). Le problème de l'appropriation des connaissances théoriques par les praticiens pour soutenir des processus complexes peut conduire à une ingénierie de la recherche en sciences de gestion s'appuyant sur une procédure en boucle représentée par la Figure 6 (Chanal, Lesca *et al.*, 1997) :

Figure 6. Une procédure d'aller-retour entre la théorie et le terrain

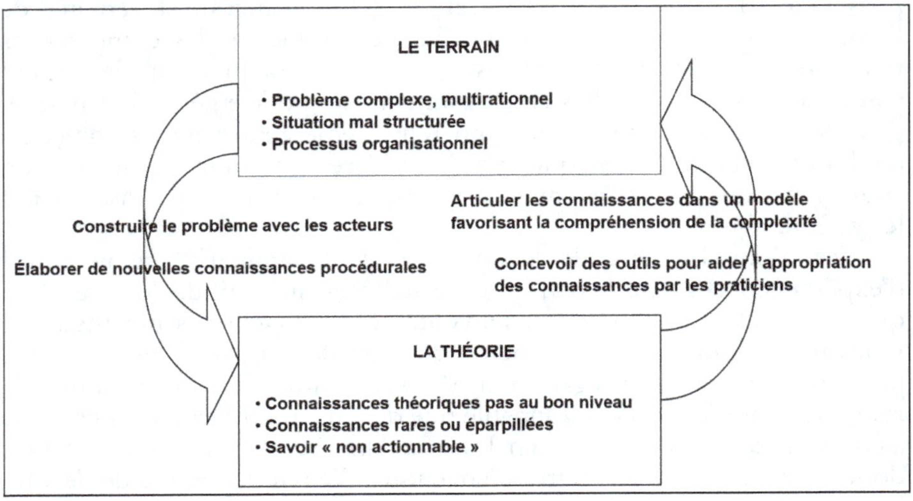

La méthodologie de validation appliquée sera, par nature, quantitative. Cette validation disposera, pour cadre expérimental *in situ,* d'une série d'épreuves du cursus nominal de première année du cycle de formation d'élèves-ingénieurs portant sur un effectif de 290 étudiants.

4. TRANSPOSITION AU DOMAINE DE L'ÉVALUATION DES CONNAISSANCES

4.1. Application des principes du cercle vertueux des connaissances et de l'ascension dans la chaîne de valeur des connaissances

Nous allons explorer l'application, à l'évaluation des connaissances, de l'approche globale du traitement des connaissances adossée à la mise en œuvre de la faculté de connaître ainsi que de l'ascension dans la chaîne de valeur des connaissances. L'évaluation des connaissances va donc évoluer vers une évaluation de la faculté de connaître, qui, dans une perspective nécessairement téléologique, va s'inscrire, dans le cadre de la formation d'élèves-ingénieurs, vers la maîtrise de la résolution de problème technique. Alors, l'acquisition de connaissances techniques n'est pas perçue comme un but en soi, mais comme un moyen, en tant que ressources de savoir, de maîtriser les différentes phases de la résolution d'un problème technique : comprendre le problème posé, identifier les ressources de connaissances à mobiliser, identifier ou élaborer un raisonnement de résolution, dérouler ce raisonnement, valider les résultats obtenus et justifier la méthode employée. Nous souhaitons favoriser, non une démarche statique d'acquisition, mais une démarche dynamique d'activation à bon escient de ressources de savoir.

Elaborer une évaluation de la faculté de connaître, dans le périmètre strict d'un domaine de connaissances donné, conduit donc au passage d'une évaluation des connaissances à une évaluation des capacités, les capacités étant prises sous leur acception de métacognition et de maîtrise décisionnelle, incluant la faculté de discerner et l'esprit critique. Ces capacités englobent la capacité à comprendre le sens physique des mécanismes scientifiques mis en jeu, à discerner les différents éléments essentiels, à appliquer ces éléments et mécanismes essentiels à la résolution d'un problème technique à méthode de résolution connue et, enfin, la capacité à développer un raisonnement de résolution d'un problème technique quand la méthode de résolution est inconnue et qu'elle fait précisément elle-même l'objet du test. Ces tests de capacité sont tout autant destinés aux étudiants, afin qu'ils se jaugent et prennent ainsi confiance, qu'à l'intervenant qui les évalue. Ainsi, la relation de confiance entre étudiants et intervenants doit-elle être très forte, de sorte que ceux-là comprennent bien que globalement toute transmission de connaissances et l'évaluation qui l'accompagne sont menées à leur profit et qu'ils vont apprendre quelque chose sur eux-mêmes.

Le corollaire est, bien sûr, que les étudiants vont avoir accès à tous les supports de cours.

Concernant les étudiants, notre objectif à terme est bien leur capacité d'activation des connaissances dans un contexte de résolution de problème technique dans un futur cadre opérationnel professionnel, en ayant assimilé, à l'issue du module, la compréhension de la nature profonde de l'objet de connaissances (en l'occurrence, le domaine de la théorie des probabilités et de l'estimation statistique).

Pour nous, l'objectif est donc de monter dans la métaconnaissance de notre fonction de passeur de connaissances, celles-ci incluant tout autant les connaissances scientifiques que celles résultant de l'application de notre propre faculté de connaître à ces connaissances scientifiques, c'est-à-dire notre métacognition.

4.2. Application du dispositif social de stimulation

L'application du concept de l'expertise « augmentée » (par l'enrichissement de la métacognition) fondée sur un dispositif social de stimulation de la créativité (Saulais, Ermine, 2019), appliquée à la stimulation de la réflexivité en phase d'examen, est née de la nécessité (pour des raisons matérielles) de réaliser deux sessions différentes afin d'accueillir tout l'effectif pour l'examen partiel, ce qui a créé l'opportunité d'une analyse statistique de résultats entre une population témoin (première session) et une population testée (seconde session). Cette opportunité s'est malgré tout compliquée d'une forte contrainte de temps, puisque le délai entre la demande de deux sessions d'examen partiel (accompagnée d'une demande d'examen final) et la réalisation de ces deux sessions n'a été que de deux semaines pour préparer à la fois un contrôle de capacités pour tous et pour élaborer un cadre stimulant pour le groupe testé, cadre différent du cadre conventionnel dédié au groupe témoin.

Nous avons donc deux niveaux d'application du dispositif de stimulation, le premier consistant à stimuler les étudiants du groupe testé, par le déroulement spécifique de l'examen et par ses conditions propres. Le second niveau, moins apparent, a impliqué l'auto-application du dispositif de stimulation de créativité au concepteur des énoncés de sorte que celui-ci (en l'occurrence nous-même) :

- sélectionne les thèmes et les éléments d'évaluation ;
- bâtisse des questions de cours et des exercices autour de ces éléments ;
- détermine comment présenter le sujet de telle sorte à stimuler l'intérêt, la réflexion, le raisonnement des étudiants testés et, si possible, leur créativité.

Concernant le second niveau, l'auto-application du dispositif de stimulation de créativité au concepteur des énoncés va donc consister en séance(s) privée(s) d'autostimulation fondée sur notre expérience professionnelle d'ancien praticien de R&D (Recherche & Développement), pour déterminer quels éléments de savoir sont véritablement primordiaux, quelle est la nature des principes physiques impliqués dans le domaine de connaissances concerné : notre approche de praticien des sciences physiques vient donc nourrir, par notre savoir-faire d'expert lié à la compréhension des phénomènes en jeu ainsi qu'à la méthodologie raisonnée d'analyse et de résolution de problème technique, notre propre faculté de connaître appliquée à la transmission des connaissances critiques activables. Il s'agit donc bien de démarche de métacognition appliquée au socle même de l'ingénierie pédagogique innovante. Quant à la détermination de la présentation de l'énoncé, la question est de stimuler notre créativité pour que notre propre production créative (l'énoncé de l'examen) déclenche et favorise la réflexivité (et si possible la créativité) des étudiants, par le recours à des techniques riches de *story telling*, en tant que génératrices de motivation (Saulais, 2013), que nous avons choisies comme pierre angulaire de notre démarche d'ingénierie pédagogique d'évaluation.

Concernant le premier niveau appliqué aux étudiants, l'effet de motivation vise à introduire un contexte ludique moins austère que des énoncés sévères de mathématiques. Ce contexte doit convaincre l'étudiant qu'il n'est pas soumis de façon abstraite et stérile à une des multiples applications de la théorie des probabilités, mais qu'un défi intellectuel lui est proposé, bien ancré dans la vie réelle en tant qu'apprentissage de problèmes que sa vie professionnelle future pourra lui réserver.

Le premier objectif du *story telling* est donc lié à la dédramatisation de l'examen, en particulier par une recherche d'identification de l'étudiant avec des thèmes culturels, avec des situations simplement quotidiennes, qui lui parlent, mais aussi avec l'introduction de situations performatives.

Le second objectif du *story telling* est en prise directe avec le développement de l'esprit critique de l'étudiant, de sa capacité à discriminer, à discerner, à traduire les éléments essentiels avant de bâtir un raisonnement. Souvent le mécanisme opératoire des exercices proposés dans l'examen est analogue à celui d'exercices déjà faits et corrigés en séance de travaux dirigés où ils étaient décrits de façon courte, sèche et conventionnelle. Il s'agit donc de tester la capacité des étudiants à prendre du recul par rapport à l'énoncé (comme indiqué dans les rappels de méthodologie de résolution de problème), en faisant la part des informations utiles et la part du récit, de tester leur capacité à la fois à aller à l'essentiel et à sortir du cadre d'une simple restitution).

5. ÉTUDE DE CAS (ANNÉE UNIVERSITAIRE 2019-2020)

5.1. Contexte

Une double expérimentation a été conduite lors du déroulement de notre intervention dans un module de Sciences et Techniques des Données (STD) (essentiellement probabilités et statistiques), en menant de front enseignement, préparation, réalisation et correction de l'évaluation. En effet, l'enseignante-chercheuse permanente en charge du Département Science des Données nous a soumis, chemin faisant, un cahier des charges succinct, visant à garantir la bonne acquisition des fondements techniques et méthodologiques du module que nous dispensons, sans lesquels les modules des années ultérieures de son domaine, intenses en exploitation de bases du présent module, ne pourraient être suivis par les étudiants avec profit. Aussi souhaite-t-elle que l'évaluation ne soit pas une épreuve de mémoire, mais un test de compréhension et d'application des bases, en introduisant un double examen sur le même périmètre pour la partie de probabilités : un examen partiel, à l'issue de l'enseignement, suivi par un second examen (appelé partiel ou final) à l'issue de l'enseignement de la partie statistiques (avec un examen unique sur celle-ci). Pour notre correspondante, en effet, cette base de double examen, avec l'introduction pour le premier examen d'une notation quasi-binaire (Cf. §V.3), doit permettre aux étudiants de se jauger au regard de l'évaluation de leurs capacités et, si nécessaire, de corriger leur préparation pour le second examen sur le même périmètre. Compte tenu de notre expérience de praticien et afin de satisfaire au mieux à la demande de notre correspondante, nous avons répondu à son cahier des charges en nous plaçant en mode de gestion de projet.

5.2. Objectifs de la Recherche-Action

Les objectifs que nous nous sommes fixés pour la double expérimentation portent autant sur l'introduction du contrôle des capacités et de l'esprit critique en phase d'examen que l'analyse comparative de l'apport des conditions de déroulement d'examen sur la libération (ou non) des capacités mentales d'application des connaissances et de raisonnement.

Il s'agit donc de guider les étudiants dans une introduction d'approche spécifique à la Recherche, en les engageant, après présentation d'une préparation raisonnée à l'évaluation, dans une démarche positive de démonstration du fait qu'ils ont intelligemment intégré les principes premiers des matières concernées au point d'en maîtriser la compréhension et l'application dans des exercices très simples, démarche qui, entreprise dans cet esprit-là, ne pourra qu'enrichir leur confiance en eux-mêmes, en les préparant à ce qui les attend dans l'industrie en situation de problème technique à résoudre.

Notre enseignement en sciences de l'ingénieur est donc devenu lui-même sujet de notre présente recherche, la matière de la double expérimentation devant nourrir le présent article.

5.3. Préparation raisonnée du contenu et de la forme des sujets

La préparation raisonnée du contenu et de la forme des sujets d'examen s'est appuyée sur l'idée que ce contenu et cette forme devaient posséder une forte valeur pédagogique, mais aussi que cette valeur devait pouvoir être comprise par les étudiants. Pour cela, la nature, la finalité et la progression des efforts demandés se devaient de leur être expliquées, tout comme la mise à disposition de tout support de cours devait être justifiée.

Ainsi, l'énoncé, après avoir très clairement mentionné cette mise à disposition rappelle tout autant le fil conducteur de l'examen que la méthodologie de résolution d'exercice, comme en témoigne l'extrait suivant (allant délibérément à l'essentiel pour des raisons d'économie de temps prélevé sur l'épreuve) :

Fil conducteur de l'examen et barème :

Notions de base : test de la compréhension des bases (sur 10)

Exercices : test de l'application des notions de base (sur 6, chacun des deux exercices sur 3)

Problème : test de la capacité à développer un raisonnement non guidé (sur 4)

Principe global : test de la maîtrise des notions et des raisonnements nécessaires à l'apprentissage correct des modules de 2ème et de 3ème années concernés par les acquis du module STD

Rappel de la méthodologie de résolution d'exercice en trois phases :
Préambule : identification et analyse des données
Lecture attentive de l'énoncé
Identification des notions de base impliquées par l'énoncé
Traduction analytique (voire graphique) des données de l'énoncé en termes d'éléments de probabilités
Rappel des notions de bases identifiées
Exploitation des données en mode de résolution de problème
Etablissement des liens entre les données couvertes par le préambule et les questions posées
Déroulement des calculs
Vérification (quand applicable)
Crédibilité des formulations analytiques
Ordres de grandeur des applications numériques"

Pour l'examen partiel de probabilités, le test de la compréhension des notions de base (considéré comme un élément majeur) a été évalué en notation quasi-binaire : les notes égales ou supérieures à 8,5 sur 10 ont été portées à 10, les notes inférieures à 8,5 sur 10 ont été portées à 0,5. L'obtention d'une note supérieure ou égale à 16 entraîne la dispense du second examen de probabilités ("grande admissibilité"), tandis que la note de l'examen partiel est effacée pour ceux qui passent le second examen.

Le contrôle des capacités pour tous les examens s'est largement appuyé sur la technique de *story telling* (exercices et problème). Ce principe (dont les motivations ont été décrites au § IV.2) est illustré dans l'exemple d'énoncé d'exercice décrit au § V.5.

Pour le déroulement des deux sessions de l'examen partiel de probabilités, nous avons attribué au groupe témoin des conditions conventionnelles et au groupe testé des conditions non conventionnelles. Pour ce dernier et pour inciter les participants à "sortir du cadre", nous avons choisi une introduction musicale comme support d'une courte présentation de l'évaluation comme un événement. L'accompagnement musical a été maintenu en sourdine (au plus faible niveau accessible). Comme fil conducteur (à la fois sonore et visuel), nous avons choisi les chansons du groupe *Queen*, dont certains extraits bien choisis de textes viennent ponctuer le séquencement du déroulement de l'épreuve, en tendant un miroir performatif à l'étudiant. L'analyse comparative nécessite d'éviter le biais du correcteur et il faut, pour cela, que toutes les copies du groupe témoin comme du groupe stimulé soient corrigées par un seul correcteur (le concepteur des énoncés, ici nous-même).

5.4. Précautions prises vis-à-vis des étudiants

Nous avons pris beaucoup de précautions pour l'organisation de ce partiel de probabilités de novembre : deux messages successifs ont été adressés à tout l'effectif, explicitant les modalités (tous documents autorisés, rappel de méthodologie de résolution, ...) et les finalités (contrôle de capacités) de l'évaluation. Une information orale a faite par nos soins dans tous les groupes pour expliquer les changements, rappeler les modalités et les finalités, en précisant bien que, pour ceux qui rateraient le premier partiel, leur note serait effacée. Nous avons essayé de réduire le risque d'angoisse autant que possible, tout en permettant une féconde expérimentation de type recherche-action dans un module clé du curriculum.

5.5. Exemple d'énoncé d'exercice

Tous les exercices et problèmes sont de notre invention. Un seul exemple sera choisi parmi les nombreux exercices : celui des fratries de Cunégonde et de Théophraste, dont la base de raisonnement est très classique.

Enoncé

« Il est universellement admis, au moment d'une nouvelle naissance, que la probabilité que l'enfant nouveau-né soit un garçon vaille celle que ce soit une fille, soit exactement 0,5. C'est précisément le sujet d'une très vive discussion, dans la cour de l'école primaire, entre Cunégonde et Théophraste. »

« Eh bien, moi, j'suis d'une fratrie de deux », dit Cunégonde et elle ajoute : « Et t'es même pas cap de me dire la probabilité pour que j'aie un frère, encore moins si je précise que je suis la plus jeune ! »

« Oh, ça va bien, Cunégonde », réplique Théophraste, qui reprend : « Eh bien, moi, j'suis d'une fratrie de trois, et toc, prends ça dans les dents. Je vais même te donner un indice supplémentaire : j'ai un frère qui s'appelle Archibald. Alors, mademoiselle-qui-sait-tout, dis-moi donc quelle est la probabilité que j'aie une sœur, d'abord comme ça, ensuite si je te dis que Archibald c'est l'aîné et enfin si je te dis que je suis le plus jeune ? »

Conserver l'expression des probabilités sous forme de fractions.

1. Quelle est la probabilité pour que Cunégonde ait un frère ?
2. Même question si Cunégonde est la plus jeune de la fratrie
3. Expliquer le sens de la variation de la probabilité pour que Cunégonde ait un frère quand elle ajoute la précision selon laquelle elle est la plus jeune de la fratrie
4. Quelle est la probabilité pour que, en plus de son frère Archibald, Théophraste ait une soeur ?
5. Même question si Archibald est l'aîné de la fratrie

6. Même question si Archibald est l'aîné et si Théophraste est le plus jeune de la fratrie

7. Expliquer le sens de la variation de la probabilité pour que Théophraste ait une soeur au fur et à mesure de l'apport d'informations

8. Bonus : Alors, finalement, que pensez-vous de l'affirmation de l'équiprobabilité de naissance garçon-fille ?"

Le thème de l'exercice, tout à fait élémentaire, est intéressant en ce sens qu'il est contre intuitif et qu'il nécessite une approche raisonnée qui n'est pas fournie dans l'énoncé.

Exemple de résolution spontanée

« Cunégonde fait partie d'une fratrie de deux personnes. Ses parents ont donc eu un autre enfant. Cet enfant a une probabilité de 0,5 d'être une fille ou un garçon, indépendamment du sexe de Cunégonde et du fait qu'elle serait l'aînée ou la cadette ».

Ce raisonnement est correct en ce qu'il attribue une équiprobabilité à l'autre enfant d'être une fille ou un garçon. Mais telle n'est pas réellement la question posée par Cunégonde.

Solution de la première partie

Remplaçons l'exercice sur la fratrie par un exercice de lancer de pièce(s) non truquée(s), avec la correspondance « fille – face » et « garçon – pile ». Nous imaginons deux pièces identiques lancées simultanément ou l'une après l'autre (mais sans possibilité de distinguer l'une de l'autre après le lancer), avec 3 résultats finaux possibles (2 fois pile, 2 fois face, 1 fois pile et 1 fois face). Nous imaginons deux lancers successifs de la même pièce en notant le résultat du premier lancer avant reprise et relance, avec 4 résultats finaux (les deux lancers ont donné pile, les deux lancers ont donné face, le premier lancer a donné pile et le second lancer a donné face, le premier lancer a donné face et le second lancer a donné pile). Là, nous avons décrit avec méthode tous les cas possibles, c'est-à-dire dessiné tout l'espace des probabilités.

Ici, le cas « 2 fois pile » du lancer à deux pièces et le cas « pile pour le premier et pile pour le second » du lancer à une pièce sont exclus. Ainsi, dans le lancer à deux pièces, le constat *a posteriori* qu'une des deux pièces ait donné « face » conduit bien à une équiprobabilité d'avoir « pile » (en tout, 2 fois pile) ou « face » (en tout, 1 fois pile et 1 fois face) pour l'autre pièce, mais ceci est conditionné par le constat du résultat « face » sur une des deux pièces.

L'erreur de raisonnement consiste alors à ne pas déceler la présence de la probabilité conditionnelle et à ne pas réaliser que nous ne sommes pas dans le cas du lancer avec deux pièces interchangeables, mais dans celui du lancer avec une pièce unique donnant deux cas distincts (le premier lancer a donné « pile » et le second lancer a donné « face », le premier lancer a donné « face » et le second lancer a donné « pile »), au lieu d'un cas unique (« 1 fois pile et 1 fois face »). La réponse à la question 1 est donc ⅔. La réponse à la question 2 est bien évidemment 1/2. Le passage de Q1 à Q2 se traduit par une diminution, simplement due à une contraction de l'espace des probabilités (le phénomène aléatoire a changé).

Ces notions de probabilité *a priori* et de probabilité *a posteriori* ne sont pas triviales et la question 3 (variation de la probabilité lors d'un apport d'information) est justement là pour attirer l'attention sur la probable erreur d'une réponse ½ à la première question et donc inviter l'étudiant à prendre le temps de se poser toutes les bonnes questions.

Cet exercice illustre bien la notion d'évaluation capacitaire. Il n'est pas anodin de noter que, pour effectuer la présentation de la solution ci-dessus, nous avons choisi de passer de nouveau par l'abstraction en prenant l'exemple des jets de pièces, ce qui montre que le *story telling* impose à l'étudiant de s'abstraire du contexte contre-intuitif.

5.6. Analyse de la base de données de notes

Nous explorons la base de données de notes obtenues sur trois examens (partiel et final de probabilités, examen de statistiques), d'abord par l'analyse comparative des résultats du groupe témoin et du groupe stimulé, ensuite par la description des profils des étudiants en termes de capacités.

5.6.1. Analyse comparative des résultats du groupe témoin et du groupe stimulé

Les notes globales par matière sont distribuées en neuf classes [0 - 2,5], [2,5 - 5,0], [5,0 - 7,5], [7,5 - 10,0], [10,0 - 12,0], [12,0 - 14,0], [14,0 - 16,0], [16,0 - 18,0], [18,0 - 20,0], représentées par la position en abscisse du centre des classes. L'ordonnée mesure le rapport de l'effectif des classes à l'effectif total.

Comparatif des notes globales de Probabilités et de Statistiques sur quatre ans

La figure 7 (respectivement figure 8) illustre l'histogramme des notes obtenues sur quatre ans en probabilités, (respectivement statistiques).

Figure 7. Histogramme des notes en probabilités

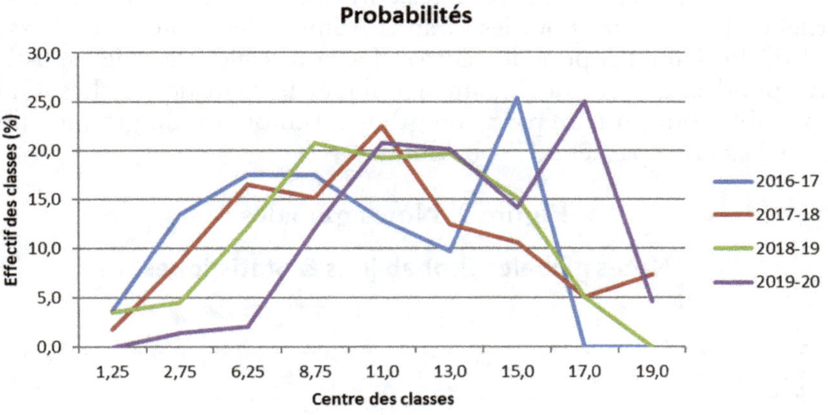

Figure 8. Histogramme des notes en statistiques

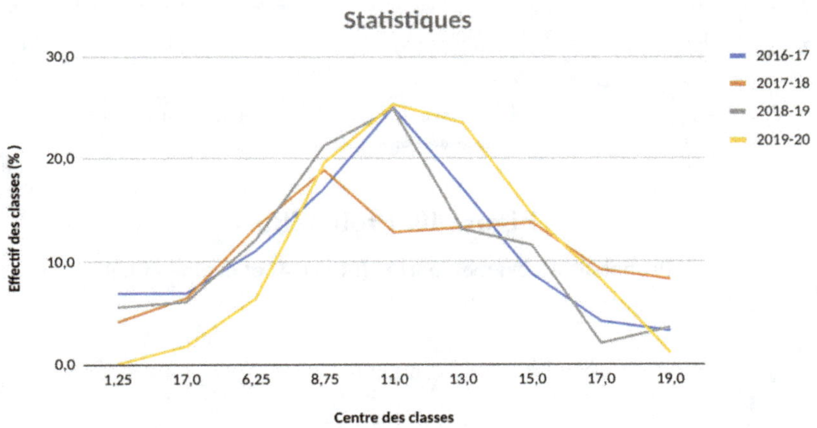

Au fur et à mesure des années croissantes, nous observons un décalage des courbes vers des notes plus élevées.

Notes globales de Probabilités et de Statistiques (année universitaire 2019-2020)

L'effectif total est divisé en deux groupes, le groupe Témoin (gr T) et le groupe Stimulé (gr S) pour l'examen partiel de probabilités. Le marquage groupe Témoin ou groupe Stimulé résultant est conservé pour l'examen final de Probabilités et pour l'examen de Statistiques.

A l'issue de l'examen partiel de Probabilités, ont été introduits la notion de Grand Admissible (dispense de l'examen final de Probabilités pour les notes supérieures ou égales à 16) et l'effacement de la note de l'examen partiel de Probabilités pour ceux qui n'ont pas été dispensés de l'examen final. La note globale de Probabilités correspond donc à celle de l'examen partiel de Probabilités pour les Grands Admissibles et à celle de l'examen final de Probabilités pour les autres. La note « globale » de Statistiques correspond à la note de l'examen unique de Statistiques. Les Grands Admissibles ont pu faire partie du groupe Témoin ou du groupe Stimulé lors de l'examen partiel de Probabilités.

Figure 9. Notes globales

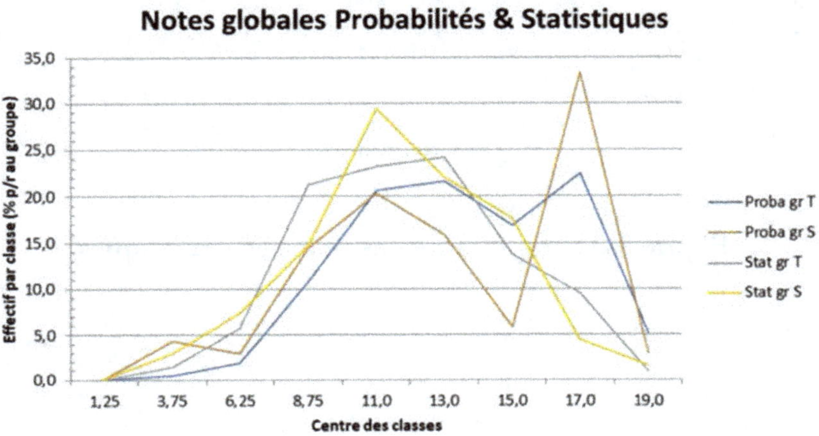

Figure 10. Probabilités

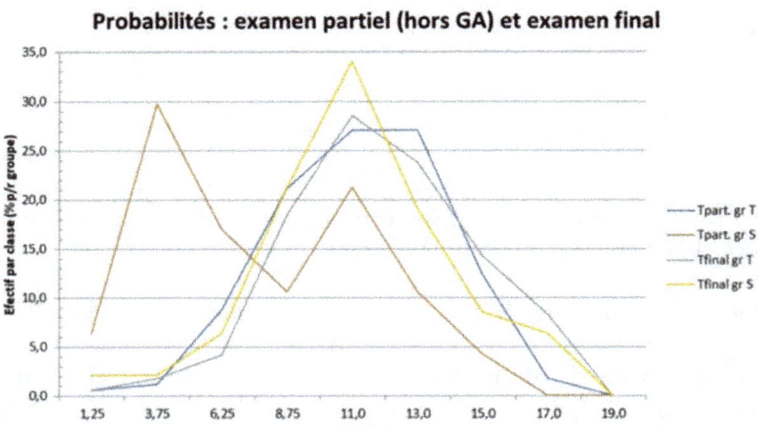

Pour l'examen partiel de Probabilités, le groupe Témoin suit une courbe en cloche assez régulière, tandis que le groupe Stimulé fait apparaître un fort phénomène de rejet (30 %) parmi les élèves qui ont quitté la salle dans la première demi-heure.

Du fait de l'absence des élèves ayant été dispensés d'examen final, l'intérêt de l'analyse porte sur la comparaison entre examen partiel et examen final, par type de groupe (Témoin ou Stimulé). Les résultats sont assez proches pour les élèves marqués « groupe Témoin », avec, quand même, une amélioration significative des meilleurs résultats pour le second examen. En revanche, l'amélioration est très spectaculaire pour les élèves marqués "groupe Stimulé" entre le premier examen et le second. Concernant l'examen final, l'effet de la stimulation lors de l'examen partiel est légèrement positif pour les résultats inférieurs à 12 et légèrement négatif pour les résultats compris entre 12 et 17.

5.6.2. Analyse par classement de la base de données de notes aux examens STD

Il s'agit ici d'analyser le passage à la notation capacitaire, au regard de la finalité de la sélection des élèves pour l'inscription des modules ultérieurs intenses en probabilités et statistiques. L'estimateur du classement paraît tout à fait pertinent, avec l'idée d'inscrire les élèves, dans l'ordre de leur classement, au(x) module(s) qu'ils ont souhaité(s).

Un type de notation standard a d'abord été adopté, visant uniquement une validation du module conventionnelle avec comparaison à un seuil, pour satisfaire aux exigences administratives de fin de module dans des délais de notation extrêmement contraignants.

Après le rendu des notes du module, une investigation a été menée sur l'influence de la notation quasi-binaire sur le classement, sans résultats probants. Une seconde piste a été explorée, visant à exprimer la profondeur de capacité dans chaque question élémentaire, sur des niveaux de 0 à 3 fournissant des coefficients de pondération. Le niveau 0 correspond à une simple restitution de connaissances, le niveau 1 à la compréhension de notions de base, le niveau 2 à la capacité d'application de notions de base dans un contexte de guidage, le niveau 3 à la capacité d'élaboration de raisonnement à mettre en place hors de tout guidage.

Tstd désigne la note obtenue sans pondération de capacité ("std" pour standard) tandis que Tcap désigne la note obtenue avec pondération de capacité ("cap" pour capacité).

Les données traitées sont donc structurées par une liste numérique d'identifiant d'élève, puis, pour chaque élève identifié, par un classement en notes décroissantes pour chacun des deux types de notation.

Figure 11. Classement des notes par type

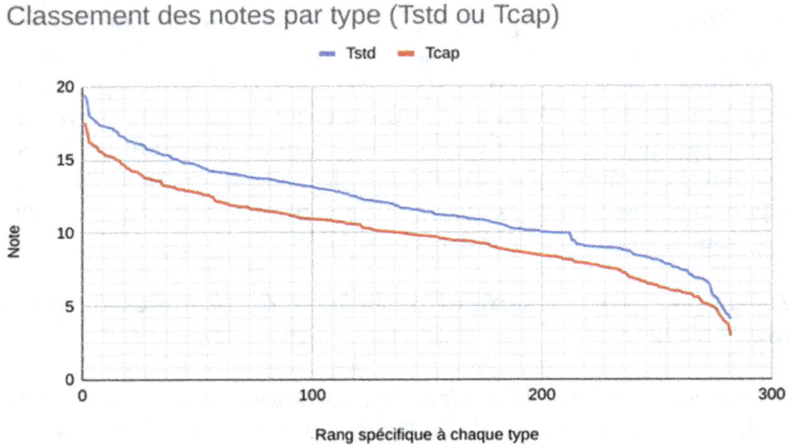

La Figure 11 représente l'ordonnancement de chaque type de note par décroissance. La 100ème note Tstd vaut 13,3 et la 100ème note Tcap vaut 10,8. Chaque type de note est ordonnancé selon son propre rang.

Il va être plus intéressant de comparer les deux types de notes selon un rang générique identique pour les deux types de notes. Ce rang générique va arbitrairement être choisi comme celui de la notation standard. La Figure 12 utilise cette représentation, qui, pour un même élève caractérisé par son rang en notation standard, permet de voir sa note Tcap. Autour du rang 100, du rang 140, du rang 240, et au-delà de 260, la note capacitaire est supérieure à la note obtenue par la notation standard (hors pondération capacitaire). En dehors de ces zones, la note capacitaire est plutôt inférieure, mais de façon très bruitée.

Figure 12. Variation de la note selon le type de notation

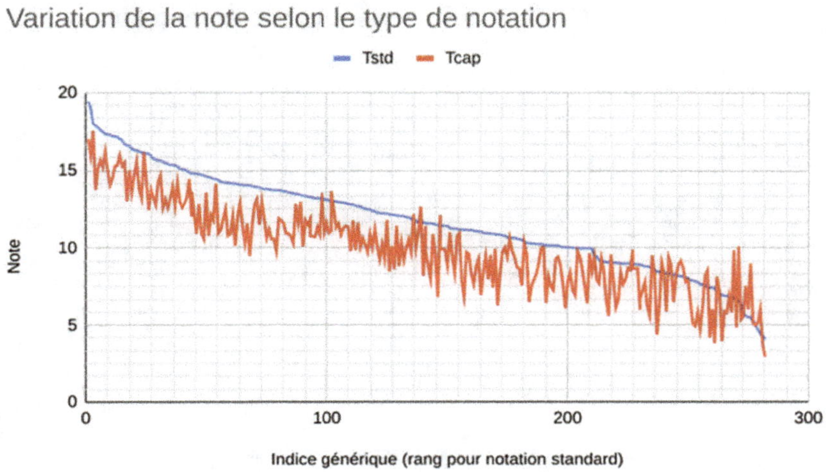

Pour mesurer l'efficacité du changement de notation sur le classement des élèves, la Figure 13 va illustrer l'effet de variation du rang de classement apportée par la notation capacitaire. On notera que nous ne sommes plus là dans la comparaison de notes dans l'absolu, mais dans l'analyse relative de capacités acquises en lien avec celles requises pour les modules ultérieurs.

Figure 13. Variation du rang selon le type de notation

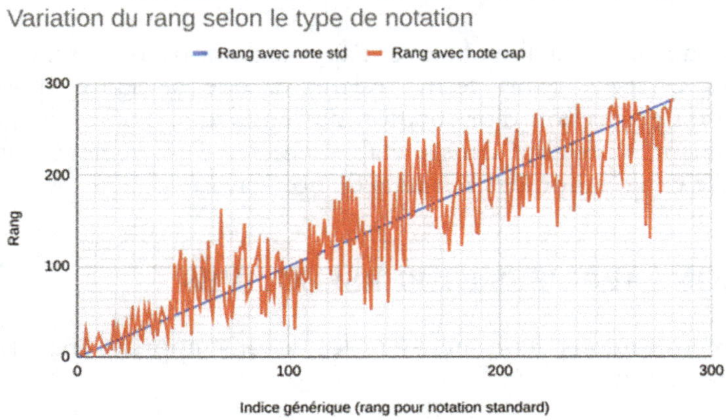

Figure 14. Ecart des écarts entre rang fixe et rang flottant

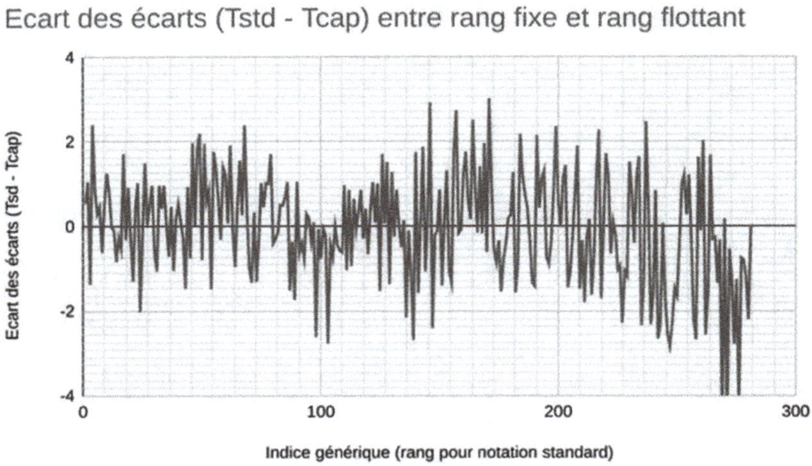

La Figure 14 représente les écarts de la différence entre Tstd et Tcap, selon que Tcap est associée au même individu que Tstd ou que Tcap est associée à l'individu qui, dans le classement capacitaire, a le même rang que celui associé à Tstd dans le classement standard : concrètement, c'est la variation de Tcap par rapport à Tstd selon que l'on considère le même individu de rang i dans la notation standard ou deux individus différents de même rang i dans leur classement spécifique.

5.6.3. Retombées de l'analyse dans l'établissement

Nous aurions souhaité observer l'apport de notre recherche, au moins pour ses effets à court terme relatifs à une sélection d'orientation pertinente de sélection d'orientation des étudiants. Toutefois, notre rôle d'intervenant vacataire dans l'établissement s'est achevé avant une éventuelle exploitation des résultats de nos travaux.

6. LEÇONS APPRISES ET PERSPECTIVES

Nous formulons, comme suit, les leçons apprises par la double expérimentation :

- Le passage à l'évaluation des capacités avec la préparation des élèves à celle-ci, la peur distillée avec la notation quasi-binaire, …., tout cela a concouru à un investissement en qualité (profondeur) et en quantité (temps consacré) des étudiants au module et donc à une nette amélioration des résultats par rapport aux années passées.

- La notation quasi-binaire sur la moitié de la note a très bien joué son rôle de filtre sélectif, en amplifiant les deux extrêmes.
- Une meilleure qualité des acquis est constatée.
- Conceptuellement, à la montée dans la chaîne de valeur des connaissances peut être rattaché le domaine d'enseignement des algorithmes d'Intelligence Artificielle, traitant des données pour aide à la décision, le point de départ de cette même chaîne consistant en des éléments ayant la nature de données, qu'elles soient analogiques, numériques ou symboliques, avant d'être transformées en informations.
- La description du profil des étudiants en termes de capacités offre à ceux-ci les moyens d'un choix raisonné d'orientation pour les années supérieures. Une sélection des étudiants, adossée à un classement selon des critères de connaissances et de capacités propres à garantir un bon suivi des modules des années supérieures intenses en acquis du module concerné, apparaît tout à fait pertinente.
- De nombreux mails des étudiants montrent un intérêt pour la matière significativement accru par rapport aux années passées
- L'effet de la stimulation est à prendre avec beaucoup plus de réserve, même en évitant le biais du correcteur. En fait, il aurait fallu un cours d'introduction pour sensibiliser les étudiants à la créativité et à l'esprit critique. Même si cela a été très expliqué, la nouveauté du concept a pu ébranler certains étudiants sortant à peine de la période de « formatage » antérieure. Ceux qui ont accroché ont très bien accroché, comme en ont témoigné de nombreuses réactions dans les cours suivants ou par messagerie.
- L'appel à la créativité du concepteur d'évaluation est extrêmement stimulant, mais aussi dévore énormément de ressources de temps.
- Il est intéressant de noter que nos travaux en Knowledge Management Innovation et Inventive Knowledge Management, avec le développement de notre méthode *ICAROS*®, menés à l'origine pour stimuler la création de connaissances inventives en milieu industriel, trouve dans l'ingénierie pédagogique innovante (et, plus particulièrement, dans le domaine peu exploré de l'innovation en évaluation de connaissances) un riche terrain d'application.

Cette expérimentation, conduite « en temps réel » en parallèle du déroulement du semestre d'enseignement, n'a permis, quant à la détermination des capacités à évaluer, qu'une analyse *a priori* sur le contenu du cours actuel, fondée sur notre expérience. Il manque l'analyse fine des connaissances des modules ultérieurs pour travailler sur le curriculum, en remontant la flèche du temps. Ceci est mis en perspective, au même titre qu'une réflexion sur la sensibilisation approfondie des étudiants à la thématique capacitaire et aux enjeux du développement de l'esprit critique, préalablement au cours lui-même. Une façon optimale de réaliser l'analyse en profondeur des connaissances critiques (et de leur activation) des modules ultérieurs du Département d'Enseignement de Sciences des Données serait d'appliquer, à l'enseignante chercheuse en charge de ce Département (par essence experte du domaine de connaissances qu'elle dirige), notre méthode *ICAROS®* de métacognition, pour aboutir à une métaconnaissance de l'enseignement de l'Intelligence Artificielle !

CONCLUSION

Une recherche-action a été menée en Sciences et Techniques des Données pour réaliser, d'un côté, une analyse exploratoire de la transformation de l'enseignant-chercheur en expert de l'évaluation des connaissances à transmettre via le cycle vertueux du *Knowledge Management* et, d'un autre côté, une analyse prospective de l'applicabilité éventuelle de notre dispositif social de stimulation, en l'occurrence de réflexivité, aux étudiants en contexte d'examen.

Pour cela, le fil conducteur à dérouler résulte de l'application de la montée dans la chaîne de valeur *DIKW* (Data, Information, Knowledge, Wisdom).

Les principes fondateurs de la faculté de connaître permettent le passage de l'évaluation des connaissances à celle des capacités, en visant l'activation de la connaissance des connaissances transmises. Notre méthode *ICAROS®* de stimulation de la créativité a été adaptée afin de permettre l'élaboration de la forme et du fond de l'énoncé susceptible de stimuler la réflexivité de tous les étudiants. Ces derniers étant répartis en groupe témoin et groupe stimulé, nous avons décrit comment l'application du concept de l'expertise "augmentée" fondée sur un dispositif social de stimulation de la créativité s'est traduite pour la population testée du groupe stimulé.

L'évaluation par capacités avec classement constitue un mode pertinent de sélection d'orientation des étudiants, en particulier pour les modules ultérieurs du Département Sciences des Données. Les modalités mises en place pour l'évaluation ont permis aux élèves de se jauger eux-mêmes : les retours assez nombreux de ces derniers témoignent de leur satisfaction.

L'analyse comparative des résultats de la présente année avec ceux des trois années précédentes, ainsi que ceux des différentes sessions de la présente année, met au jour des évolutions très positives, entre autres de l'attractivité du module et des efforts fournis par les étudiants. Toutefois, il reste difficile de faire la part de chaque innovation d'ingénierie pédagogique dans ce bilan. De plus, si l'expérimentation devait engendrer un projet pilote, par exemple dans le Département de Science des

Données, il faudrait, au préalable, d'une part, fortement sensibiliser les jeunes étudiants à la créativité et à l'esprit critique et, d'autre part, appliquer à la responsable de ce Département, par essence experte de ce domaine de connaissances, notre méthode *ICAROS®* de métacognition, pour aboutir à une méta-connaissance de l'enseignement de l'Intelligence Artificielle et du Traitement de Données en général.

Il est intéressant de noter que nos travaux en *Knowledge Based Innovation* et *Inventive Knowledge Management*, avec le développement de notre méthode *ICAROS®*, menés à l'origine pour stimuler la création de connaissances inventives en milieu industriel, trouvent dans l'ingénierie pédagogique innovante (et, plus particulièrement, dans le domaine peu exploré de l'innovation en évaluation de connaissances et dans la préparation des étudiants à l'activation des connaissances dans le futur cadre professionnel de résolution de problème technique) un riche terrain d'applications très fécondes de la métacognition.

Ainsi, nous avons montré que la stimulation de la créativité par les connaissances pouvait constituer une contribution à l'enseignement de l'appétence à la création de connaissances, à l'innovation, à la dynamique d'esprit d'entreprise, dans le cadre de la formation d'ingénieurs. L'apport aux étudiants est caractérisé par un guidage valorisant vers une maîtrise dynamique de ce domaine de Sciences des données et constitue donc un des puissants leviers du curriculum « Entrepreneuriat et Innovation », surtout s'il est adossé à l'approche extrêmement structurante du *Knowledge Management*, tout particulièrement dans son périmètre de la *KBI*. Aux enseignants de ce curriculum « Entrepreneuriat et Innovation », nous pensons avoir apporté une modeste contribution d'illustration de transmission vers les étudiants d'appétence à apprendre à apprendre, indispensable à la construction de l'esprit d'initiative et d'innovation, au travers de quelques pistes de l'évolution de l'évaluation des connaissances à transmettre.

BIBLIOGRAPHIE

ALKHAFFAF, M., MOFLIH, M. *et al.* (2018), An integrated model of knowledge management enablers and organizational creativity: The mediating role of knowledge management processes in social security corporation in Jordan, *Journal of Theoretical and Applied Information Technology,* 96(3).

BOUCHEZ, J.P. (2012), *L'économie du savoir*, Bruxelles, De Boeck.

MORADI, M., BRUNEL, S. *et al.* (2008) Approche sémantique de la chaîne de valeur ajoutée de la connaissance, *Colloque GeCSO 2008,* Troyes.

CHANAL, V., LESCA, H. *et al.* (1997), Vers une ingénierie de la recherche en sciences de gestion, *Revue française de gestion,*116, 41-51.

ERMINE, J.L. (2003), *La Gestion des connaissances*, Paris, Hermès, Lavoisier.

ERMINE, J.L. (2019), *Knowledge Management, the creative Loop, Innovation and technologies*, London, ISTE/Wiley.
ERMINE, J.L., LIEVRE, P. *et al.* (2014), Un état francophone du champ du management des connaissances : la communauté GeCSO, *Management & Avenir*, 2014/1, 67, 56-77.
FORAY, D. (2000), *L'économie de la connaissance*, La Découverte, Paris.
HEUDIN, J.C. (1998), L'évolution au bord du chaos, Paris, Hermès.
JACQUIER-ROUX, V., NOHARA, H., PARAPONARIS, C. (2020), La régulation dynamique des dispositifs et des situations de gestion des connaissances au cœur de l'innovation des firmes multinationales, *Finance Contrôle Stratégie*, mai.
JOUISON, E. (2007), La recherche-action : oubliée des cadres opératoires dans le domaine de l'entrepreneuriat, *XVIème Conférence Internationale de Management Stratégique AIMS*, Montréal.
LHUILLIER, J.N. (2005), *Le management de l'information*, Paris, Hermès.
MORIN, E. (2005*), Introduction à la pensée complexe*, Paris, Edition du Seuil.
MORIN, E, (2008), *La méthode – 3 – La connaissance de la connaissance*, Paris, Edition du Seuil.
RAUDELIUNIEN, J., TVARONAVICIENE, M., BLAZYTE, M. (2020) Knowledge Management Practice in General Education Schools as a Tool for Sustainable Development, *Sustainability* 12(10), 4034.
SAULAIS, P. (2013), *Application de la gestion des connaissances à la créativité des experts et à la planification de la* R & *T en milieu industriel de haute technologie*, Thèse de doctorat, Institut Mines Télécom Business School.
SAULAIS, P., ERMINE, J.L. (2019), Connaissances d'experts et expertise « augmentée » : apport d'un dispositif social de stimulation de la créativité, *Revue Internationale de Psychosociologie et de gestion des comportements organisationnels*, 25, 61.
SHANNON, C. (1949), *The mathematical theory of Communication*, Chicago, University of Illinois Press.

L'EXPLOITATION SALARIALE DANS UNE ÉCONOMIE GLOBALISÉE : LE CAS DE LA FRANCE

Pierre LE MASNE
Université de Poitiers
Centre de Recherches sur l'Intégration
Économique et Financière
pierre.le-masne@univ-poitiers.fr

RÉSUMÉ

Cet article mesure de façon nouvelle l'exploitation des salariés dans une économie globalisée. La « *valeur nouvellement créée* » de Marx est reliée à la valeur ajoutée nette de la comptabilité nationale. Il est tenu compte de changements survenus depuis un siècle et demi, comme l'accroissement du rôle de l'État et la salarisation des cadres dirigeants. Le cadre général d'analyse est mondial et l'exploitation comporte une dimension internationale. Le profit dans les pays dominants provient pour partie de l'étranger et en particulier des pays à bas salaires. La méthode décrite est appliquée à la France en 2018.

Mots-clés : Exploitation, survaleur, profit, impérialisme, pays à bas salaires.

ABSTRACT
The Wage-Earners Exploitation in a Globalized Economy: The French Case

We measure in a new way the wage-earners exploitation in a globalized economy. The Marx's notion of "*newly created value*" is linked to the net value added of national accounting. We take into account changes occurred since Marx as the increase of the role of the State and the remuneration of the senior executives under the form of salaries. The analytical framework is worldwide and exploitation entails an international dimension. The profit in dominating countries partly proceeds from abroad (in particular from low-salaries countries). We apply our method to France for 2018.

Keywords : Exploitation, Surplus-value, Profit, Imperialism, Low-salaries Countries.
JEL Codes: B51, F00, P1

INTRODUCTION

La notion d'exploitation, développée au XIXe siècle par Marx, est rarement prise en compte aujourd'hui. Cet article s'attache à sa mesure dans une économie globalisée, celle de la France, en expliquant comment l'exploitation internationale se combine avec l'exploitation nationale.

Le capitalisme est à la fois national et mondial. La dimension mondiale, prise en compte par Hobson (1902) et Lénine (1967 [1917]), a été analysée depuis par de nombreux auteurs, parmi lesquels on citera seulement Palloix (1974), Sweezy (1976) et Amin (2011). Les États sont reliés entre eux par un système interétatique qui institutionnalise des rapports de force, avec des pays dominants et des pays dominés (ainsi que des pays intermédiaires). Les pays dominants, parmi lesquels figurent les États-Unis, le Royaume-Uni, l'Allemagne, le Japon et la France, s'appuient sur la puissance de leur État mais aussi de leurs Firmes Multinationales (FMN). Les FMN, s'aidant de leurs Investissements Directs à l'Étranger (IDE), mettent en place des chaînes mondiales de valeur, avec une production effectuée parfois dans plusieurs pays successifs. Elles organisent ainsi la Division Internationale du Travail (DIT). La division nationale du travail est ensuite modifiée du fait des délocalisations. Néanmoins des politiques industrielles nationales et des spécificités industrielles demeurent dans les pays dominants. Les FMN captent de la survaleur un peu partout dans le monde, notamment des rentes liées à leurs capacités à innover et à leur recherche-développement. Les pays dominés disposent de moins de FMN, moins puissantes, et collectent moins de rentes. Les pays dominants sont des pays à hauts salaires moyens par rapport à la moyenne mondiale tandis que les pays dominés sont des zones de bas salaires moyens.

Pour analyser l'exploitation, deux voies se présentent. La première (Amin, 2011 ; Feng, 2018 ; Ricci, 2019) veut donner un panorama de l'ensemble des pays du monde, et rendre compte des mécanismes d'exploitation en insistant sur le niveau international. Cette voie est trop complexe sur le plan empirique et ne permet pas par ailleurs d'articuler le niveau national et le niveau international de l'exploitation. La deuxième voie, suivie ici, se centre sur un pays dominant, la France, et analyse les processus d'exploitation interne et externe concernant ce pays. Le profit d'origine intérieure et le profit d'origine extérieure sont calculés et on se demande qui bénéficie des gains venus de l'extérieur, les entreprises, les salariés et les ménages, ou les administrations.

Le système de Marx nécessite des adaptations compte tenu d'incomplétudes (notamment sur la dimension internationale de l'exploitation) et de changements survenus :

- Les structures oligopolistiques se sont développées, tant au niveau national que mondial, depuis la fin du XIXe siècle, accentuant les tendances impérialistes (Lénine, 1967).

- Le rôle de l'État s'est considérablement accru. Les recettes fiscales représentent en Europe occidentale 47 % du revenu national en 2015 pour 7 à 8 % en 1870 (Piketty, 2019, p. 537). L'État produit des services d'éducation ou de santé et effectue des transferts importants.

- Les hauts salaires des cadres dirigeants des entreprises dépassent la simple rémunération d'une force de travail et contiennent une survaleur. Il faut donc réintégrer une partie des hauts salaires dans la survaleur, en justifiant ce traitement nouveau par rapport à Marx.

La mesure de l'exploitation nationale pose diverses questions (Delaunay, 1984) : faut-il mesurer la production en temps de travail ou en prix ? L'industrie est-elle seule concernée par l'exploitation salariale ? Les ouvriers et employés sont-ils seuls exploités ? Les services de l'État sont-ils « *productifs* » ? Shaïkh et Tonak (1994) ont mis au point une méthodologie pour calculer une survaleur et un taux d'exploitation mais ne s'intéressent pas à la dimension internationale de l'exploitation.

L'objectif de cet article n'est pas d'analyser les conceptions de Marx en matière de comptabilité nationale (notée désormais CN pour simplifier). Néanmoins la mesure de l'exploitation se fait sur une base comptable qui ne peut être que la CN. Ceci conduit à proposer des solutions pour relier les concepts de Marx à ceux de la CN ; ces solutions diffèrent de celles de l'ancien Système de Comptabilité du Produit Matériel (CPM) des pays de l'Est. Quatre points sont examinés. Premièrement, Marx utilise la notion de « *valeur nouvellement créée* », analogue à la Valeur Ajoutée Nette (VAN) de la CN, ce qui permet un rapprochement. Deuxièmement, Marx a peu développé ses analyses à propos du secteur non-marchand, dont les contours sont précisés. La notion de « *travail productif* » de Marx est revue pour l'analyser. Troisièmement, l'exploitation est d'abord mesurée au niveau de l'entreprise ; mais, compte tenu de l'ampleur des prélèvements et redistributions, il faut une mesure complémentaire de l'exploitation au niveau des revenus effectivement perçus par les ménages. Quatrièmement, il faut comprendre comment les importations en provenance des pays à bas salaires permettent un transfert de survaleur vers les pays dominants.

La première partie montre comment il est possible d'arriver à des mesures de type Marx à partir de la CN. La deuxième partie s'attache à la mesure de l'exploitation, en prenant en compte la dimension nationale puis internationale. La troisième partie applique la méthode à la France.

Le terme de « *survaleur* » est préféré à l'expression « *plus-value* ». Les références à Marx sont données par rapport à la source française puis à la source allemande d'origine.

1. COMPTABILITÉ NATIONALE ET MESURE DE L'EXPLOITATION NATIONALE

Certains concepts de la CN sont comparés à ceux de Marx. Le secteur non-marchand est analysé et la notion de « *travail productif* » est discutée.

1.1. Valeur, valeur ajoutée, et CN

Le concept de « *valeur ajoutée* » commence à être employé à partir de 1860 (Le Masne, 2022)). Marx (TPV1 : 607 ; TM1 : 507)[1] emploie le terme de « *valeur nouvellement créée* » [neu geschaffne Wert] en 1863-63, puis dans *Le Capital* (Marx, C1 : 196 ; K1 : 215)[2].

Les systèmes de CN d'inspiration keynésienne se fondent sur la valeur ajoutée. La séquence des comptes part de la Production[3], concept proche de la somme des valeurs d'échange des classiques. De la Production se déduit la valeur ajoutée brute (VAB) en soustrayant les consommations intermédiaires (CI). De la VAB résulte l'Excédent Net d'Exploitation (ENE), après déduction des rémunérations, de la consommation de capital fixe (CCF) et des autres impôts sur la production. Il y a trois niveaux de production (Production, valeur ajoutée, excédent d'exploitation) avec deux niveaux successifs de surplus (valeur ajoutée et excédent d'exploitation).

On peut écrire en CN :

Valeur ajoutée nette = Rémunérations des salariés + Excédent net d'exploitation (ENE) + Autres impôts sur la production (nets de subvention)

En négligeant les *Autres impôts sur la production nets de subventions* (environ 3 % de la VAN), la VAN est la somme des rémunérations des salariés et de l'ENE. Selon la CN les rémunérations des salariés représentent la part du travail et l'ENE la part du capital. Mais dans la logique de Marx, l'ENE est une survaleur résultant de l'exploitation. La VAN - Marx parle de « *valeur nouvellement créée* » - est entièrement générée par le travail des salariés.

1.2. Valeur et exploitation chez Marx

Marx distingue le capital variable du capital constant. Le capital variable (rémunérations annuelles des salariés) génère une survaleur. Le capital

---

[1] TPV1 désigne les *Théories sur la Plus-Value*, t. 1 (Marx, 1974) et TM1 les *Theorien über den Mehrwert*, t. 1 (Marx, 2000).

[2] C1 désigne *Le Capital*, livre I (Marx, 2016) et K1 *Das Kapital*, livre I (Marx, 2013), 4e édition allemande ; C3 *Le Capital*, livre III (Marx, 1960).

[3] La « *Production* » est écrite avec une majuscule pour éviter la confusion possible entre l'agrégat comptable et la « *production* » au sens d'activité.

constant consommé dans l'année correspond à l'usure des machines et des bâtiments (en CN la CCF) ainsi qu'aux matières premières et à l'énergie utilisées (en CN les CI).

Marx (C1 : 40 ; K1 : 50) définit d'abord la valeur comme valeur-prix. Il dédouble ensuite la valeur pour l'expliquer à partir du temps de travail socialement nécessaire. Un bien a une valeur parce qu'il contient du « *travail abstrait* »[4], et la « *grandeur de sa valeur* » [*Wertgröße*] se mesure « *par le quantum de « substance constitutive de valeur » qu'elle contient* » (Marx, C1 : 42 ; K1 : 53). La « *grandeur de valeur* » est une valeur-travail. La valeur est à la fois valeur-prix et valeur-travail. La comparaison de la valeur-prix à la valeur-travail permet d'analyser les échanges internationaux.

Marx s'attache à la valeur de façon additive puis de façon soustractive. Marx (C1 : 214-217 ; K1 : 234-237) donne au livre I du *Capital* un exemple de valeur calculée de manière additive : 20 livres de coton filé d'une valeur de 30 shillings sont la somme de CI pour 24 shillings, de salaires versés pour 3 shillings, et de survaleur pour 3 shillings. Il parle à la fin du livre III de la valeur de façon soustractive, en repartant des valeurs échangées sur les marchés et en donnant une description du circuit économique s'appuyant sur trois agrégats analogues à la Production, la valeur ajoutée et l'ENE. Marx appelle « *produit brut* » ce que la CN appelle Production, « *revenu brut* » ou « *revenu national* » ce qu'elle appelle VAN, et « *revenu net* » ce qu'elle appelle ENE (Marx (C3.3 : 217-218 ; K3 : 847-848)).

Le Tableau 1 indique les correspondances entre les trois niveaux de la production de Marx et les trois niveaux de la production en CN. Le revenu national est la somme des salaires, profits et rentes : l'équivalent en CN est le Produit Intérieur Net. Marx considère, à la différence de la CN[5], que la rente fait partie de la valeur ajoutée.

Marx (C1 : 207 ; K1 : 226) définit la survaleur comme « *excédent de la valeur du produit par rapport à la somme de valeur de ses éléments de production* ». Le taux de survaleur t_s est le rapport de deux valeurs, la survaleur s au capital variable v, avec $t_s = s/v$ (Marx (C1 : 210 ; K1 : 230)). La mesure de l'exploitation ne s'effectue pas à partir de la valeur de la marchandise (la Production en CN) mais à partir de la valeur nouvellement créée (la valeur ajoutée en CN).

---

[4] Le « *travail abstrait* » résulte de la réduction de tous les travaux à leur caractère commun de travail humain, de dépense de force humaine de travail (Roubine, 2009, p. 193).

[5] En CN la rente figure uniquement dans les actifs non-produits des comptes de patrimoine (Piriou et *alii*, 2019, p. 126).

Tableau 1. Les termes de Marx et leurs correspondants en CN (secteur marchand)

	Terme de Marx	Terme de la CN
Niveau 1	Produit brut [Rohprodukt] = c + v + s [Niveau des ventes et des valeurs d'échange]	Production [Gross output] (VAN + CI + CCF)
Niveau 2	Revenu brut [Roheinkommen] ou Revenu national [Nationaleinkommen] = v + s [Niveau de la valeur nouvellement créée]	Valeur ajoutée nette (VAN) [Net value added] (Production - CI - CCF)
Niveau 3	Revenu net [Reineinkommen] = s [Niveau de la survaleur s]	Excédent net d'exploitation (ENE) [Net operating surplus]
	c : consommation annuelle de capital constant, avec c = ccc + ccf ccc est la consommation de capital circulant et ccf celle de capital fixe v : rémunérations annuelles des salariés s : survaleur	CI = ccc CCF = ccf

Source : Le Masne, 2023

1.3. Secteur non-marchand et « *travail productif* » : les hésitations de Marx

Marx (C1 : 490 ; K1 : 532) distingue les divers travaux en s'appuyant sur la notion de « *travail productif* » Le travail « *productif* » crée une survaleur alors que le travail *« improductif »* est une consommation.

Marx (TPV1 : 167 ; TM1 : 127) insiste sur les rapports sociaux dans lesquelles se situe le travail : le comédien est « *productif* » s'il est au service d'un capitaliste, tandis que le tailleur à domicile venant chez ce même capitaliste reste « *improductif* » car il ne fournit qu'une valeur d'usage et pas une valeur d'échange. Toutefois Marx (TPV1 : 176 ; TM1 : 135-136) remarque que : « .. *une couturière que je fais venir chez moi pour coudre des chemises, ou les travailleurs qui réparent les meubles, ou le domestique qui lave, nettoie, etc., que tous ces travailleurs fixent leur travail dans quelque chose et en augmentent réellement la valeur tout autant que la couturière qui travaille dans un atelier.. Donc, potentiellement, des personnes ont également produit des marchandises et ajouté aux objets la valeur de leur travail »*. Des travaux réalisés au sein des ménages ont une valeur d'usage et « *potentiellement* » une valeur d'échange. Marx hésite puisque le tailleur à domicile est improductif alors que la couturière à domicile est « *potentiellement* » productive. Néanmoins, contrairement au système CPM, Marx considère que les services du comédien peuvent être productifs.

Aujourd'hui les services personnels et le travail indépendant sont intégrés dans le circuit capitaliste. Le médecin, l'infirmière libérale et l'indépendant payent des cotisations sociales et leurs rémunérations contribuent à la demande globale. Des travaux sans survaleur ont une valeur d'usage et une valeur d'échange, réelle ou « *potentielle* », qu'un système de comptes nationaux ne peut ignorer.

Pour Marx, le commerce mais aussi le stockage et la comptabilité sont utiles mais improductifs (Marx, C2.1 : 119-137 ; K2 : 131-150). Marx sous-estime l'intégration des tâches et des activités dans l'entreprise. On ne peut aujourd'hui, dans une entreprise marchande, opposer le comptable et le commercial (improductifs) à l'ouvrier (productif).

La solution proposée reprend beaucoup d'idées de Marx mais pas toutes :

- Dans le secteur marchand, tous les salariés, y compris le comptable et le commercial, sont « *productifs* ». Tous les salariés forment un « *travailleur collectif* » (Marx (2010, p. 213 ; 2011, p. 109)) et le travail du cadre a également une dimension productive.

- Marx (TPV1 : 179 ; TM1 : 137) affirme que le maître d'école et le médecin délivrent des « *services qui forment la puissance de travail, l'entretiennent, la modifient* ». Le système éducatif et le système de santé reproduisent la force de travail et ont une valeur d'échange, réelle ou potentielle. En France, lorsqu'un patient subit une intervention à l'hôpital public, cette intervention a un coût, non payé par le patient. Elle sera toutefois facturée par l'hôpital puis remboursée par la sécurité sociale et par une mutuelle. L'école publique délivre un enseignement gratuit qui a une valeur d'échange potentielle prise en charge par l'État.

En s'appuyant sur l'idée de Marx que la production comporte trois niveaux, deux types de travail productif sont distingués. Le « *travail productif avec survaleur* » génère à la fois une valeur ajoutée (niveau 2 du Tableau 1) et une survaleur (niveau 3). Le « *travail productif sans survaleur* » génère seulement une valeur ajoutée (niveau 2).

La sphère non-marchande regroupe les secteurs qui ne produisent pas eux-mêmes de marchandises, le commerce, la finance, et les services étatiques non-marchands. L'affirmation que le commerce et la finance sont non-marchands peut étonner et s'éloigne de la définition de la CN. Mais le commerce vend des marchandises qu'il n'a pas lui-même fabriquées, et n'est donc pas marchand au sens de producteur de marchandise. La finance ne produit pas non plus de marchandise et prospère sur l'intérêt, qui n'est pas une marchandise.

Les ressources du commerce et de la finance (banques et assurances) proviennent largement d'un transfert de survaleur venue de la sphère marchande (voir Tableau 2). Mais le commerce et la finance ont en même temps une production sans survaleur : on peut parler de services commerciaux ou financiers produits. Le commerce déplace, stocke et expose des marchandises. La banque contrôle des crédits accordés et tient les comptes de ses clients. La valeur ajoutée de ces services est évaluée par leurs coûts. Les activités commerciales et financières de la CN sont scindées en deux composantes liées, dont le total correspond à la VAB de la CN : les rémunérations et la CCF correspondent à la valeur des services commerciaux ou financiers produits, et le transfert de survaleur depuis les secteurs marchands correspond à l'ENE.

Tableau 2. Les activités de l'économie

	Sphère marchande	**Sphère non-marchande**				
Activité	Industries (agriculture, manufactures, construction, énergie, services marchands)	Commerce		Finance		Services étatiques non-marchands
Sous-activité	/	Transfert venu des Industries	Services commerciaux produits	Transfert venu des Industries	Services financiers produits	/
Type de production (ou de ressource)	Valeur ajoutée avec survaleur	Survaleur transférée	Valeur ajoutée sans survaleur	Survaleur transférée	Valeur ajoutée sans survaleur	Valeur ajoutée sans survaleur

Source : Le Masne, 2023

1.4. Salaires et survaleur

Marx suppose que les salaires ne contiennent pas de survaleur. Mais le seul travail des cadres dirigeants ne peut expliquer aujourd'hui leurs salaires très élevés. En 2021, les dirigeants des entreprises du CAC 40 ont reçu en moyenne des salaires de 8,7 millions d'euros. Il est considéré, en suivant Jalée (1977, p. 117) que le salaire d'un cadre dirigeant comporte deux parties, l'une représentant la rémunération de sa force de travail (et son travail d'organisation), et l'autre rétribuant son activité de contrôle des salariés au service du capital. La rétribution de l'activité de contrôle doit être retirée aux rémunérations et ajoutée à la survaleur, le salaire qui reste étant une vraie rémunération de la force de travail. Les cadres dirigeants exploitent les autres salariés, directement dans les entreprises des secteurs marchands, indirectement dans les autres secteurs. Dans les secteurs commerciaux et financiers, les cadres dirigeants reçoivent une survaleur venue par transfert des activités marchandes.

2. EXPLOITATION NATIONALE ET EXPLOITATION INTERNATIONALE

Mesurer l'exploitation nationale n'est plus aussi simple que du temps de Marx compte-tenu de l'existence de cotisations sociales. L'exploitation internationale s'explique largement par une valeur-prix des exportations des pays à bas salaires inférieure à leur valeur-travail.

2.1. L'exploitation nationale

Marx envisage un seul taux de survaleur. Aujourd'hui, compte tenu des cotisations sociales, le capital variable dépensé par les entrepreneurs (en CN, les rémunérations des salariés) ne correspond plus aux salaires reçus par les salariés. Une partie de la survaleur dégagée dans l'entreprise est transférée à l'État sous forme de cotisations sociales, puis une redistribution intervient. Ceci amène à distinguer deux taux de survaleur : le taux de survaleur d'entreprise et le taux de survaleur des ménages en emploi (ménages dont au moins un membre a un emploi). Le taux de survaleur d'entreprise rapporte la survaleur aux rémunérations des salariés. Le taux de survaleur des ménages en emploi tient compte des salaires effectivement reçus (rémunérations moins prélèvements étatiques et plus redistributions).

La survaleur dégagée dans l'entreprise est partagée en trois. Les cadres dirigeants prélèvent d'abord leur part de survaleur sous la forme juridique d'un salaire ; l'État prélève ensuite un impôt sur les sociétés ; le restant constitue un profit d'entreprise.

L'exploitation a deux dimensions liées, l'exploitation économique qui est directe et l'exploitation sociale ou domination sociale, qui est indirecte.

Les salariés non-dirigeants des secteurs marchands subissent une exploitation économique directe qui génère une survaleur. Dans les secteurs commerciaux, financiers, et étatiques non marchands, l'exploitation économique n'existe pas, en l'absence de survaleur générée par le secteur. Pourtant, les salariés du secteur non-marchand sont soumis à des processus de domination comparables à ceux des secteurs marchands. Leur activité est indispensable au processus global d'exploitation. Il faut des infirmières et des médecins pour soigner les salariés, des enseignants pour les former, des policiers et juges pour assurer l'ordre.

Le Tableau 3 décrit les situations d'exploitation, en distinguant les salariés non-dirigeants des cadres dirigeants. L'exploitation économique (directe) est distinguée de l'exploitation sociale (indirecte), et l'exploitation intra-sectorielle de l'exploitation inter-sectorielle (liée à un transfert de survaleur entre secteurs). L'ouvrier du secteur marchand est exploité économiquement au bénéfice notamment des cadres dirigeants de sa propre entreprise mais également, par transfert, au bénéfice des cadres dirigeants du commerce et de la finance et des hauts dirigeants de l'État. L'employé du secteur commercial subit une exploitation sociale indirecte : son travail ne génère pas de survaleur, mais contribue, par la vente des marchandises, au fonctionnement du secteur marchand. Le Tableau 3 n'a pas pour objet de dire qui bénéficie de la survaleur, et les actionnaires n'y figurent pas.

Tableau 3. Les situations salariales et les situations d'exploitation

Catégorie de salariés	**Secteur marchand**	**Commerce et Finance**	**Secteur étatique non-marchand**
Salariés non-dirigeants	Travail salarié pur. Exploitation économique directe et extraction de survaleur	Travail salarié pur. Exploitation sociale indirecte sans extraction de survaleur	Travail salarié pur. Exploitation sociale indirecte sans extraction de survaleur
Cadres dirigeants	Travail salarié mixte. Participation intra-sectorielle à l'extraction de survaleur (au-delà d'un certain montant de salaire)	Travail salarié mixte. Participation inter-sectorielle (par transfert) à l'extraction de survaleur du secteur marchand (au-delà d'un certain montant de salaire)	Travail salarié mixte. Participation inter-sectorielle (par transfert) à l'extraction de survaleur du secteur marchand (au-delà d'un certain montant de salaire)

Source : l'auteur

L'État régule le processus d'exploitation par ses prélèvements et redistributions vers les ménages et les entreprises. Les instituts statistiques calculent des redistributions de consommations individualisables (enseignement ou santé) vers les ménages. Mais les entreprises reçoivent aussi des redistributions étatiques que les instituts statistiques n'individualisent pas et dont il faut tenir compte.

2.2. L'exploitation internationale

Les échanges internationaux dissimulent une exploitation économique lorsqu'ils permettent un transfert de survaleur créée à l'étranger, souvent dans un pays à bas salaire. Les entreprises et les banques des pays dominants reçoivent en premier lieu des dividendes ou intérêts. Les échanges de biens et services avec les pays à bas salaires donnent lieu à une autre forme d'exploitation, que l'analyse de Marx ne suffit plus à expliquer. Les FMN des pays dominants ont délocalisé une partie de leur production, l'IDE dans les pays à bas salaires étant complété par la sous-traitance et les achats de produits intermédiaires (CEPII, 2018). Les importations de produits intermédiaires passent en France de 10 % du PIB en 1995 à 18,8 % en 2017 (CEPII, 2020 b). Il ne s'agit plus seulement de matières premières ou minières et une partie importante des produits consommés dans les pays dominants (textiles, composants électroniques ou *smartphones*) est fabriquée dans des pays à bas salaires.

Marx (C3. 1 : 251 ; K3 : 248) remarque que dans un échange entre un pays avancé et un pays retardataire : « *Le pays favorisé reçoit en retour plus de travail qu'il n'en a donné en échange, bien que cette différence, ce surplus, comme dans l'échange entre capital et travail en général, soit empoché par une classe particulière* ». Néanmoins, la norme capitaliste de l'échange international n'est pas le temps de travail, et il faut comprendre l'échange inégal et les formes d'exploitation à l'œuvre, du temps de Marx et aujourd'hui.

Marx (C3.1 : 167 ; K3 :159-160) prend l'exemple d'un échange entre un pays européen et un pays asiatique et note deux différences structurelles :

- Les biens asiatiques reposent sur une structure capitalistique de 16 % en capital constant et 84 % en capital variable ; cette structure est pour les biens européens de 84 % en capital constant et 16 % en capital variable. Dans les pays asiatiques, on recourt relativement plus au travail et relativement moins aux machines. La productivité physique[1] de la journée de travail est en conséquence nettement plus faible.

---

[1] La productivité physique concerne les valeurs d'usage et non les valeurs d'échange, comme c'est le cas pour la productivité économique de la CN. Par exemple la productivité physique dans une aciérie est mesurée par le nombre de tonnes d'acier produites en une journée par un salarié. La productivité économique est la valeur ajoutée d'une journée de travail dans l'aciérie. La productivité économique tient compte de l'évolution du prix de l'acier et des rentes le concernant.

- Le taux de survaleur est beaucoup plus élevé dans le pays européen (100 %) que dans le pays asiatique (25 %). Néanmoins le taux de profit asiatique dépasse celui de l'Europe (Marx, C3.3 : 250 ; K3 : 247-248). La productivité physique et le taux de survaleur sont plus faibles dans les pays coloniaux mais le taux de profit est plus élevé.

Les affirmations de Marx à propos de la productivité du travail sont à reconsidérer. Les entreprises industrielles des pays à bas salaires travaillent, au moins pour l'exportation, avec des équipements performants, souvent les mêmes que dans les pays dominants. La productivité physique horaire du travail est comparable, et la durée annuelle du travail souvent plus longue. Les chaînes de valeur sont internationalement fragmentées et le passage par un pays à bas salaires permet d'ajouter du travail très productif pour des montants faibles de rémunérations (CEPII, 2020 a). Les salaires mensuels dans le textile en 2018 sont de 85 euros au Bangla-Desh et en Birmanie, d'environ 160 euros au Vietnam et au Cambodge et de 291 euros en Chine (Gaudiaut, 2019).

Le taux de survaleur des pays à bas salaires est aujourd'hui supérieur à celui des pays dominants, compte tenu de la situation sociale inférieure des salariés. Un indicateur voisin du taux de survaleur, le taux de marge[2] est nettement plus élevé dans les pays à bas salaires, entre 50 % et 70 % dans certains pays d'Asie ou d'Amérique latine, pour seulement 30 à 40 % dans les pays dominants. Selon la Banque asiatique de développement (2017), le taux de marge des industries atteint 77,9 % au Pakistan en 2011, 66,7 % en Inde (2011) et Indonésie (2010), 66,5 % en Malaisie (2010), 61,3 % au Cambodge (2011), 56,5 % en Thaïlande (2012), 39,5 % en Chine (2012) et 33,7 % au Viet-Nam (2012). Selon l'OCDE (2020), le taux de marge de l'Afrique du Sud (2013) est de 71,6 %, celui du Mexique (2011) de 64,8 %, de la Colombie (2013) de 60,1 % ; ceux des États-Unis (30,4 % en 2011) et de la France (28,4 % en 2012) sont nettement plus faibles.

L'ampleur de l'exploitation dans les pays à bas salaires permet la superposition d'une surexploitation bénéficiant au pays dominant à une exploitation dans le pays à bas salaires. La production et la réalisation des marchandises s'effectuent dans des pays différents (Palloix, 1974). La survaleur générée dans le pays à bas salaires est partiellement transférée vers un pays dominant, en passant par les circuits internes des multinationales ou par le marché international. Le taux de survaleur d'un *smartphone* fabriqué en Asie et vendu en Europe devrait en principe être calculé à partir des rémunérations versées en Asie et du prix de vente en Europe. Mais ce calcul d'un taux de survaleur international est impossible dans les systèmes actuels de CN. Les FMN peuvent calculer en interne des taux de survaleur internationale, tenant compte de tous les frais de la

---

[2] Le taux de marge EBE /VAB est le rapport du surplus brut à la somme des rémunérations et de l'EBE. Le taux de survaleur est le rapport du surplus net aux seules rémunérations.

chaîne de production et de vente, mais elles n'en font pas état publiquement.

Pour Marx, les marchandises sont en règle générale vendues à leur valeur, au sens où leur valeur-prix correspond à leur valeur-travail. Toutefois la force de travail est une marchandise particulière dont le prix est inférieur à la valeur de ce qu'elle produit. Les entreprises des pays dominants bénéficient aujourd'hui de la force de travail des pays à bas salaires à prix très faible. Les importations en provenance des pays à bas salaires arrivent dans les pays dominants à un prix nettement inférieur à des équivalents produits sur place. La valeur-prix des importations serait largement supérieure si elle était calculée à partir du temps de travail et de la productivité physique du pays dominant. Marx (C1 : 514 ; K1 : 556) note à propos du travail national : « *Le secret de l'autovalorisation du capital se dénoue en ce point dans le fait qu'il dispose d'un quantum déterminé de travail d'autrui non payé* ». La même chose se produit à l'échelle internationale : l'entreprise du pays à bas salaires capte lors de la production du travail non payé et en transfère (sous forme de marchandises) une partie vers le pays dominant. Lorsqu'Apple fait monter en Chine des *smartphones*, le travail d'assemblage ne représente que 2 % de la valeur finale du produit (CEPII, 2020 c). Dans le cas d'IDE, la filiale d'une FMN dans un pays dominé transfère tout le surplus vers un pays dominant. S'il s'agit de sous-traitance internationale, le rôle des contrats et des marchés est plus important dans la répartition du surplus obtenu entre le pays dominant et le pays dominé.

D'autres facteurs jouent leur rôle dans l'échange inégal, même s'il faut rejeter l'idée d'une péréquation internationale des taux de profit[3]. Les coûts de reproduction de la force de travail sont faibles dans les pays à bas salaires. Les salariés sont dans des situations inférieures à celles des pays dominants pour les conditions de travail, les droits politiques, les systèmes de santé et d'éducation, enfin les conditions environnementales. La libre circulation du travail n'existe pas entre pays dominés et pays dominants et les États dominants ne permettent pas aux salariés des pays dominés de venir chez eux comme ils le voudraient. Les taux de change des pays à bas salaires sont souvent inférieurs à leur parité de pouvoir d'achat (Smith, 2019, p. 233-259). Le système mondial des brevets permet aux pays dominants d'obtenir des rentes hors de portée des pays à bas salaires. Les États-Unis imposent l'exterritorialité de leur loi. Les marchés internationaux ne ressemblent pas au marché parfait néoclassique.

---

[3] Emmanuel (1975) avance l'idée d'une péréquation internationale du taux de profit entre pays dominants et pays dominés. Le mécanisme qu'il utilise est dérivé de la « *transformation* » des valeurs en prix de production de Marx. Emmanuel affirme une tendance à l'égalisation des taux de profit entre pays, et à la formation de prix de production internationaux, qui ne corrrespond pas à la réalité. Les hypothèses de Marx à propos de « *transformation* » sont proches de la concurrence parfaite et éloignées des économies oligopolistiques d'aujourd'hui (Sweezy, 1976).

Les comptes nationaux enregistrent un surplus du fait d'importations moins coûteuses qu'une production nationale équivalente. Ce surplus augmente l'ENE. L'ENE est par conséquent en partie d'origine étrangère : il doit être décomposé en une composante intérieure et une composante extérieure.

La mesure de la survaleur transférée au travers des importations est effectuée dans cet article à partir d'indicateurs sur le rapport de prix entre production nationale et importations. D'autres auteurs (Feng, 2018 ; Ricci, 2019) analysent les contenus en travail des échanges internationaux.

3. L'EXPLOITATION SALARIALE EN FRANCE EN 2018

La mise en évidence de l'exploitation s'appuie sur le Tableau d'Entrées-Sorties (TES). Le TES dispose de matrices de contenus en importations décomposant les CI et les emplois finals en flux d'origine nationale et d'origine étrangère. La structure du TES en secteurs institutionnels (entreprises, ménages, administrations) permet de répartir le gain total résultant de l'échange international entre ces secteurs.

Le TES à prix courants en 17 secteurs est agrégé en 4 secteurs. L'Industrie regroupe tous les secteurs qui génèrent de la survaleur (agriculture, industrie, services marchands). Les trois autres secteurs sont le Commerce, la Finance et les Services étatiques non-marchands (voir annexe, Tableaux A1 et A2).

3.1. VAB, VAN et survaleur

Le Tableau 4 donne la VAB de l'économie (2 099,3 milliards d'euros), la VAN (1 670,1 milliards)[4] et l'ENE (377,4 milliards).

Le passage de la VAN à une valeur ajoutée de type Marx exige trois modifications : la première pour tenir compte du revenu mixte des entreprises individuelles (EI), la seconde pour transformer une partie des hauts salaires en survaleur, la troisième pour transférer l'ENE du Commerce et de la Finance à l'Industrie.

[4] Elle est inférieure de 29 % au PIB (2 353,1 milliards d'euros) ; il faut ajouter la CCF et les impôts sur les produits à la VAN pour obtenir le PIB.

Tableau 4. VAB, VAN et survaleur en France en 2018

(Milliards d'euros)	Industrie	Commerce	Finance	Services état. n-m	Total
VAB (1)	**1197,8**	**216,3**	**355,4**	**329,8**	**2099,3**
Rémunérations des salariés (2)	*769,2*	*144,0*	*71,2*	*248,2*	*1232,6*
EBE (3)	*414,8*	*67,5*	*247,7*	*76,6*	*806,6*
Autres impôts sur la production nets de subventions	*13,8*	*4,8*	*36,5*	*5,0*	*60,1*
CCF (4)	**211,5**	**18,4**	**122,7**	**76,6**	**429,2**
VAN (5) = (1)-(4)	**986,3**	**197,9**	**232,7**	**253,2**	**1670,1**
ENE (6) = (3)-(4)	**203,3**	**49,1**	**125,0**	**0**	**377,4**
Milliards heures travail	26,6954	5,7544	1,779	7,8145	42,0433
VAN horaire (euros)	36,9	34,4	130,8	32,4	39,7
ENE corrigé (revenu mixte) (7)	148,8	30,9	125	0	304,7
Rémunér. corr. (revenu mixte) (8)	823,7	162,2	71,2	248,2	1305,3
Cot. soc. pat. et sal. (9)	*318,7*	*48,0*	*27,8*	*79,2*	*473,7*
Salaires nets hors cot. soc. pat. et sal. (10)= (8)-(9)	*505,0*	*114,2*	*43,4*	*169,0*	*831,6*
Correction des salaires nets pour hauts salaires [C99] (11)	-36,0	-7,7	-10,2	-1,7	-55,6
Salaires nets corrigés (10) + (11)	469,0	106,5	33,2	167,3	776,0
Valeur ajoutée de type Marx	1142,2	167	107,7	253,2	**1670,1**
Survaleur totale [C99]	**360,3**				**360,3**
Survaleur intérieure (12)	259,1				259,1
Survaleur étrangère					101,2
Taux de survaleur d'entreprise[5] (12)/(8)	**31,5 %**				

Source : Comptes nationaux et calculs de l'auteur

[5] Le taux de survaleur d'entreprise est appelé ainsi pour le différencier du taux de survaleur des ménages en emploi. Il est mesuré au niveau de l'ensemble des entreprises du secteur de l'Industrie.

L'ENE du TES inclut le revenu mixte net des EI qui est décomposé en un équivalent salarial des entrepreneurs individuels et un véritable ENE (au sens de survaleur)[6]. Ceci aboutit pour les divers secteurs à un ENE et à des rémunérations corrigés.

La VAN horaire de l'Industrie (36,9 euros) est nettement plus faible que celle de la Finance (130,8 euros). La VAN de la Finance incorpore une importante survaleur venue de l'Industrie et des autres secteurs.

Deux hypothèses différentes sont faites pour les hauts salaires. Selon la première hypothèse, notée C99, la masse salariale nette du centile supérieur des salariés du secteur privé (9 172 euros par mois, 7,8 fois le SMIC mensuel net) constitue une survaleur. Cette correction diminue de 8% la masse salariale nette de l'Industrie et augmente la survaleur[7]. Dans l'ensemble des secteurs, 55,6 milliards de salaires nets sont de la survaleur. La survaleur (profit) de l'Industrie est composée de l'ENE corrigé de l'Industrie, du Commerce et de la Finance (304,7 milliards) plus la correction pour hauts salaires de l'ensemble des secteurs (55,6 milliards), soit 360,3 milliards d'euros. La valeur ajoutée de type Marx de l'économie est globalement égale à la VAN, 1 670,1 milliards d'euros[8] mais sa structure sectorielle est différente. La survaleur totale représente 21,6 % de la valeur ajoutée de type Marx (360,3/1670,1).

Selon une deuxième hypothèse (C95), la masse salariale des 5 % de salaires les plus élevés (correspondant à des salaires nets mensuels supérieurs à 4 932 euros, 4,2 fois le SMIC mensuel net) constitue une survaleur. La correction salariale est plus forte (128,7 milliards)[9] et la survaleur est alors de 433,4 milliards. Dans la suite, l'hypothèse C99 est privilégiée.

3.2. Survaleur nationale, survaleur provenant des pays à bas salaires et profit territorial

Les échanges commerciaux entre pays dominants, par exemple entre la France et l'Allemagne, sont considérés comme s'effectuant (en moyenne)

---

[6] Le revenu mixte net des EI est de 106 milliards en 2018, dont 75 % concernant l'Industrie et 25 % le Commerce. Le revenu mixte net de l'Industrie de 79,5 milliards correspond à 54,5 milliards de salaires et 25 d'ENE, en se basant sur le taux de marge des sociétés non financières (31,5 % en 2018). Le revenu mixte du Commerce, 26,5 milliards, correspond à 18,2 de salaires et 8,3 d'ENE. Les salaires contenus dans l'ENE en sont retranchés et ajoutés aux rémunérations.

[7] INSEE (2019 a et b, 2020 a, b, c)).

[8] La valeur ajoutée de type Marx de l'Industrie est égale à la VAN de ce secteur plus l'ENE corrigé du Commerce et de la Finance (1142,2 = 986,3 + 30,9 +125). La valeur ajoutée de type Marx des autres secteurs est égale à leur VAN moins leur ENE corrigé.

[9] La correction est de 20,1 % des salaires nets dans l'industrie et le commerce, 2,5 % dans les services non-marchands et 33,6 % dans la finance.

à une valeur-prix équivalente à leur valeur-travail. Il n'y a pas d'exploitation lors de ces échanges.

Les importations en provenance des pays à bas salaires (25 % des importations)[10] permettent d'obtenir des CI, des consommations finales et des investissements à des prix très faibles, avec une valeur-prix inférieure à la valeur-travail. Le prix français serait plus élevé si ces importations étaient produites dans des conditions équivalentes à celles de la France. Mais de combien ? Le mieux serait de calculer la valeur-travail de toutes les exportations des pays à bas salaires vers la France, en tenant compte de leur productivité physique ; mais cette productivité n'est pas connue. De plus, la rente intervient dans certaines exportations des pays à bas salaires, ce qui conduit à distinguer deux catégories d'importations. La première catégorie est celle des matières premières (agriculture, énergie, minéraux), secteurs où le rôle de la rente est important : cette catégorie ne représente que 7,2 % des importations françaises. La seconde catégorie, celle des produits manufacturés et des services, 92,8 % des importations, est devenue essentielle. Il est supposé que si un bien produit à l'étranger est équivalent en qualité à un bien fabriqué en France, il résulte d'un couple (quantité de travail x productivité physique) équivalent[11]. Le rapport de prix entre les biens équivalents dans les deux pays indique alors la part de valeur qui n'a pas été payée au pays à bas salaires.

Bonnaz et *alii* (1994) considèrent que les produits importés d'un pays à bas salaire reviennent, parvenus en France, 2,1 fois moins cher qu'un produit fabriqué en France. Le CEPII (2013) donne un prix du produit « *made in France* » 2,9 fois plus élevé que celui d'un produit importé d'un pays à bas salaires. Carluccio et *alii* (2019) considèrent que, à qualité équivalente, les biens importés des pays à bas salaires ont un prix 40 % inférieur aux prix français. Ces études mettent en avant le gain du consommateur mais pas celui des entreprises, pourtant plus important.

Les CI importées concernent pour 2,2 % l'agriculture, 59,5 % l'industrie et 38,3 % les services. Au total, 22,5 % des CI sont importées. Pour ce qui concerne les entreprises – les CI mais aussi l'investissement et les réexportations[12]–, 18,1 % des ressources est importé.

Le Tableau 4 donne les importations des pays à bas salaires et le gain résultant pour les entreprises, les ménages et les administrations. L'hypothèse de Carluccio et *alii* (2019) est retenue : les importations des pays à bas salaires sont achetées à 60 % du prix qui résulterait d'une

---

[10] Les pays ou zones à bas salaire sont la Turquie et la Russie, l'Afrique, l'Amérique (hors États-Unis et Canada), le Proche-Orient, l'Asie (hors Japon, Corée du Sud, Singapour et Taïwan) (Bonnaz et *alii* ,1994). Le CEPII (2013) donne également ce chiffre de 25 %.

[11] La productivité économique peut être plus faible dans le pays à bas salaires, compensée, et au-delà, par une durée du travail plus longue.

[12] Une partie des exportations sont des produits importés par les entreprises puis réexportés.

production nationale (à 60 % de leur valeur-travail). Au total, 193,2 milliards d'euros d'importations viennent de pays à bas salaires. Si ces biens avaient été produits en France, ils auraient coûté 322 milliards (193,2/0,6). Leur achat dans un pays à bas salaires a permis un gain de 128,8 milliards. Ce gain total se répartit entre 25,3 milliards pour les ménages, 3,5 milliards pour les administrations[13], et 101,2 pour les entreprises (qui perçoivent la plus grande partie).

Tableau 4. Gains sur les importations en provenance des pays à bas salaires

(Milliards euros)	**Entreprises**	**Consommation ménages**	**Consommation administrations**	**Total**
Importations	607	152	14	773
Dont CI	*464*			
Dont Investissement	*89*			
Dont réexportations	*54*			
Importations pays à bas salaires	151,7	38	3,5	193,2
Gains sur importations en provenance des pays à bas salaires	101,2	25,3	2,3	128,8

Source : Calculs de l'auteur à partir des comptes nationaux

Ce gain de 101,2 milliards d'euros est une survaleur (profit) provenant des pays à bas salaires, qui augmente l'ENE. La survaleur ou profit total de 360,3 milliards d'euros de la France sur son territoire national (Tableau 5) s'explique par conséquent pour 101,2 milliards par des importations en provenance des pays à bas salaires et pour 259,2 milliards par des activités intérieures[14].

3.3. Profit des entreprises françaises à l'étranger et profit global

Le profit des entreprises françaises à l'étranger s'ajoute au profit sur le territoire national. Ces profits étrangers sont composés d'intérêts sur prêts, de dividendes et de bénéfices réinvestis. Le stock d'IDE des entreprises françaises à l'étranger est de 1 271,5 milliards d'euros en 2018, et le stock d'IDE des entreprises étrangères en France de 707,2 milliards, soit un solde net positif d'IDE de 562,7 milliards (Banque de France, 2021) : la France est un pays exportateur de capital. Certes la France effectue la

[13] Un autre gain concernant les administrations, qui n'intervient pas dans le Tableau 4, est constitué par les taxes publiques sur le profit étranger des sociétés.

[14] Ricci (2019) évalue la rente venant des pays à bas salaires à 3,2 % du PIB en 2007 dans les pays du nord de l'Union européenne. Ces 3,2 % correspondraient à 75 milliards d'euros en France en 2018.

majeure partie de son IDE dans des pays dominants ou dans l'Union Européenne. Néanmoins l'IDE français dans les pays à bas salaires représente 17,2 % du total de l'IDE tandis que l'IDE des pays à bas salaires en France ne représente que 4,6 % de l'IDE étranger en France[15]. Les revenus de l'investissement (dividendes, intérêts, bénéfices réinvestis) reçus par la France sont évalués en CN à 80,5 milliards d'euros en 2018, et ceux versés à 34,7 milliards, soit un solde net de 45,8 milliards. Zucman et *alii* (2018) considèrent que ces revenus de l'investissement sont sous-évalués de 19 %. En appliquant cette correction de 19 %, on aboutit à un solde net des revenus de l'IDE de 54,5 milliards d'euros. On peut estimer, à partir des parts des pays à bas salaires dans l'IDE, que 14,5 milliards d'euros (sur 54,5) proviennent des pays à bas salaires.

Le profit d'origine étrangère est de 155,7 milliards d'euros (54,5 de revenus de l'investissement étranger et 101,2 de survaleur sur importations). Le profit des activités intérieures est de 259,1 milliards et le profit global de 414,8 milliards (360,3 + 54,5). La part du profit étranger dans le profit global est de 37,5 % (Tableau 5). La part du profit global venant des seuls pays à bas salaires est de 27,9 %.

Tableau 5 : Le profit en France en 2018

(Milliards d'euros)	**Profit global**	**Profit des activités intérieures**	**Profit d'origine étrangère**	***Dont survaleur sur importation***	***Dont revenu de l'investissement à l'étranger***
Profit	414,8	259,1	155,7	*101,2*	*54,5 dont 14,5 des pays à bas salaires*
Profit des managers	*55,6*				
Impôt sociétés et patrimoine	*45,0*				
Profit d'entreprise	*314,2*				

Source : Calculs de l'auteur à partir des comptes nationaux

Le profit global va aux hauts salaires (profit de managers de 55,6 milliards) puis à l'État (45 milliards d'impôts sur les sociétés et le patrimoine). Le solde de 314,2 milliards d'euros est un profit net d'entreprise.

15 L'IDE français en Chine est par exemple de 25,2 milliards d'euros tandis que l'IDE chinois en France est de 2,9 milliards.

3.4. Taux de survaleur de l'Industrie

Le taux de survaleur de l'Industrie rapporte la survaleur intérieure de 259,1 milliards (selon l'hypothèse C99) aux rémunérations versées de 823,7 milliards, soit 31,5 % (Tableau 4). En adoptant l'hypothèse C95, le taux de survaleur serait de 39,1 % (333,2/823,7). Sans correction salariale pour hauts salaires, le taux de survaleur dans l'entreprise serait de 24,7 % (203,5/823,7).

3.5.Taux de survaleur des ménages en emploi

La méthode, inspirée de Shaïkh et Tonak (1994, p. 356-359), est appliquée aux ménages en emploi (71,6 % de la population) dont on calcule des salaires nets après prélèvements et redistributions. Les ménages hors emploi (28,4 %) regroupent des retraités, des familles où personne n'a d'emploi, des jeunes en formation ou inoccupés n'habitant plus chez leurs parents.

L'annexe présente les prélèvements et redistributions étatiques et les répartit entre entreprises et ménages puis entre ménages en emploi et ménages hors emploi (Tableaux A3 et A4). Des redistributions de 54,1 milliards d'euros de la part des entreprises s'effectuent en faveur des ménages ; le solde redistributif est de 281,3 milliards pour les ménages hors emploi et de -227,2 milliards pour les ménages en emploi (Tableau A5). Les salaires nets des ménages après redistribution sont calculés dans les divers secteurs (Tableau A 6), ce qui permet de calculer le taux de survaleur des ménages en emploi de l'Industrie. Ce taux atteint 82,6 % (voir Tableau 6), pourcentage nettement plus élevé que le taux de survaleur dans l'entreprise.

Tableau 6. Taux de survaleur des ménages en emploi de l'Industrie

(Milliards d'euros)	Industrie	Commerce	Finance	Services état. n-m.	Total
Salaires nets corrigés (1)	469	106,5	33,2	167,3	776,0
Prélèv. fiscaux – redistribution (2)	-155,4	-22,7	-14,7	-34,4	-227,2
Salaires nets corrigés après redistribution (3) = (1) + (2)	313,6	83,8	18,5	132,9	548,8
Survaleur intérieure (4)	259,1				
Taux de survaleur des ménages en emploi (4)/ (3)	82,6 %				

Source : Calculs de l'auteur. Les détails de la redistribution sont donnés en annexe, Tableaux A3, A4, A5 et A6.

L'État prélève des cotisations sociales et des impôts, ce qui accroît le taux de survaleur. Il prélève d'autres impôts qui diminuent le salaire. Il redistribue ensuite, notamment sous la forme de services d'éducation et de santé, organisant à cette occasion un ensemble de compromis. La régulation étatique augmente le taux de survaleur et l'exploitation. Mais, en même temps, cette exploitation renforcée permet d'assurer des services bien réels en matière de santé et de retraites ; le salarié arrivé à l'âge de la retraite percevra une pension. Le deuxième taux de survaleur montre que le financement des retraites, des services de santé et d'autres services étatiques repose largement sur les ménages en emploi.

CONCLUSION

Cet article propose une comptabilité de type Marx permettant d'analyser l'exploitation salariale, tout en prenant en compte les échanges extérieurs. L'ENE des entreprises est une survaleur générée par les salariés. Le taux de survaleur dans l'Industrie est de 31,5 %, et de 82,6 % si on tient compte des prélèvements et transferts de l'État. Les importations en provenance des pays à bas salaires permettent aux entreprises d'augmenter leur survaleur et l'ENE de la CN est décomposé en ENE d'origine intérieure et ENE d'origine étrangère.

La part étrangère du profit global, 37,5 %, ainsi que celle provenant des pays à bas salaires, 27,9 %, sont importantes, même si les hypothèses pour aboutir à ce résultat sont restées prudentes[16]. Cette part a probablement augmenté durant la dernière période compte tenu de l'accroissement des importations en provenance des pays à bas salaires et de l'augmentation des revenus des capitaux investis à l'étranger. Ceci interroge sur les relations entre « *globalisation* » et accentuation des tendances impérialistes dans les pays dominants (Norfield, 2017).

Lénine (1967, p. 12) affirme que les surprofits coloniaux permettent le développement d'une « *aristocratie ouvrière* » qui soutient l'impérialisme. La méthode utilisée ici permet de préciser les choses puisque les gains des entreprises sont distingués de ceux des administrations et des ménages.

Le profit des entreprises en provenance de l'étranger – 155,7 milliards d'euros – constitue 9,3 % de la VAN de la France (voir Tableau 2) : la France ne vit que pour une petite part de l'étranger et des pays à bas salaires. Les entreprises bénéficient de l'essentiel du gain. Le gain des ménages et des administrations dans les échanges avec les pays à bas salaires est de 27,6 milliards d'euros, soit 1,7 % de la VAN. Ce gain concerne tous les ménages et salariés, et pas seulement une « *aristocratie ouvrière* ».

Les stratégies de délocalisation des entreprises françaises ont conduit à ce qu'une part importante du profit provienne de l'étranger. Le prix faible des importations en provenance des pays à bas salaires occasionne un gain pour les salariés et les ménages. Mais les délocalisations ont conduit simultanément à une forte désindustrialisation, à des pertes d'emplois et à un chômage structurel : tout ceci pèse lourdement sur le salariat.

---

[16] Les échanges avec les pays de l'est de l'Union Européenne ne sont pas considérés comme des échanges avec des pays à bas salaires. L'hypothèse de Carluccio et *alii* (2019) est la plus faible de celles permettant d'évaluer la survaleur venant des pays à bas salaires.

ANNEXE

L'Industrie regroupe tous les secteurs générant une survaleur (Tableau A1). La Finance regroupe les activités financières et les activités immobilières. Le secteur principalement non-marchand est scindé en deux : les activités marchandes de ce secteur sont rattachées à l'Industrie, et le restant constitue un secteur étatique non-marchand (dont l'ENE est nul).

Tableau A1. Nomenclature INSEE (17 secteurs) et nomenclature en 4 secteurs

Nomenclature en 17 secteurs	Nomenclature en 4 secteurs
Agriculture, sylviculture et pêche	Industrie
Industries extractives, énergie, eau	Industrie
Fabrication de denrées alimentaires	Industrie
Cokéfaction et raffinage	Industrie
Fabrication d'équipements électriques	Industrie
Fabrication de matériel de transport	Industrie
Fabrication d'autres produits industriels	Industrie
Construction	Industrie
Commerce	Commerce
Transports et entreposage	Industrie
Hébergement et restauration	Industrie
Information et communication	Industrie
Activités financières et d'assurance	Finance
Activités immobilières	Finance
Activités spécialisées, scientifiques	Industrie
Secteur principalement non marchand (Administrations publiques, enseignement, santé, action sociale)	Secteur étatique non marchand Industrie (activités marchandes)
Autres activités de services	Industrie

Source : INSEE

Le TES de la France en 4 secteurs est donné dans le Tableau A2. La population totale de la France est de 66,931 millions en 2018 en milieu d'année.

Les ménages en emploi (ménages dont au moins un membre occupe un emploi) représentent 71,6 % de la population et la population hors emploi 28,4 %.

Le tableau A3 donne les prélèvements sociaux et fiscaux de l'État en 2018, au total 1 114,4 milliards. La TVA est partagée en fonction des parts respectives des entreprises et des ménages dans les emplois finals du TES, 17 % pour les entreprises et 83 % pour les ménages, de même que les impôts en capital et les impôts sur les produits. Le partage entre ménages en emploi et hors emploi est fait en proportion de leurs populations respectives.

Les recettes de production (91,5), les revenus de la propriété (15) et les transferts (38,5), s'ajoutant aux recettes fiscales et sociales de 1 114,1 milliards, donnent des recettes totales de l'État de 1 259,1 milliards. Compte tenu du besoin de financement de l'État de 59,5 milliards, les dépenses étatiques sont de 1 318,6 milliards, 204,5 milliards de plus que les recettes fiscales et sociales. Le Tableau A4 répartit la dépense étatique, classée par fonctions, entre les entreprises et les ménages, puis entre les ménages en emploi et les ménages hors emploi.

Le surplus de dépenses par rapport au prélèvement (204,5 milliards) est affecté en priorité au financement des services de défense et de sécurité, pour éviter de répartir ces services entre entreprises et ménages. Ce surplus finance aussi une partie des services généraux. L'autre partie des services généraux est financée sur ressources fiscales et sociales : cette dépense bénéficie pour 1/3 aux entreprises et pour 2/3 aux ménages ; il en est de même pour la protection de l'environnement. Les affaires économiques bénéficient pour 90 % aux entreprises et 10 % aux ménages.

Tableau A2. TES de la France en 2018

Milliards Euros	Industrie	Commerce	Finance	Services ét. non-marchands	Total	Conso. finale	Formation brute du capital	Exportations	Demande finale	Total emplois
Industrie	1424,5	171,9	85,6	88,5	1770,5	1099,8	557,3	725,3	2382,4	**4152,9**
Commerce	18,7	20,3	0,7	0,8	40,5	15,3	0	6,9	22,2	**62,7**
Fin.-Imm.	89,9	34,6	112	9	245,5	323,5	6,2	16	345,7	**591,2**
Serv. n-m	19,3	3,1	1,5	7,7	31,6	383,1	0	0,6	383,7	**415,3**
Total CI	1552,4	229,9	199,8	106	2088,1	1821,7	563,5	748,8	3134	**5222,1**
VAB	1197,8	216,3	355,4	329,8	2099,3					
Production Branches	2750,2	446,2	555,2	435,8	4187,4					
Transferts	17	0	5,4	-22,4	0					
Production Produits	2767,2	446,2	560,6	413,4	4187,4					
Importat.	756,1	9,4	7,3	0,6	773,4					
Ressources PB	3523,3	455,6	567,9	414	4960,8					
Marge Commerciale	395	-395	0	0	0					
Impôts Production	234,6	2,1	23,3	1,3	261,3					
Ressources PA	**4152,9**	**62,7**	**591,2**	**415,3**	**5222,1**					

[PA : Prix d'acquisition ; PB : Prix de base]

Source : Comptes nationaux

Tableau A3. Prélèvements sociaux et fiscaux de l'État en 2018

(Milliards d'euros)	Total	Entreprises	Ménages	Ménages en emploi (71,6 %)	Ménages hors emploi (28,4 %)
Cotisations sociales pat. (hors CS imputées)	276,9		276,9	*198,3*	***78,6***
Cotisations sociales salariés	147,8		147,8	*147*	*0*
CSG et CRDS	143,6		143,6	*102,8*	*40,8*
TVA et droits de douane	177,1	30,1	147,0	*105,3*	*41,7*
Impôts en capital	14,4	2,4	12,0	*8,6*	*3,4*
Impôts sur les produits	112,2	19,1	93,1	*66,6*	*26,5*
Impôts production et salaires	108,5	108,5			
Impôts sur le revenu	79,8		79,8	*57,1*	*22,7*
Autres impôts courants (ISF, Taxe habitation)	22,7		22,7	*16,3*	*6,4*
Impôts sur les sociétés	31,1	31,1			
Total	**1114,1**	**191,2**	**922,9**	***702,8***	***220,1***

Source : Comptes nationaux

Tableau A4. Bénéficiaires de la dépense étatique (Milliards d'euros)

Fonction	Financement hors recettes fiscales et sociales	Financement sur recettes fiscales et sociales	Entreprises	Ménages	Ménages en emploi (71,6%)	Ménages hors emploi (28,4%)
Défense	41,4					
Ordre et sécurité	39,1					
Services généraux	124	21,5	7,2	14,3	*10,2*	*4,1*
Affaires économiques		135,4	121,9	13,5	*9,7*	*3,8*
Protection environnem.		24,1	8	16,1	*11,5*	*4,6*
Logement		26,6		26,6	*19*	*7,6*
Santé		191,2		191,2	*95,6*	*95,6*
Loisirs		32,6		32,6	*23,3*	*9,3*
Enseignement		120,5		120,5	*108,5*	*12*
Protection sociale		562,2		562,2	*197,8*	*364,4*
dont Maladie		*68*		*68*	*61,2*	*6,8*
dont Vieillesse		*347,2*		*347,2*	*34,7*	*312,5*
dont Famille		*51,5*		*51,5*	*46,4*	*5,1*
dont Logement		*20,4*		*20,4*	*14,6*	*5,8*
dont Chômage		*44,3*		*44,3*	*31,7*	*12,6*
dont Exclusion		*30,8*		*30,8*	*9,2*	*21,6*
Total	204,5	1114,1	137,1	977	*475,6*	*501,4*
Total	**1318,6**		**1114,1**		***977***	

Source : Calculs de l'auteur

Le Tableau A5, synthèse des Tableaux A3 et A4, montre que les ménages reçoivent 54,1 milliards de redistributions des entreprises. Les ménages hors emploi reçoivent 281,3 milliards de redistribution (notamment à cause des pensions de retraite). Le tableau A6 répartit le solde redistributif des ménages en emploi de -227,2 milliards entre les 4 secteurs, au prorata de la valeur ajoutée de type Marx de ces secteurs. Le solde redistributif des secteurs est reporté dans le Tableau 6. Il est de - 155,6 milliards pour l'Industrie. À partir de ce montant, un taux de survaleur des ménages en emploi de l'Industrie est calculé.

Tableau A5. Prélèvements et redistributions

(Milliards euros)	**Total**	**Entreprises**	**Ménages**	**Ménages en emploi**	**Ménages hors emploi**
Prélèvements	1114,1	191,2	922,9	*702,8*	*220,1*
Redistributions	1114,1	137,1	977	*475,4*	*501,4*
Solde redistributif	0	-54,1	+54,1	***-227,2***	*281,3*

Tableau A6. Partage entre les secteurs du solde redistributif des ménages en emploi

(Milliards euros)	**Industrie**	**Commerce**	**Finance**	**Services ét. n-m.**	**Total**
Valeur ajoutée de type Marx	1142,2	167	107,7	253,2	1670,1
Solde redistributif des ménages en emploi	**-155,4**	-22,7	-14,7	-34,4	-227,2

BIBLIOGRAPHIE

AMIN, S. (2011), *La loi de la valeur mondialisée*, Paris, Le temps des cerises.

BANQUE ASIATIQUE DE DÉVELOPPEMENT (2017), *Compendium of Supply and Use Tables for selected economies in Asia and the Pacific,* Manille, Asian Bank of Development.

BANQUE DE FRANCE (2021), *La balance des paiements et la position extérieure de la France. Rapport 2020*, Banque de France.

BONNAZ, H., COURTOT, N., NIVAT, D. (1994), Le contenu en emplois des échanges de la France avec les pays en développement, *Économie et statistique*, 279-280, 13-33.

CARLUCCIO, J., GAUTIER, E., GUILLOUX-NEFUSSI, S. (2019), Importations des pays à bas salaires : quels gains pour les ménages ?, *Bloc-note Eco*, 61, Banque de France.

CEPII (2013), (Not) Made in France, *La Lettre du CEPII*, 333.

CEPII (2018), Profit des multinationales à l'étranger : mesure et impact sur leur pays d'origine, *Panorama du CEPII*, Mai.

CEPII (2020 a), La fragmentation des chaînes de production a changé le partage de la valeur ajoutée, *La Lettre du CEPII*, 406.

CEPII (2020 b), Chaînes de valeur mondiales et dépendances de la production française, *La Lettre du CEPII*, 409.

CEPII (2020 c), *L'économie mondiale 2021*, Paris, La Découverte.

DELAUNAY, J.C. (1984), *Salariat et Plus-Value en France depuis la fin du XIXe siècle*, Paris, Presses FNSP.

EMMANUEL, A. (1975), *L'échange inégal*, Maspéro, Paris.

FENG, Z. (2018), International Value, International Production Price and Equalization of Profit Rate, in Feng (ed.), *Transition of Industrial Structure in East Asia*, 75-96, Singapour, Springer.

GAUDIAUT, T. (2019), Combien coûte la main d'œuvre de la « fast fashion » ?, https://statista.com, consulté le 2/5/2022.

HOBSON, J. (1902), *Imperialism. A Study*, New-York, James Pott.

INSEE (2019 a), Les hautes rémunérations dans la fonction publique, *Insee-Première*, 1738.

INSEE (2019 b), Salaires dans le secteur privé, *Insee-Première*, 1750.

INSEE (2020 a), *Tableaux de l'économie française,* Paris, INSEE.

INSEE (2020 b), Les hauts salaires dans le secteur privé, *Insee-Première*, 1800.

INSEE (2020 c), En 2018 le salaire net moyen augmente de 0,4 %, *Insee-Première*, 1828.

JALEE, P. (1977), *L'exploitation capitaliste,* Paris, Maspéro.

LE MASNE, P. (2023), La « *valeur nouvellement créée* » de Marx et la valeur ajoutée de la comptabilité nationale, *Cahiers d'Économie Politique*, 84, à paraître.
LENINE (1967), *L'Impérialisme stade suprême du capitalisme,* Moscou, Éditions du Progrès.
MARX, K. (1960), *Le Capital, Livre II* et *Livre III*, Paris, Éditions sociales.
MARX, K. (1974), *Théories sur la plus-value*, 3 t., Paris, Éditions sociales.
MARX, K. (2000), *Theorien über den Mehrwert.* 3 t., MEW, 26, Berlin, Dietz Verlag.
MARX, K. (2010), *Le chapitre VI, Manuscrits de 1863-67,* Paris, Éditions sociales.
MARX, K. (2011), *Ökonomische Manuskripte 1863-67*, MEGA II. 4. 1 et 4.2, Amsterdam, Akademie Verlag.
MARX, K. (2013), *Das Kapital*, Band I, II, III, MEW, Berlin, Dietz Verlag.
MARX, K. (2016), *Le Capital*, Livre I, Paris, Éditions sociales.
NORFIELD, T. (2017), *The City*, Londres et New-York, Verso.
OCDE (2020), Statistiques de l'OCDE, Comptes nationaux, https://stats.oecd.org (consulté le 30/11/2021).
PALLOIX, C. (1974), Impérialisme et mode d'accumulation international du capital. Essai d'une approche du néo-impérialisme, *Tiers-Monde*, 15, 233-252.
PIKETTY, T. (2019), *Capital et idéologie,* Paris, Seuil.
PIRIOU, J.P., BOURNAY, J., BIAUSQUE V. (2019), *La comptabilité nationale*, Paris, la Découverte.
RICCI, A. (2019), Unequal Exchange in the Age of Globalization, *Review of Radical Political Economics*, 51(2), 225-245.
ROUBINE, I. (2009), *Essai sur la théorie de la valeur de Marx*, Paris, Syllepse.
SHAÏKH, A., TONAK, A. (1994), *Measuring the Wealth of Nations,* New-York, Cambridge University Press.
SMITH, J. (2019), *L'Impérialisme au XXIe siècle,* Paris, Éditions critiques.
SWEEZY, P. (1976), *Le Capitalisme moderne,* Paris, Seuil.
ZUCMAN, G., TORSLOV, T., WIER L. (2018), The missing profits of nations, *NBER Working Paper,* 24701.

COMPTES-RENDUS

Nene Kane, Razane Chroqui (dir.) (2021), *L'entrepreneuriat féminin en Afrique, entre bricolage et survie,* Coll. Etudes Africaines, L'Harmattan, 257 pages.

Par Son Thi Kim LE

L'entrepreneuriat féminin a connu une croissance rapide dans le monde entier au cours des dernières décennies (Simpson, 2011 ; Paoloni, Serafini, 2018). De plus en plus de femmes créent, dirigent et développent des entreprises dans tous les secteurs d'activité (GEM, 2021 ; Rey-Marti, Porcar, Mas-Tur, 2015). La contribution significative de l'entrepreneuriat féminin dans le développement économique a été démontrée depuis longtemps (Hechevarría *et al.*, 2019) en termes de création de nouveaux emplois et de richesse dans différentes économies (Brush *et al.*, 2006). L'importance de l'entrepreneuriat féminin pour la croissance économique a suscité un intérêt considérable des chercheurs/chercheuses, des éducateurs et des décideurs politiques, dans le but de soutenir la participation des femmes au processus entrepreneurial.

L'Afrique est le continent ayant l'un des taux d'entrepreneuriat les plus élevés. Les femmes jouent un rôle essentiel dans les économies de l'Afrique et les Africaines constituent la majorité des entrepreneurs (GEM, 2021). Cependant, en raison de systèmes très conservateurs, de croyances sexistes et de restrictions imposées aux femmes, un rapport de la Banque mondiale (2019) a souligné neuf facteurs limitant la performance entrepreneuriale des femmes en Afrique : 1) discrimination légale ; 2) normes sociales sexistes ; 3) risque élevé de violence sexiste ; 4) écarts d'éducation et de compétences entre les hommes et les femmes ; 5) le manque de confiance et l'aversion au risque des femmes sont plus élevés que ceux des hommes ; 6) accès plus limité aux finances et aux actifs ; 7) accès limité aux réseaux et aux informations ; 8) manque d'autorité sur l'allocation des ressources productives par le ménage ; 9) plus de contraintes de temps dues aux travaux ménagers et à la garde des enfants. Ces obstacles, à leur tour, rendent les entreprises des entrepreneures africaines moins productives, par rapport à leurs homologues masculins (Banque mondiale, 2019). Dans cette situation de vulnérabilité, il convient de découvrir et d'analyser comment les entrepreneures africaines font des affaires et quelles sont les approches entrepreneuriales qui se diffusent parmi elles, afin de pouvoir proposer des solutions efficaces pour les soutenir ?

Ce livre contribue en partie à découvrir la solution à la question de savoir comment encourager l'entrepreneuriat féminin en Afrique. Dans un volume compact (257 pages), le livre comprend onze chapitres (et une introduction) rédigés par des chercheurs/chercheuses appartenant à différentes universités françaises et africaines. Après l'aperçu sur les perspectives de l'entrepreneuriat féminin en Afrique présenté par Emile-Michel Hernandez, les chapitres suivants couvrent donc diverses problématiques de l'entrepreneuriat féminin dans les différents contextes de plusieurs pays africains, allant des caractéristiques socio-démographiques spécifiques des entrepreneures à leur motivation à créer une entreprise, les problèmes lors des processus entrepreneuriaux des entrepreneures africaines et leur solutions appropriées ainsi que les conséquences sur le développement économique. Particulièrement, certains chapitres mettent en évidence à partir des profils et des obstacles des entrepreneures marocaines, l'effet de la pandémie de la Covid 19 sur les entreprises féminines jusqu'aux facteurs de singularité de l'entrepreneuriat féminin au Maroc. Certains mettent l'accent sur l'exploration de l'initiative entrepreneuriale des femmes entrepreneurs migrantes togolaises et sur un véritable modèle d'unité et de coopération culturelle entre les entrepreneures africaines. Certaines études de cas ont permis de découvrir différents aspects de l'entrepreneuriat féminin tels que l'innovation frugale et le bricolage entrepreneurial, l'émergence de micro-activités des entrepreneures dans l'amélioration des conditions de vie et les éco-entrepreneures dans la promotion des produits locaux. En outre, un chapitre est consacré à l'effet de l'entrepreneuriat féminin sur le développement durable. En conséquence, ce livre contribue à fournir une vision plus claire de l'entreprenariat féminin en Afrique. Ce livre sera une lecture complémentaire importante sur l'entreprenariat féminin, en particulier en Afrique, où le taux d'intention d'entreprendre des femmes est le plus élevé au monde.

Dans cet ouvrage, des profils spécifiques (situation familiale, âge, expérience professionnelle, éducation) des entrepreneures au Maroc sont explorés au chapitre « *Entrepreneuriat féminin au Maroc : étude de cas* ». L'âge de maturité requis pour être en mesure de gérer efficacement une entreprise pour les entrepreneures marocaines est d'environ 35 ans. Leur niveau d'études n'est pas non plus très élevé, seules 20 % et 30 % d'entre elles sont respectivement titulaires d'un baccalauréat et d'un master. Elles n'ont pas la formation adéquate (juridique, managériale et financière) pour pouvoir créer une entreprise relativement importante et structurée. Elles ont principalement opté pour des petites structures (micro et petites entreprises à domicile) avec des activités limitées (petites entreprises commerciales et artisanales). Elles ont appris les outils, les méthodes et les techniques managériales après le lancement de leur entreprise. En ce qui concerne leur situation familiale, environ deux tiers des entrepreneures marocaines sont des célibataires, divorcées ou veuves. Au cours du processus de gestion des entreprises, elles rencontrent plusieurs difficultés pour accéder aux ressources financières et aux réseaux de soutien. En outre, les pratiques sociales ancrées dans les traditions et coutumes marocaines et la discrimination entre les sexes constituent également des obstacles pour les femmes d'affaires et les obligent à respecter certaines règles de conduite vis-à-vis de leur famille et de leur entreprise. Malgré les difficultés particulières rencontrées au cours du processus de création d'entreprise en raison de la discrimination sexuelle, les entrepreneures africaines confirment toujours qu'elles doivent créer et gérer des entreprises uniquement pour répondre aux besoins de leurs familles. En outre, la motivation de l'entrepreneuriat est également différente entre les hommes et les femmes. En analysant la littérature, le chapitre « *L'entrepreneuriat féminin est-il foncièrement altruiste ? Quelques jalons pour questionner sa singularité* » présente que, contrairement aux entrepreneurs masculins, les aspirations commerciales des femmes ont tendance à suivre une logique effective et émotionnelle plutôt qu'une logique d'efficacité. Les entrepreneures sont enclines à faire des affaires avec des motivations altruistes qui sont parfois contradictoires avec les objectifs de pure rentabilité. En d'autres termes, l'éthique du profit n'est pas leur seule motivation pour gérer leur entreprise. L'étude de cas cette chapitre démontre la validité de ce fait pour les entrepreneures au Maroc.

L'entreprenariat féminin dans le contexte actuel a connu plusieurs difficultés en raison de la faiblesse de l'environnement des affaires en Afrique et récemment de l'émergence de la Covid-19. Le chapitre « *L'entrepreneuriat féminin mauritanien en période Covid-19 : quelques aperçus des tendances* » a exploré l'effet de la Covid-19 sur les pratiques entrepreneuriales féminines en Mauritanie. En particulier, les entrepreneures qui travaillent dans le secteur informel, en raison de leur précarité et de leur pauvreté, ont également été les plus touchées par la Covid-19. Environ 89,7 % des femmes d'affaires interrogées ont cessé leur activité à cause de la Covid-19 sur une période de 5 mois (du 3 au 8/2020) et la probabilité de réouverture de leur activité est plus faible pour les femmes en situation informelle. Ainsi, la pandémie impacte gravement les revenus des entrepreneures, en particulier les femmes chefs de ménage qui représentent la catégorie qui a été la plus touchée par la Covid-19. En outre, plus de 55 % des entrepreneures ont vu leur activité réduite voire ont dû changer de secteur d'activité avec une activité réduite. Dans ce contexte, plusieurs solutions sont recommandées : améliorer le capital humain à travers certaines réformes du système éducatif, concevoir une politique de financement de la santé, mettre en place le programme et le projet de promotion de l'autonomisation économique et sociale des femmes en développant des incitations favorables et des mécanismes de soutien aux femmes qui sont enclines à s'engager dans des activités commerciales, renforcer la couverture santé des femmes et réduire les inégalités entre les sexes.

Pour faire face aux défis inévitables de la vie professionnelle et familiale, les entrepreneures africaines ont suivi différentes stratégies frugales mais efficaces pour pouvoir gérer leurs activités commerciales, telles que la collaboration, l'innovation frugale et l'engagement dans le bricolage. Tout d'abord, le cas de la collaboration de l'entreprenariat féminin au Maghreb, au Sahel et au Sénégal est décrit au chapitre « *L'entrepreneuriat féminin au Maghreb et au Sahel : pour une vraie mobilité interculturelle* ». De manière générale, l'entreprenariat féminin au Maghreb et au Sahel se développe en trois étapes : de l'apparition modeste dans des activités génératrices de revenus à des activités commerciales destinées aux services économiques locaux de leur pays et ensuite, une mobilité interculturelle du produit entrepreneurial à travers l'échange et le dialogue. L'entrepreneure africaine tend actuellement à se lier avec d'autres femmes d'affaires du même continent suivant un dynamisme interculturel qui constitue un modèle ouvert à toutes les possibilités de dialogue culturel. Par conséquent, à travers l'échange et le dialogue entre les femmes d'affaires, le modèle d'union et de coopération culturelle se forme au Maghreb et au Sahel. De nombreux exemples de collaboration entre entrepreneures sont présentés, par exemple, le soutien à la capacité d'utilisation des applications mobiles chez les entrepreneures au Burkina-Faso et l'émergence du réseau « jeune Afrique » offrent des outils de mise en réseau efficaces pour permettre des interactions durables entre jeunes femmes d'affaires. En outre, en raison d'une proximité culturelle ancrée dans une forte culture patriarcale et des tendances migratoires en Afrique, il existe des liens et des échanges entre le Maroc et le Sénégal pour élargir les marchés l'un pour l'autre. En ce qui concerne la communication entrepreneuriale, l'ouverture interculturelle via Internet permet de découvrir une culture entrepreneuriale permanente, une culture du « vivre ensemble ». Les femmes africaines ont des conditions et des motifs d'opportunité similaires (désir d'indépendance et d'autonomie, réalisation personnelle) qui, à leur tour, influencent leurs habitudes entrepreneuriales, aboutissant ainsi à des produits ayant la même pensée socioculturelle.

L'impact des vagues de migration sur l'entrepreneuriat en Afrique est également exploré dans le chapitre « *Les femmes migrantes Kotocoli (Togo) au cœur du secteur informel dans les villes sahéliennes : cas de Ouagadougou et Niamey* » à travers une étude de cas sur l'initiative entrepreneuriale des migrantes dans le contexte sahélien, principalement dans le secteur informel. En particulier, de nombreuses migrantes togolaises, notamment Kotocoli, travaillent comme serveuses dans des bars et restaurants, cuisinières et femmes de ménage dans des hôtels de Niamey. En outre, grâce à la grande réputation du savoir-faire culinaire des Togolaises, d'autres immigrées ont évolué dans le secteur de la restauration. L'intégration des migrantes dans l'économie non formelle a été observée à Ouagadougou. Par exemple, les immigrées Kotocoli travaillent dans les bars et restaurants, dans la vente de nourriture et dans la prostitution au Burkina Faso. La raison de ce phénomène est que la forte culture commerciale de la communauté Kotocoli encourage les immigrées Kotocoli à transférer leurs compétences en tant que commerçantes et restauratrices dans les pays du Sahel. Cependant, leur participation se situe principalement dans les secteurs informels qui pourraient être considérés comme moins honorifiques aux yeux des autochtones et qui ne nécessitent pas un haut niveau d'éducation et de profession. Les femmes migrantes s'intéressent à ces catégories de travail, qui reposent principalement sur l'utilisation de l'énergie physique et du savoir-faire empirique, afin de pouvoir gagner de l'argent rapidement et de répondre à certaines exigences de leur immigration.

Dans un contexte de pénurie, les entrepreneures africaines, comme les autres entrepreneurs pauvres en ressources, ont tendance à s'engager dans l'innovation frugale et le bricolage entrepreneurial. Les cinq études de cas exploratoires du chapitre « *Innovation frugale des femmes entrepreneures au Cameroun* » sur les entrepreneures au Cameroun expliquent comment les entrepreneures peuvent développer des compétences générant une innovation frugale dans un contexte contraint par des ressources limitées. Ce chapitre analyse les comportements de cinq entrepreneures en fonction de quatre types d'aptitudes expliquant l'innovation frugale, notamment l'intuition, l'empathie, l'altruisme et l'ancrage local. Les entrepreneures interrogées soulignent l'importance des valeurs sur lesquelles repose leur idée de création et de gestion d'entreprise : simplicité, agilité, solidarité, convivialité et autonomie. Une autre approche de l'entrepreneuriat en situation de pénurie, le bricolage entrepreneurial, est explorée au chapitre « *Un cas de bricolage des femmes créatrices de TPE artisanales, à Thiès, au Sénégal* ». Cette étude vise à déterminer le rôle de la dynamique du bricolage dans la mobilisation et l'activation des ressources pour la réalisation des opportunités d'affaires à travers une approche qualitative menée auprès d'un échantillon de 25 femmes créatrices de très petites entreprises à Thiès, Sénégal. Dans un premier temps, les résultats remarquables sont que dix femmes (plus de 34-45 ans) ayant un projet mature et 14 femmes (25-34 ans) démarrant un projet précipité rapportent des difficultés à créer des entreprises de transition ; 68 % des motivations des femmes créatrices de projet mature sont de répondre aux besoins attendus de leur famille et d'améliorer leur indépendance alors que les femmes d'affaires de projet précipité démarrent et gèrent une entreprise pour rechercher uniquement de l'argent). Deuxièmement, toutes les entrepreneures de l'échantillon confirment qu'elles pratiquent une manière empirique-intuitive de gérer les ressources. Ces femmes mobilisent des ressources humaines, financières et techniques auprès de structures et de personnes qu'elles connaissent bien ou qui leur ont été présentées par leur parent, et elles activent ou utilisent leurs ressources en se basant sur les usages les plus disparates des techniques de gestion rationnelle de projet. Ce comportement de bricolage permet aux entrepreneures de mieux résister à l'évolution de l'environnement économique et socioculturel, de plus en plus contraignant pour les porteurs de projets de petites entreprises.

Enfin, cet ouvrage explore les conséquences de l'entrepreneuriat féminin dans certains contextes. Par exemple, le chapitre « *Micro-activités et réduction de la pauvreté : une analyse à partir du cas des femmes entrepreneures du Sénégal et de la Mauritanie* » analyse si et comment les femmes qui créent des micro-activités agro-alimentaires dans deux villes, le Sénégal et la Mauritanie, contribuent à améliorer les conditions de vie. Tout d'abord, la réalité de ces deux pays est qu'il y a une baisse du revenu réel des agriculteurs, un accès limité aux actifs/intrants, un accès difficile au système de crédit formel, des formalités administratives pour accéder au crédit bancaire et créer une entreprise. Les gouvernements ont adopté un certain nombre de mesures visant à soutenir l'accès à certains biens et des efforts significatifs pour assainir l'environnement des affaires mais cela ne montre pas une amélioration des conditions de vie des agriculteurs. Les ressources, les mesures et les actions en faveur de la réduction de la pauvreté agricole tendent à être utilisées de manière inefficace ou ne profitent pas à tous, en particulier les activités de transformation, de commercialisation et de distribution de produits alimentaires. Les propriétaires d'activités de transformation agroalimentaire ont tendance à préférer combiner certains produits financiers avec leurs propres ressources pour financer leurs activités plutôt que des financements formels actuels adaptés au secteur agricole. L'alternative est le bricolage financier qui aide les propriétaires d'activités agroalimentaires à améliorer leurs conditions de vie.

Malgré les nombreux défis ci-dessus, l'entreprenariat féminin en Afrique montre toujours une contribution significative au développement durable au Maroc et à la valorisation des produits locaux. En particulier, le chapitre « *Regards croisés sur l'entrepreneuriat féminin au Maroc et son impact sur le développement durable* » présente un cadre conceptuel sur les liens théoriques entre l'entrepreneuriat féminin et le développement durable et analyse une étude de cas de l'entreprise Hydrobarley qui est gérée par une entrepreneure et contribue au développement durable au Maroc. Il s'agit d'une entreprise qui produit et commercialise du fourrage vert, frais et 80 % plus nutritif que le fourrage ordinaire pour les agriculteurs. La technique de l'hydroponie est appliquée pour produire du fourrage vert qui est moins cher et peut exister toute l'année sans se soucier de la sécheresse ou de nombreuses variables. Cette entreprise peut fournir plusieurs avantages pour le développement durable, tels qu'ils investissent sur la création d'un lien durable avec les clients qui constitue le noyau du développement entrepreneurial basé sur le développement territorial ; le développement de leur produit permet aux enfants d'avoir plus de possibilité d'aller à l'école au lieu de perdre du temps dans les pâturages ; la technique de l'hydroponie permet d'importantes économies d'eau tout en préservant les plantes de tout stress hydrique et les plantes poussent sans être polluées par des engrais ou des pesticides. De tels facteurs constituent les fondements du développement territorial durable.

L'autonomisation des femmes en tant qu'entrepreneurs est, donc, la clé de voûte du développement durable et le meilleur moyen d'atteindre la prospérité au Maroc et sur le continent africain. Le chapitre « *Les logiques d'actions des femmes éco-entrepreneures : le cas de la valorisation des produits locaux, à Saint-Louis, au Sénégal* » explore trois logiques d'actions des éco-entrepreneurs qui correspondent aux femmes entrepreneures de Saint-Louis, au Sénégal. En utilisant une méthode qualitative et exploratoire puis, sur la base de l'analyse de 36 entretiens, les résultats montrent que les femmes entrepreneurs de Saint-Louis sont de plus en plus impliquées dans l'éco-entrepreneuriat parce qu'elles veulent promouvoir leurs régions, nourrir la population et rendre leurs produits facilement accessibles à des clients exigeants. Ainsi, elles ont réussi à proposer une offre de produits respectueuse de l'environnement. Cette offre est constituée d'une gamme de produits locaux transformés, liés à un terroir chargé d'histoire culinaire, apprécié et très consommé par la population de Saint-Louis.

BIBLIOGRAPHIE

BANQUE MONDIALE (2019), *Profiting from Parity: Unlocking the Potential of Women's Businesses in Africa*, World Bank report.

BRUSH, C.G., CARTER, N.M., GATEWOOD, E., GREENE, P.G., HART, M. (2006), *International women's entrepreneurship: Research on the growth of women owned businesses*, Cheltenham, UK, Edward F. Elgar Publishing.

GEM (2021), *Women's Entrepreneurship 2020/21: Thriving Through Crisis*, Report of Global Entrepreneurship Monitor.

HECHAVARRIA, D., BULLOUGH, A., BRUSH, C., EDELMAN, L. (2019), High-growth women's entrepreneurship: Fueling social and economic development, *Journal of Small Business Management,* 57(1), 5-13.

PAOLONI, P., SERAFINI, G. (2018), Female entrepreneurship in perspective: A methodological issue, *Administrative Sciences*, 8(4), 67-73.

REY-MARTI, A., PORCAR, A. T., MAS-TUR, A. (2015), Linking female entrepreneurs' motivation to business survival, *Journal of Business Research,* 68(4), 810-814.

SIMPSON, K. D. (2011), *Female entrepreneurial history*, Hoboken, NJ, John Wiley and Sons.

Buclet, Nicolas (2022), *Écologie territoriale et transition socio-écologique, méthodes et enjeux*, ISTE éditions, Collection Innovation, Entrepreneuriat et Gestion.

Par Aina Ndrianjara ANDRIAMANANTENA

Les préoccupations liées à l'environnement et la transition des territoires pour un développement plus durable ont permis, à certains domaines et nouvelles pratiques, de bénéficier d'une attention particulière du monde scientifique mais aussi des institutions, créant par la même occasion, des échanges et des débats qui ont contribué à des évolutions sémantiques et conceptuelles. Ainsi, par exemple, on croise de plus en plus la notion « d'économie circulaire » au détriment de « l'écologie industrielle » qui est intégrée comme un pilier de l'économie circulaire (ADEME) ou encore la « transition » qui remplace peu à peu le terme « développement durable ».

Dans ce contexte en constante transformation marqué par une influence forte des institutions, Nicolas Buclet s'intéresse dans son ouvrage à l'écologie territoriale. L'écologie territoriale ici fait référence à l'idée de relier les questions écologiques avec les enjeux territoriaux. Elle vise à réconcilier les sciences de l'environnement et les sciences humaines et sociales, à les coupler dans un objectif de meilleure compréhension de ce que l'on qualifie de socio-écosystèmes (p.10). En ce sens, l'écologie territoriale participe au mouvement de remise en cause des cloisonnements entre disciplines, afin d'élaborer des démarches et des méthodes innovantes face aux problèmes socio-écologiques qui se posent et vise à comprendre le fonctionnement des sociétés humaines au travers de leur matérialité.

Le livre s'articule autour de cinq chapitres. Le premier chapitre « *Positionnement de l'écologie territoriale dans le contexte scientifique et institutionnel* » est un chapitre qui introduit progressivement l'écologie territoriale. L'auteur mobilise les travaux de Sabine Barles (2004) et Eugene Odum (1963, 1975) pour introduire l'écologie urbaine, puis cite les travaux de Frosch et Gallopoulos (1989) pour revenir sur l'écologie industrielle tout en mobilisant l'exemple de Kalundborg. L'engouement pour le terme qui s'ensuit devient sous l'influence de Benoît Duret (2006), l'écologie industrielle et territoriale (EIT) qui est un terme plus parlant pour les décideurs publics locaux porteurs de ces démarches (p.18). Le chapitre présente ensuite une distinction entre la recherche francophone et la recherche autrichienne en matière d'EIT. La recherche francophone s'oriente vers une recherche opérationnelle autour des conditions d'émergence de symbioses industrielles tandis que la recherche autrichienne s'éloigne de l'*industrial ecology* pour aller vers la *social ecology*[1]. La recherche autrichienne se distingue donc de la recherche francophone de par sa finalité qui est plus orientée vers la connaissance que l'opérationnalité.

Ce chapitre est intéressant car, non seulement il mobilise le regard scientifique, mais il prend aussi en compte le contexte institutionnel qui influence la recherche depuis ces dernières décennies. L'exemple actuel sur l'influence des institutions est sans doute la diffusion de la notion d'écologie industrielle qui, à partir de 2007, va progressivement être substituée par l'économie circulaire. Cette influence caractérisée par une constante réinterprétation des institutions rajoute un certain nombre de problèmes à des notions ou concepts supposés promouvoir la réflexion. Un premier constat de l'auteur montre que l'écologie territoriale, contrairement à l'économie circulaire par exemple, reste moins mobilisée par les institutions et peine encore à convaincre de son rôle dans l'établissement d'une stratégie de développement durable.

Le deuxième chapitre présente « *Les principales méthodologies développées autour du métabolisme urbain et territorial : apports et limites* ». Ce chapitre revient sur les grands principes du métabolisme et ses déclinaisons qui structurent l'écologie territoriale. Par métabolisme, l'auteur entend ici l'analyse des flux de matières, il s'agit de la comptabilité des flux physiques qui circulent dans un système prédéfini, mais aussi entre ce système et son environnement extérieur, ainsi que des stocks de matières au sein du système pour la période d'analyse déterminée (p.35). Le métabolisme, qu'il soit urbain, industriel ou territorial, est l'ossature à partir de laquelle penser le système analysé. L'écologie territoriale se structure méthodologiquement autour de l'analyse des territoires, que celui-ci soit urbain ou industriel (p.35). Pour l'auteur, le métabolisme social se distingue du métabolisme industriel en ce qu'il servirait à l'analyse des sociétés humaines et pas spécifiquement aux parties industrialisées de celles-ci (p.43). Les flux de matières se présentent comme la base du métabolisme avec une pluralité de méthodes. Sans rentrer dans les détails pour les différentes méthodes, l'auteur reprend néanmoins les différentes stratégies de mise en œuvre telles qu'identifiées par Stefan Bringezu et Yuishi Moriguchiv (2002) : la « détoxification » du métabolisme industriel afin de mieux mesurer l'impact de substances polluantes sur le milieu analysé et la « dématérialisation » du métabolisme afin de réduire l'impact du système analysé sur la biosphère. D'autres méthodes visent davantage d'exhaustivité avec, comme objectif, de donner une vision générale de la matérialité d'une ville, d'un pays ou d'une région à partir du guide Eurostat, méthode de comptabilité matérielle correspondant au standard européen

[1] La *social ecology* se fonde très fortement sur une approche socio-écologique selon laquelle la société intervient dans la nature (par le travail, la technologie et le capital) pour la modifier en fonction de ses besoins.

qui est à la base des comptes de flux de matières de la France. L'écologie territoriale peut apporter à la fois des connaissances nouvelles et des moyens de saisir les questions de durabilité (p. 58). L'auteur présente ensuite deux approches qui contribuent à une meilleure connaissance des enjeux territoriaux, une approche plus participative visant à tenir compte des conséquences matérielles de nos actions tant individuelles que collectives et une approche plus centrée sur le territoire qui est plus transdisciplinaire.

Le troisième chapitre présente « *Une approche par la création de richesse pour une méthodologie du diagnostic territorial* ». Le chapitre présente une méthode en écologie territoriale appliquée à la commune d'Aussois en Savoie (France). En assumant que « *les sociétés humaines s'enrichissent de ces interactions et produisent du bien-être individuel et collectif au niveau des groupes sociaux* » (p. 65), l'auteur propose une méthode qui est susceptible de constituer l'ossature de l'écologie territoriale. La méthode est fondée sur l'analyse des activités créatrices de richesse d'un territoire. Cette méthode présente à la fois la façon de produire une représentation du territoire par sous-systèmes créateurs de richesse, et les outils d'analyses complémentaires, permettant d'analyser les relations entre acteurs que sous-entendent ces flux qui circulent. L'auteur mobilise le cas de l'Aussois et le découpe en quatre sous-systèmes créateurs de richesse (agricole, touristique, eau-énergie, résidentiel) pour montrer la variation des stocks de matières. Les représentations obtenues par l'auteur qui montrent la variation des stocks de matières paraissent assez simples et rigoureuses. Cependant, la simplicité de ces représentations est vite remise en cause quand il s'agit de les appliquer (p. 72). L'auteur illustre d'ailleurs cette difficulté d'application en prenant l'exemple de la ressource électrique et la place du travail humain. Il y a donc un enjeu méthodologique de taille, celui de « *compléter les métabolismes quantitatifs des flux matériels par la compréhension des relations entre acteurs à l'origine de ces bilans* » (p. 76). Pour cela, l'auteur soulève deux questions : quels acteurs prendre en compte ? Et comment analyser les relations entre acteurs ? La méthode proposée par l'auteur établit les principales lignes directrices tout en mettant en avant la partie immatérielle du métabolisme, son originalité est qu'elle se repose sur la prise en compte des motivations et des intentions des acteurs derrière chaque flux.

La nouvelle méthode introduite, le quatrième chapitre présente « *L'écologie territoriale et les enjeux de la transition socio-écologique : métabolisme, capabilité et résilience* » et propose d'analyser la résilience d'un territoire face aux changements globaux, avec une meilleure prise en compte des interactions entre sociétés humaines et leur environnement au-delà des questions des ressources disponibles. L'auteur prend en compte le territoire qui s'« *inscrit dans un contexte institutionnel, social et économique plus large et qui doit se préoccuper de son devenir* » (p. 97) et détourne le concept de capabilité d'Amartya Sen pour y introduire la notion de capabilité territoriale. Sen introduit la capabilité comme étant l'autonomie des individus dans leur capacité à trouver les moyens de répondre à leurs propres buts en termes de bien-être (Sen, 1999, p.101). L'auteur montre que des critiques autour d'une théorie centrée sur l'individu ont entraîné des déclinaisons de la capabilité vers de nouveaux concepts comme la capabilité collective. Le concept de capabilité collective désigne les avantages que les individus retirent des interactions socio-écologiques et qu'ils n'auraient pas pu obtenir seuls.

L'auteur montre qu'il y a lieu de différencier les capabilités et que la capabilité collective mène à une échelle territoriale. La capabilité territoriale est alors définie comme une « *forme spécifique de capabilité collective ancrée dans un contexte territorial* » (p. 106). *Face aux enjeux méthodologiques qui consistent à concilier les questions de création de richesse avec le maintien dans le temps de l'équilibre écologique* (p. 109), l'auteur mobilise la capabilité territoriale pour l'identification des articulations entre acteurs et ressources puis illustre ce thème avec l'exemple du fromage de Beaufort. Pour illustrer les questions autour de la vulnérabilité et la résilience, l'auteur met en valeur la relation entre métabolisme et capabilités.

Le dernier chapitre présente les « *Principes pour des projets de territoire innovants* » et vise à relier les *aspects méthodologiques des précédents chapitres avec la question du changement, de la transformation de la société face aux enjeux globaux* (p. 131). L'auteur discute deux pistes de solutions, la première étant de « *généraliser l'approche par le métabolisme à l'ensemble de la planète* » qui est au final peu praticable et la deuxième solution de « *se fermer aux échanges et favoriser le tout local* » mais qui soulève les dangers de l'autarcie. Pour l'auteur, le besoin de transformation de la société se situe entre ces deux repères (p. 133) et c'est dans ce contexte que la question de l'innovation est soulevée. Le concept de régime conventionnel a une ossature constituée de repères implicites et explicites. « *Le régime conventionnel correspond à un moment dans le temps et dans l'espace pendant lequel une communauté humaine donnée se conforme à un certain nombre de principes qui orientent les comportements des individus inscrits dans cette communauté* » (p. 138). Le régime « dominant » actuel est structuré autour de trois mythes : « plus égale mieux » (plus on produit, plus on possède), la maîtrise de l'espace-temps (tendance de la société a toujours vouloir aller plus vite), la maîtrise de la biosphère (comprendre le fonctionnement de la planète pour ne plus la subir) (p. 143). Ce régime nécessite des changements face à l'urgence climatique et la dégradation du milieu de vie des sociétés humaines. Ce nouveau régime conventionnel soutenable, tel que présenté par l'auteur, ne met pas directement l'accent sur les solutions technologiques mais invite le lecteur à s'intéresser aux comportements. Ainsi, l'auteur met en avant cinq principes autour de l'accroissement : des capabilités, de la démocratie participative, de la priorité au principe de proximité, du partage des connaissances et enfin de la réciprocité. Ce dernier chapitre se termine par une ouverture des frontières qui constituent l'écologie territoriale et donne des pistes pour la construction d'un futur plus soutenable.

Le livre que nous propose Nicolas Buclet donne une vue d'ensemble sur le concept d'écologie territoriale et de son importance dans la transition socio-écologique. L'organisation et le contenu des chapitres permettent au lecteur de s'approprier le sujet dès les premières pages de l'ouvrage et ce, grâce à une présentation progressive et claire. Nous l'aurons compris, cet ouvrage est intéressant pour les chercheurs dans une approche pluridisciplinaire, les collectivités territoriales et les institutions concernées par les dynamiques territoriales. Le livre se termine par une ouverture quant à la pertinence de mettre en avant les principes alternatifs aux repères conventionnels dominants.

BIBLIOGRAPHIE

BARLES, S. (2004), Regards d'écologues et de géochimistes sur la ville et la société industrielle, 1953 – 2003, in Ville et durabilité : questions pour la recherche, questions à la recherche, Barles, S., Traisnet, J.P. (eds), Research report carried out on behalf of the French Ministry of Research (ACI Ville), Laboratoire TMU(UMR CNRS AUS 7136) ? Champs-sur-Marne, June 2004, 175.

BRINGEZU, S., MORIGUCHI, Y. (2002), Material Flow Analysis, in *A Handbook of Industrial Ecology*, Ayres, R.U., Ayres, L.W. (eds), Edward Elgar Publishing, Cheltenham, Northampton, 79-90.

DURET, B. (2006), Premiers retours d'expériences en écologie industrielle : études de cas en Europe et en Amérique du Nord, Synthèse et perspectives, *Cahiers de la Chaire d'Ecologie Industrielle*, Université de Technologie de Troyes, Troyes.

FROSCH, R., GALLOPOULOS, N. (1989), Strategies for Manufacturing, *Scientific American*, 261, 144-152.

ODUM, E. (1963), *Ecologie : un lien entre les sciences naturelles et les sciences humaines*, Doin, Paris.

ODUM, E. (1975), *Ecologie : un lien entre les sciences naturelles et les sciences humaines*, 2nd edition, Doin, Paris.

SEN, A. (1999), *Un nouveau modèle économique : Développement, justice, liberté*, Odile Jacob, Paris.

A PROPOS DE M&O – RAS

ABOUT M&O – JSA

Marché et Organisations

La revue Marché & Organisations – Revue d'Analyse Stratégique (M&O – RAS) est une publication académique thématique dans les domaines de l'économie et de la gestion. Son objectif est d'offrir aux enseignants-chercheurs et aux praticiens un forum de premier plan pour communiquer, échanger et diffuser leurs idées et leurs recherches sur les dynamiques de marché et les liens qu'elles entretiennent avec les stratégies concurrentielles et la structure des organisations. Elle s'adresse aux enseignants-chercheurs et aux étudiants en sciences économiques et de gestion, ainsi qu'à un public plus large de décideurs et de managers, curieux de se tenir informés de l'évolution des interactions entre stratégie d'entreprises et marchés

La revue Marché & Organisations – Revue d'Analyse Stratégique (M&O – RAS) publie des articles de recherche de nature théorique et empirique, et qui traitent de sujets ayant un impact important sur l'économie et la gestion dans leur ensemble. En ce sens, la revue se veut comme une ressource précieuse pour les académiques, et fournit aux praticiens un moyen d'accéder à des connaissances utiles sur les dynamiques marchandes et les stratégies d'entreprises.

Tout article adressé à la revue Marché & Organisations – Revue d'Analyse Stratégique (M&O – RAS) est d'abord avisé par les rédacteurs en chef et les éditeurs invités en charge de la réalisation des numéros thématiques, avant d'être évalué de manière anonyme par au moins deux chercheurs, membres du comité scientifique ou choisis en fonction de leurs compétences.

Les articles soumis pour publication dans la revue Marché & Organisations – Revue d'Analyse Stratégique (M&O – RAS) doivent respecter les standards académiques en vigueur et sont évalués

Market and Organizations

Market & Organizations – Journal of Strategic Analysis (M&O - JSA) is a thematic academic publication in the fields of economics and management. Its objective is to provide a forum for academic researchers and practitioners to communicate, exchange and disseminate their ideas and research on market dynamics and their links with competitive strategies and organizational structure. It is aimed at teacher-researchers and students in economics and management, as well as at a wider audience of decision-makers and managers, who are interested in keeping abreast of developments in the interactions between corporate strategy and markets.

Market & Organizations – Journal of Strategic Analysis (M&O - JSA) publishes research articles of a theoretical and empirical nature, dealing with topics that have a significant impact on the economy and management as a whole. In this sense, the journal aims to be a valuable resource for academics, and provides practitioners with a means to access useful knowledge on market dynamics and business strategies.

Any article addressed to Market & Organizations – Journal of Strategic Analysis (M&O - JSA) is first notified by the editors and guest editors in charge of the thematic issues, before being evaluated anonymously by at least two researchers, members of the scientific committee or chosen according to their skills.

Articles submitted for publication in Market & Organizations – Journal of Strategic Analysis (M&O - JSA) must comply with current academic standards and are evaluated on the basis of their originality and quality. They may be written in French or English and cover areas such as industrial economics, management, entrepreneurship, human resources management, organizational sur la base de leur originalité et de leur qualité. Ils peuvent être rédigés en français ou en anglais, et couvrir des domaines tels que l'économie industrielle, le management, l'entrepreneuriat, la gestion des ressources humaines, la théorie organisationnelle et les méthodes de recherche. Les approches méthodologiques qualitatives et quantitatives sont les bienvenues, incluant les études économétriques, les études de cas, les études expérimentales, la simulation numérique, et les monographies historiques. Sous réserve que le sujet du Cahier le justifie et que la ligne éditoriale de la revue soit respectée, des articles en droit, sociologie et histoire peuvent être acceptés. Les articles publiés peuvent être mono ou multidisciplinaires.

Les contributions peuvent être en langue française ou anglaise.

Les articles proposés :
- 6000 à 10 000 mots incluant la bibliographie, les tableaux, les figures et les annexes,
- Soumission de l'article à l'adresse suivante : https://mo.manuscriptmanager.net

Marché et Organisations – Revue d'analyse stratégique est une publication sous la responsabilité éditoriale du Réseau de Recherche sur l'Innovation : http://2ri.eu

La revue est diffusée par Cairn : https://www.cairn.info/revue-marche-et-organisations.htm

theory and research methods. Qualitative and quantitative methodological approaches are welcome, including econometric studies, case studies, experimental studies, numerical simulation, and historical monographs. Articles in law, sociology, and history may be accepted, provided that the topic of the Cahier justifies it and that the editorial line of the journal is respected. Published articles may be mono or multidisciplinary.

Contributions may be in French or English.

The proposed articles:
- 6000 to 10 000 words including bibliography, tables, figures and appendices,
- Submit the article to the following address: https://mo.manuscriptmanager.net

Market & Organizations – Journal of Strategic Analysis (M&O - JSA) is a publication under the editorial responsibility of the Research Network on Innovation: http://2ri.eu

The journal is distributed by Cairn: https://www.cairn.info/revue-marche-et-organisations.htm

MARCHÉ ET ORGANISATIONS
L'HARMATTAN

Numéros précédemment parus

N°1 : Artisanat. La modernité réinventée, 2006
N°2 : La petite entreprise, elle a tout d'une grande. De l'accompagnement aux choix stratégiques, 2006
N°3 : Tourisme et Innovation. La force créative des loisirs, 2007
N°4 : Le travail. Formes récentes et nouvelles questions, 2007
N°5 : Les universités et l'innovation. L'enseignement et la recherche dans l'économie des connaissances, 2007
N°6 : Entrepreneuriat et accompagnement. Outils, actions et paradigmes nouveaux, 2008
N°7 : Développement durable des territoires. Economie sociale, environnement et innovations, 2008
N°8 : Développement durable et responsabilité sociale des acteurs, 2009
N°9 : Gouvernance : exercices de pouvoir, 2009
N°10 : Le travail collaboratif. Une innovation générique, 2009
N°11 : Economie sociale et solidaire. Nouvelles trajectoires d'innovations, 2010
N°12 : Relations à la marque et marques de la relation. Regards croisés sur le management relationnel de la marque, 2010
N°13 : Les contrats au service de la recherche ?, 2011
N°14 : Le potentiel économique de l'Afrique subsaharienne, 2011
N°15 : Management de la distribution, 2012
N°16 : Territoire Vert. Entreprises, Institutions, Innovations, 2012
N°17 : Eco-conception, conception et innovation. Les nouveaux défis de l'entreprise, 2013
N°18 : Intelligence économique : entreprises et territoires, 2013
N°19 : La finance globale. Un monde fini, 2013
N°20 : La crise du « développement », 2014
N°21 : La Chine innove. Politiques publiques et stratégies d'entreprise, 2014
N°22 : Go East! Nouvelles Economies de Marché, 2015
N°23 : L'économie du changement, 2015
N°24 : Le temps des artisans. Permanences et mutations, 2015
N°25 : Innovations de proximité et esprit d'entreprise, 2016
N°26 : L'avenir des économies du Maghreb, 2016
N°27 : Le sport aux frontières du marché du travail, 2016
N°28 : Dynamiques internationales des entreprises, 2017
N°29 : L'univers du risque, 2017
N°30 : Petites entreprises dans l'histoire industrielle, 2017
N°31 : Economie sociale et *Social Business* ? Au défi d'entreprendre et se financer, 2018
N°32 : Education et fertilisation des économies africaines, 2018
N°33 : L'entrepreneuriat innovant dans les pays du Maghreb, 2018
N°34 : L'entrepreneuriat scientifique : institutions et innovation, 2019
N°35 : Le champ économique de la culture, 2019
N°36 : Economie sociale et solidaire ? Modèles d'innovation et modes de gouvernance, 2019
N°37 : Rethinking luxury business, 2020
N°38 : La santé connectée. Nouvelles technologies et réorganisation des soins, 2020
N°39 : Options stratégiques et systèmes complexes d'innovation, 2020
N°40 : Les Services : Intégration des systèmes productifs et lien social, 2021
N°41 : Crise pandémique, crise globale : Réalité et controverses théoriques, 2021
N°42 : La crise de la Covid-19. Le marché et les organisations en perspective, 2021
N°43 : (Re)Faire système. *Bug* & *Reset*, 2022
N°44 : Aléas du marché et management du risque, 2022
N°45 : Le renouveau du transport et de la logistique, les systèmes d'information, 2022

Structures éditoriales du groupe L'Harmattan

L'Harmattan Italie
Via degli Artisti, 15
10124 Torino
harmattan.italia@gmail.com

L'Harmattan Hongrie
Kossuth l. u. 14-16.
1053 Budapest
harmattan@harmattan.hu

L'Harmattan Sénégal
10 VDN en face Mermoz
BP 45034 Dakar-Fann
senharmattan@gmail.com

L'Harmattan Cameroun
TSINGA/FECAFOOT
BP 11486 Yaoundé
inkoukam@gmail.com

L'Harmattan Burkina Faso
Achille Somé – tengnule@hotmail.fr

L'Harmattan Guinée
Almamya, rue KA 028 OKB Agency
BP 3470 Conakry
harmattanguinee@yahoo.fr

L'Harmattan RDC
185, avenue Nyangwe
Commune de Lingwala – Kinshasa
matangilamusadila@yahoo.fr

L'Harmattan Congo
219, avenue Nelson Mandela
BP 2874 Brazzaville
harmattan.congo@yahoo.fr

L'Harmattan Mali
ACI 2000 - Immeuble Mgr Jean Marie Cisse
Bureau 10
BP 145 Bamako-Mali
mali@harmattan.fr

L'Harmattan Togo
Djidjole – Lomé
Maison Amela
face EPP BATOME
ddamela@aol.com

L'Harmattan Côte d'Ivoire
Résidence Karl – Cité des Arts
Abidjan-Cocody
03 BP 1588 Abidjan
espace_harmattan.ci@hotmail.fr

Nos librairies en France

Librairie internationale
16, rue des Écoles
75005 Paris
librairie.internationale@harmattan.fr
01 40 46 79 11
www.librairieharmattan.com

Librairie des savoirs
21, rue des Écoles
75005 Paris
librairie.sh@harmattan.fr
01 46 34 13 71
www.librairieharmattansh.com

Librairie Le Lucernaire
53, rue Notre-Dame-des-Champs
75006 Paris
librairie@lucernaire.fr
01 42 22 67 13

www.ingramcontent.com/pod-product-compliance
Lightning Source LLC
LaVergne TN
LVHW080931071026
849535LV00013B/4166
* 9 7 8 2 1 4 0 3 2 9 6 5 4 *